Möbel kaufen

Möbel kaufen

Qualität erkennen

Doris Haselmann

Die Deutsche Nationalbibliothek verzeichnet diese Publikation in der Deutschen Nationalbibliografie; detaillierte bibliografische Daten sind im Internet über http://dnb.d-nb.de abrufbar.

3. aktualisierte Neuauflage

ISBN 978-3-86851-009-6

Liebe Leserin, lieber Leser

einen Raum oder eine ganze Wohnung mit neuen Möbeln einzurichten, ist meist ein bedeutender Moment im Leben: Das Umfeld, in dem man sich tagtäglich wohlfühlen möchte, ändert sich und es beginnt ein bisschen auch ein „neues Leben“ im eigenen Zuhause.

Man schlendert also auf der Suche nach der neuen Einrichtung durch die Möbelhäuser, wälzt Kataloge, schaut vielleicht auch ins Internet, sucht nach Sonderangeboten, vergleicht Preise und macht schließlich den Kauf perfekt, alles bestens also... Warum gibt es dann noch so viele unzufriedene Möbelkäufer, die später reklamieren? Die Ursachen dafür sind vielfältig, aber Fakt ist: Wer gut informiert ins Möbelhaus geht, greift seltener daneben. Das möchten wir mit dem Ratgeber *Möbel kaufen* erreichen.

Sie sollen sich umfassend informieren können, wie Sie die für Sie richtigen Möbel aussuchen. Sie sollen wichtige Qualitätsmerkmale selbst erkennen und überprüfen können und Sie sollen vorab wissen, wo Sie aufpassen müssen.

Natürlich finden Sie hier auch wertvolle Tipps, zum Beispiel für das geschickte Einrichten kleiner Räume, über die Wirkung von Farben und für das sichere Wohnen mit Kindern.

Gerade, weil es beim Möbelkauf oft um beträchtliche Summen geht, darf der rechtliche Teil nicht zu kurz kommen. Von AGB über Vertrag bis Gewährleistung erfahren Sie hier, wann Sie reklamieren können und sollten, wie Sie das am besten machen und wohin Sie sich wenden können, wenn es ernsthafte Probleme gibt.

Fachleute der Deutschen Gütegemeinschaft Möbel (DGM) und Möbel-Sachverständige haben dazu beigetragen, dass Sie in diesem Ratgeber umfangreiches Hintergrundwissen über die Möbelproduktion erhalten.

Mit all den Informationen dürfte beim Möbelkauf nun kaum noch etwas schief gehen: Sie bekommen die wichtigsten Fakten an die Hand, und Checklisten im Buch helfen beim Gespräch mit dem Möbelverkäufer.

Wir wünschen viel Spaß beim Lesen und lang anhaltende Freude mit Ihren neuen Möbeln!

Planung ist das A und O

Möbel werden überwiegend nach optischen Gesichtspunkten gekauft – was sich hinterher oft als Fehler erweist. Da verliebt man sich förmlich in die große, weiche Couch und muss nach der Lieferung feststellen, dass sie viel zu groß für die Wand ist, an die man sie stellen wollte. Oder man freut sich über den neuen Esstisch, doch bereits bei der ersten Mahlzeit stößt man mit dem Stuhl gegen die Wand dahinter, weil viel zu wenig Platz zum Zurückrücken ist. Oder man bemerkt erst beim Aufstellen der Sitzgarnitur, dass sie zu den vorhandenen Farben überhaupt nicht passt. Dass da die Freude über das neue Möbelstück nicht lange währt, ist klar. Doch viele solcher Fehlkäufe lassen sich mit guter Planung, einigen Tipps (die Sie hier im Buch erhalten) und „Probesitzen" oder „-liegen" im Möbelhaus vermeiden.

Messen, zeichnen und planen

Grundsätzlich sollte man vor jedem Möbelkauf den vorhandenen Platz sorgfältig ausmessen und noch etwas Spielraum dazurechnen. Bei den Stühlen kommt die Fläche für das Zurückrutschen dazu, damit man bequem aufstehen kann (→ *Kapitel „Der Essbereich: Tische und Stühle", Seiten 113 ff.*).

Polstermöbel mit 1,5 bis 3 Meter Länge können bis zu 2,5 cm von den angegebenen Maßen abweichen. Wenn man dann den neuen Sessel oder das Sofa zwischen Schrank und Fensterbrett klemmt, beschädigt man mit Sicherheit den Bezug.

Noch besser als das reine Ausmessen ist ein Plan mit einer Grundrissskizze des Raumes, in der exakt alle Maße verzeichnet werden. Darin sollten auch die Höhe der Fensterbretter, die Lage von Steckdosen, die Lage und Maße von Türen und Fenstern (auch im geöffneten Zustand!), Dachschrägen und weitere Besonderheiten des Raumes vermerkt sein. Diese Skizze sollte jeder Möbelkäufer als Muss sehen, denn niemand merkt sich alle Maße, Steckdosen und Fenstergrößen.

Prüfen Sie auch, ob die Wände stabil genug sind, um das Gewicht von daran befestigten Möbeln auszuhalten. Und nicht zuletzt: Gibt es auffällige Engstellen, zum Beispiel im Treppenhaus?

Rear Elevation

Die künftige Nutzung

Die nächste Überlegung, die man am besten ebenfalls schriftlich festhält, dreht sich rund um die Nutzung des Möbelstücks: Wer benutzt das Möbel?

- Ein Single, der wenig zu Hause ist, oder eine ganze Familie? Wenn Kinder im Haushalt leben, sollte man an pflegeleichte und/oder abziehbare Bezüge denken.
- Soll das Sofa nur zum Sitzen da sein oder auch zum Relaxen? Dann sollte man die Maße der Sitzfläche mit der eigenen Körpergröße vergleichen, um sich später entspannt auf das Sofa legen zu können.
- Besetzt ein Schwergewicht einen Lieblingsplatz auf der Couch? In diesem Fall sollte zum Beispiel eine Schaumstoffpolsterung ein hohes Raumgewicht (mindestens 35 kg/m^3 im Sitz) aufweisen, damit später keine tiefen Sitzmulden entstehen.
- Leben Haustiere mit Krallen und Schnäbeln im Haushalt? Dagegen hat auf Dauer kein Bezug eine Chance. Zum einen sollte man in diesem Fall keinen teuren Bezug wählen, zum anderen muss man sich eine dauerhaft makellose Optik des Möbelbezugs oder der Oberfläche von vornherein abschminken. Eine Zwischenlösung können abziehbare Überzüge sein, die man austauschen oder in die Waschmaschine stecken kann.
- Soll ein Polstermöbel auch hin und wieder zur Übernachtung dienen? Ist dann auch genügend Platz zum Ausziehen eines Schlafsofas, oder eckt man an einen schweren Wohnzimmertisch an, den man womöglich nicht verschieben kann?

Weitere Punkte sind in den jeweiligen Möbelkapiteln zu finden.

Auswahl der Materialien

Die Materialien für Möbel sind vielfältig, überwiegend werden aber Holz und Holzwerkstoffe (Spanplatten, Sperrholzplatten, Tischlerplatten etc.) verwendet. Dazu kommen Faserplatten (z. B. MDF) im Küchenbereich oder Kunststoffplatten, Metalle, Glas und Spiegel.

Für welches Material man sich entscheidet, hängt von den Anforderungen ab, die man an die Möbel stellt. Ein Glastisch ist sicher nicht die beste Wahl, wenn man nicht mit Fingerabdrücken und Kratzern auf dem Glas leben kann. Massivholz ist für Naturliebhaber oft die erste Wahl, aber allzu penibel dürfen sie nicht sein: Holz „arbeitet" immer, es kann sich schon mal verziehen, kleine Risse können entstehen, Astaugen und unterschiedliche Maserungen sind bei einem Naturprodukt wie Holz normal.

Nicht allein die Optik zählt, sondern auch die Alltagstauglichkeit.

Eine große Rolle spielt auch **der Pflegeaufwand**, den man auf sich nehmen möchte. Wenn kleine Kinder im Haus sind, sollte man lieber zu unempfindlichen Oberflächen greifen, die sich leicht reinigen lassen.

Wichtig ist noch ein weiterer Punkt: Reagiert jemand in der Familie **allergisch** auf bestimmte Materialien oder Stoffe? Diese sollte man dann meiden, um die gesundheitliche Belastung durch die Allergene soweit wie möglich zu reduzieren. Gerade in den eigenen vier Wänden verbringt man ja einen Großteil seiner Zeit, und das sollte nicht auf Kosten der Gesundheit gehen.

Wer sich für Holz entscheidet, muss mit unterschiedlichen Maserungen leben können – es sind Natur- und Wachstumsmerkmale. Holz lebt.

Bei Lacken oder Spanplatten sind viele Möbelkäufer vorsichtig – doch eine natürliche Stoffgruppe wird manchmal unterschätzt: Terpene, die vor allem in Nadelhölzern vorkommen. Man erkennt sie am typischen „Weihnachtsbaum-Duft". Die meisten Menschen mögen ihn, doch bei manchen streikt eben das Immunsystem, wenn es mit Terpenen konfrontiert wird. Für Allergiker könnten zum Beispiel Möbel aus Spanplatten mit einer vollständigen Kunststoffummantelung besser geeignet sein. Bei Bezügen von Sofas sollten Wolle-Allergiker ebenfalls aufpassen, dass sie nicht etwas kaufen, was sie später laufend zum Kratzen reizt.

Reinigung und Pflege

Schon aus hygienischen Gesichtspunkten sind die Reinigung und Pflege von Möbeln notwendig. Bei manchen Möbeln ist die Pflege sogar dringend notwendig, damit sie dauerhaft schön bleiben. Leder braucht hin und wieder Lederpflegemittel, damit es geschmeidig bleibt. Ohne diese Maßnahme trocknet jedes Leder mit der Zeit aus und wird brüchig.

Bei der Reinigung, also beim Entfernen von Schmutz, muss man oft mehr Sorgfalt anwenden, als den meisten Möbelkäufern bewusst ist.

Einem Schrank mit einer naturbelassenen oder geölten Holz- oder Furnieroberfläche tut man keinen Gefallen, wenn man sich mit einem nassen Schwamm an die Reinigung macht. Hier sollte man höchstens mit einem feuchten Tuch an die Schmutzstellen gehen und auch gleich danach trocken nachwischen. Ein Kugelschreiber-Strich lässt sich so natürlich nicht entfernen. Das muss jeder Möbelkäufer vor dem Kauf berücksichtigen, wenn er malfreudige kleine Kinder hat. Für ihn wären Kunststoffoberflächen weitaus besser geeignet. Mit pflegefreundlichen Oberflächen wird nicht gleich aus jedem Pinselstrich oder verschüttetem Saft ein Drama, sondern der Familienfrieden bleibt bewahrt.

Manche Materialien muss man **regelmäßig pflegen**, damit sie ihre schöne Optik behalten. Dazu gehören vor allem Leder und „offene", also nicht lackierte, geölte oder versiegelte Holzoberflächen.

Daran kann man schon erkennen, wie ausschlaggebend der Pflege- und Reinigungsaufwand für den Möbelkauf sind: Wie viel Zeit kann und will man sich dafür nehmen? Und wie gut kann man mit den Spuren des Alltags leben, wie man sie auf Holz, Leder oder Stoffen manchmal sehen kann? Diese Fragen sollte jeder für sich selbst beantworten, bevor er zu einem bestimmten Material greift.

Farben – praktische und ästhetische Gesichtspunkte

Das weiße Sofa wollten Sie schon immer haben, und nun gönnen Sie es sich endlich – doch das Nachspiel kann zum Trauerspiel werden: Jeans färben blau auf den Bezug ab, der sich im schlimmsten Fall nicht mehr reinigen lässt. Das Material bekommt durch den Sonneneinfall einen Gelbstich, und außerdem kann die Einrichtung durch zu viel Weiß viel zu steril wirken. So kann aus dem ursprünglichen Traumsofa ein Albtraum werden. Oder jemand kauft das knallrote Sofa, das im Möbelhaus so toll in den Mittelpunkt gerückt war, und zu Hause stellt sich heraus, dass es überhaupt nicht zum vorhandenen Teppichboden passt. Langsam, aber sicher geht dem Käufer das Rot dann zunehmend auf die Nerven.

Farben sollte man nicht spontan aus dem Bauch heraus wählen, sondern vor dem Kauf gut überlegen: Was passt farblich zur vorhandenen Einrichtung? Überfrachte ich einen Raum, wenn ich

noch eine neue Farbe dazu nehme? Daran sieht man sich schnell satt, und jeder Erholungseffekt ist dahin. Am besten nimmt man für den Einkauf vorhandene Farbmuster von Teppichböden, Gardinenstoffen und getönten Wandanstrichen oder Tapeten mit.

Farben beeinflussen auch die Stimmung des Menschen. Manche Farben wirken „kalt", andere dagegen „warm". Genauso wirkt die Atmosphäre in einem Raum, wenn man die entsprechenden Farben bei Möbeln, Wandanstrichen, Teppichen, Kissen, Vorhängen und Accessoires bewusst einsetzt.

Warme Farben bewirken, dass die gleiche physikalische Raumtemperatur um einige Grade wärmer empfunden wird als bei kalten Farbtönen. Medizinische Untersuchungen ergaben, dass in Räumen mit gelben, orangenen und roten Farbtönen Atmung und Pulsschlag beschleunigt werden. Sie wirken emotional anregend und aufmunternd, wenn man sich in diesen Zimmern längere Zeit aufhält. Die warmen Farben sollten also in Räumen eingesetzt werden, deren Fenster in Richtung Norden gehen, oder aber in kalten Landstrichen.

Kalte Farben dagegen wirken kühlend, erfrischend, entspannend und beruhigend. Sie sind gut geeignet in heißen, tropischen und subtropischen Zonen, in Räumen mit viel Sonneneinstrahlung, für überarbeitete Menschen bei Konzentrationsstörungen und ebenso zur optischen „Vergrößerung" von Räumen.

Hier ein kurzer Überblick über die wichtigsten Farben mit ihren Wirkungen auf die Befindlichkeit:

- **Rot** ist die dynamischste und aggressivste Farbe. Rot regt psychisch und physisch an, fördert körperliche Arbeit und Bewegung. Zuviel Rot im Raum macht bei längerem Aufenthalt unruhig, gereizt und es beengt.
- **Orange** erzeugt eine heitere, gelöste Atmosphäre, es wirkt stimulierend. In Nordzimmern, in Räumen mit zu wenig Licht oder Sonne sehr empfehlenswert.
- **Gelb** regt geistig an und fördert das Gespräch. Ideal in Räumen für junge Menschen, in Diskussions- und Besprechungsräumen.
- **Ocker, Siena** und **Umbra** wärmen und dämpfen zugleich, sie wirken beruhigend und ausgleichend. Sie können fast überall in der Wohnung angewandt werden.
- **Blau** wirkt kühl und sauber. In kleinen, engen und niedrigen Räumen dient Hellblau zur optischen Vergrößerung (dunkle Farben dagegen verkleinern Räume).
- **Blaugrün** wirkt festigend, komprimierend und ist bestimmender als Blau.

- **Türkis** erzeugt kühle Distanz. Es bewirkt ein kühles, aber persönliches Raumklima.
- **Grün** hat eine beruhigende Wirkung. Es sorgt für Ausgleich, Ruhe, Sicherheit und Geborgenheit.
- Farben wie **Purpur** und **Violett** wirken feierlich und eignen sich für Empfangsräume. In Wohnräumen kann auf Dauer eine zu sakrale Stimmung entstehen.
- **Lindgrün, Zartlila** und **Rosa** sind abgedämpfter in ihrer Wirkung und damit leichter.
- Die „unbunten" Farben **Schwarz, Weiß** und **Grau** sind ideale Kombinationsfarben. Allerdings wird zuviel Schwarz und Grau oft als düster und schwer empfunden.

Mit der richtigen Farbkombination ist die Wohnung auf dem besten Weg zu einer Oase der Entspannung für das individuelle Wohlgefühl. Doch auch die anderen Aspekte wie Qualität und Nutzbarkeit sollte man auf jeden Fall immer berücksichtigen.

Wohnen mit Kindern

Für Paare und Singles ist die Wohnung abends meist das Zentrum des Rückzugs, der Ruhe und Erholung. Am Wochenende dient sie oft als Treffpunkt für Freunde und Gäste.

Wohnen mit Kindern ist etwas völlig anderes als wohnen zu zweit oder alleine. Mit Kindern ist die Wohnung vorwiegend tagsüber belebt. Kinder nutzen auch die einzelnen Räume viel intensiver als Erwachsene.

Leider sind viele Wohnungen noch immer sehr kinderunfreundlich zugeschnitten. Kinderzimmer und Küche – die Räume, in denen sich Kinder am häufigsten aufhalten – sind oft die kleinsten Räume der gesamten Wohnung. Dabei brauchen gerade Kinder viel Platz zum Spielen und Basteln, Toben und Turnen. Diesen Platz findet man meist im **Wohnzimmer**, gerade dort würde die Puppenstube oder die Rennbahn so gut hinpassen, aber das gefällt den meisten Eltern nicht.

Wenn man Kinder nicht ständig ermahnen will, bleiben sowieso überall Spielsachen und Stifte liegen, und schnell sieht ein Zimmer nach Chaos aus. Doch Eltern brauchen auch einen Raum ohne Chaos, in den sie sich zurückziehen und erholen können. Wenn das in einer Wohnung möglich ist, sind das natürlich ideale Voraussetzungen für das Zusammenleben. Man kann auch das Elternschlafzimmer zum Rückzugswinkel machen. Kinder müssen diesen spielzeugfreien Raum dann akzeptieren.

Mehr Platz zum Spielen in kleinen Zimmern schaffen Hochbetten.

Andersherum wäre es entspannend, wenn Kinder einen Teil des Wohnzimmers als Spielraum abbekommen. Man kann ihn mit Raumteilern bzw. Paravents bei Bedarf abtrennen, dann ist das Durcheinander dahinter nicht gleich sichtbar. Alles, was davor liegt, muss aufgeräumt werden. An so eine Regelung können sich Kinder durchaus halten. Der Vorteil für Eltern: Ihr Wohnzimmer wirkt aufgeräumt, zugleich haben die Kinder die gewünschte Nähe zu den Eltern, die sie brauchen.

Wenn das **Kinderzimmer** dann noch so geschnitten ist, dass man – zumindest in Teilen des Raumes – auch mal etwas herumliegen lassen kann, sind viele Streitigkeiten vermeidbar.

Auch in der **Küche** wäre es für Kinder schön, wenn sie in einer Ecke ihre Materialien liegen lassen können, und sei es in einer Holzkiste, die in der Ecke steht. Dort lassen sich Puppen und Autos ebenso unterbringen wie Kindergeschirr oder ein Puppenherd, denn natürlich will der Nachwuchs genauso kochen wie Mama oder Papa. Diesen natürlichen Drang zum Ausprobieren und Nachahmen sollte man nicht unterbinden, denn so lernt das Kind spielerisch fürs Leben.

Auch das **Bad** kann man so kinderfreundlich einrichten, dass aus dem lästigen Baden und Haarewaschen ein Erlebnis mit viel Spaß fürs Kind wird. Die Tricks und Kniffe sind im jeweiligen Möbelkapitel beschrieben.

Kindersicher muss es sein

Wohlgefühl für die ganze Familie kann nur dann entstehen, wenn einige Gefahrenquellen für Kinder aus dem Weg geräumt sind:

- Versehen Sie alle Steckdosen mit Kindersicherungen.
- Ziehen Sie bei Elektrogeräten nach Gebrauch immer den Stecker aus der Steckdose.
- Verstauen Sie Chemikalien und Putzmittel in einem absperrbaren Putzmittelschrank.
- Lassen Sie nirgends Medikamente liegen, sondern verstauen Sie sie in abschließbaren Schränken.
- Bringen Sie Fenstersicherungen an.
- Versehen Sie Ecken und Kanten mit einem Schutz oder kleben Sie sie ab.
- Lassen Sie niemals Messer oder andere spitze Gegenstände offen herumliegen.
- Lassen Sie keine Streichhölzer oder Feuerzeuge liegen.
- Achten Sie auf das heiße Bügeleisen, bis es abgekühlt ist.
- Hängen Sie keine Tücher über Lampen (zum Beispiel als „Einschlaflicht"), sie können zu brennen anfangen.

Gesund wohnen – nur mit „Öko“ und „Bio“?

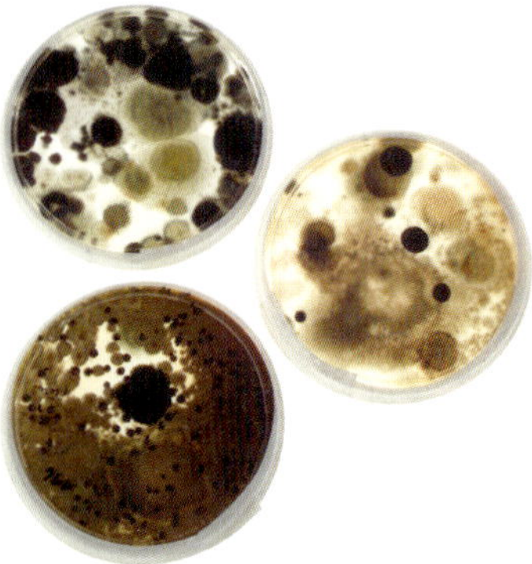

Schimmelpilzkolonien auf Nährböden.

Gesund zu wohnen ist den meisten Menschen wichtig, vor allem Eltern mit ihren Kindern – und zu Recht: Bei Kindern ist das Immunsystem noch nicht ausgebildet, deshalb reagieren sie auf Schadstoffe weit empfindlicher als Erwachsene. Doch leider ist zumindest **die Raumluft** in vielen Wohnungen heute mit mehr Schadstoffen belastet als vor 50 Jahren. Durch die gut isolierten Fenster findet kaum mehr ein Luftaustausch statt, der früher als „Ritzenlüftung“ bezeichnet wurde. Regelmäßiges Lüften ist deshalb wichtig, doch meist geschieht dies nicht. So sammeln sich nicht nur chemische Schadstoffe an, sondern auch biologische, die manchmal noch gefährlicher für die Gesundheit sein können: **Schimmelpilze** zum Beispiel. Die Sporen von Schimmelpilzen können schon in geringen Konzentrationen die Gesundheit nachhaltig belasten und zu allergischen Reaktionen wie Schnupfen, Bindehautentzündung und Bronchialasthma führen. Schimmelpilze vermehren sich am liebsten in einem feucht-warmen Klima (klassisch: im Bad), setzen sich aber auch an kühlen Außenwänden und Wärmebrücken fest (zum Beispiel an Fensteröffnungen, Betondecken, Balkonverankerungen), weil die dort kondensierende Luftfeuchte für die konstante Versorgung mit Wasser sorgt. „Beliebt“ sind bei Schimmelpilzen auch Schrankrückwände, vor allem, wenn die Schränke so dicht an einer feuchten Wand stehen, dass die Feuchtigkeit im Luftraum nicht durch die Belüftung abtransportiert werden kann.

Der Kot von **Hausstaubmilben** ist ein weiteres bekanntes Allergen aus der Natur, das manchen Hausstauballergiker belastet.

Hausstaubmilbe, wie man sie mit einem Rasterelektronenmikroskop (REM) sehen kann.

Dazu kommen natürlich noch die **chemischen Substanzen**, die aus Bauteilen, Einrichtungsgegenständen und Gebrauchsgegenständen wie Fax- und Fernsehgeräten oder Druckern ausströmen. Formaldehyd, organische Lösemittel, Holzschutzmittel, PCB (polychlorierte Biphenyle), PAK (Polyzyklische aromatische Kohlenwasserstoffe), Asbest, Schwermetalle und viele Schadstoffe mehr sind in Wohnräumen zu finden. Besonders viele Schadstoffe produzieren übrigens Raucher: Schon mit dem Rauch von zwei Zigaretten erreicht ein durchschnittlicher Wohnraum die vom Bundesgesundheitsamt festgelegte Höchstgrenze für Formaldehyd von 0,1 ppm (parts per million = Schadstoffmoleküle auf eine Million Luftmoleküle) – ganz zu schweigen von den zahlreichen anderen Giftstoffen im Tabakrauch.

Lüften ist ein gutes Mittel, um den „Schadstoff-Cocktail“ regelmäßig aus der Wohnung zu bringen. Wenn im Winter bei aktiver

Heizung zu wenig gelüftet wird, sinkt außerdem die Luftfeuchtigkeit in der Wohnung ab, was für Bewohner und Inventar auf Dauer ungesund ist. Eine relative Luftfeuchtigkeit von 45 bis 55 Prozent tut den Atemwegen des Menschen gut, aber auch den Möbeln, Textilien, Teppichen, Lederbezügen usw.

Wenn Teppichböden und Möbel stinken

Wenn neue Möbel oder Teppichböden unangenehm riechen, bekommen die meisten Menschen ein ungutes Gefühl. Woher soll man wissen, ob der Geruch ungesund oder harmlos ist?

Neue Einrichtungen haben in der Regel einen Eigengeruch. In den ersten Wochen nach der Herstellung gasen oft noch Reste von **organischen Lösemitteln** aus, die auf die Oberflächen aufgetragen wurden. Besonders auffällig kann dies sein, wenn man Möbel, Teppiche oder Matratzen auspackt, die in Plastikfolie eingeschweißt gelagert und transportiert wurden. Gesundheitliche Gefährdungen sind dadurch in der Regel nicht zu erwarten – noch weniger, wenn man regelmäßig lüftet. Einen neuen Schrank kann man zum Beispiel zusätzlich zwei bis drei Mal mit Wasser feucht auswischen, dem ein Spritzer Essig oder Zitronenreiniger zugesetzt wurde. Ein Schrank behält immer einen gewissen Eigengeruch.

Nach dem Auspacken gründlich lüften lassen.

Auch neue Polstermöbel haben oft einen Eigengeruch, was häufig am verwendeten **PUR-Schaum** oder am **Bezugmaterial** liegt. Die umweltschädlichen **FCKW** (Fluor-Chlor-Kohlenwasserstoffe) werden in Deutschland nicht mehr für die Schaumstoffherstellung verwendet – in manchen anderen Ländern aber schon. Das stechend riechende **Formaldehyd** wird bei der Herstellung von Holzwerkstoffen eingesetzt; aber auch hier wurden in Deutschland per Gesetz strenge Richtlinien und Grenzwerte vorgeschrieben, um eine Schädigung für die Verbraucher auszuschließen.

Wenn der Geruch nach einigen Wochen immer noch nicht verschwunden ist und zum Beispiel Augen, Haut und Schleimhäute reizt, sollte man dem Problem auf den Grund gehen. Selbst, wenn man keinen Geruch bewusst wahrnimmt, kann es ein Warnsignal sein, wenn man noch Monate nach dem Verlegen eines neuen Teppichs oder nach der Renovierung der Wohnung Kopfschmerzen, Schwindelgefühle, einen beständigen Hustenreiz und tränende Augen hat.

Gewissheit kann oft nur eine **Schadstoffanalyse** schaffen. Allerdings ist die Bandbreite der möglichen Wohngifte groß, und die Tester können den Verursacher oft nicht beim ersten Mal aufspü-

Schadstoffe in der Wohnung können aus vielen Quellen stammen.

ren. Das wird natürlich teuer. Hier bietet die Stiftung Warentest einfache Screeningtests an. Vor Ort können Betroffene selbst Luft- und Staubproben nehmen, die dann zur Laboranalyse geschickt werden. Dieses Verfahren gibt allerdings nur einen ersten Hinweis. Eine exakte Messung ist nur durch die Prüfung vor Ort möglich.

Man kann auch selbst einiges tun, um die Schadstoffmengen in Wohnungen zu begrenzen. Zunächst heißt es: Schadstoffquellen meiden! Rauchen ist ebenso ein Schadstofflieferant wie Desinfektionsmittel, manche Duftöle, die verdampft werden, und zum Beispiel Räucherstäbchen. Auch Teppichböden, Holzdecken oder Tapeten können Schadstoffe ausgasen.

Beim **Möbelkauf** können Sie sich an zuverlässigen Prüfsiegeln wie dem Blauen Engel oder dem RAL-Gütezeichen für Möbel, dem „Goldenen M“, orientieren. Bei so gekennzeichneten Möbeln kann man sich zum Beispiel darauf verlassen, dass der vom Gesetzgeber als unbedenklich eingestufte Formaldehyd-Grenzwert (und -Ausstoß) um 50 Prozent unterschritten wird.

Bei **Teppichen** ist das Zusammenspiel der Chemie ein wenig verzwickter als bei Möbeln. Manche Teppichböden riechen sehr stark, manche kaum oder gar nicht. Kommen die Teppiche mit Teppichkleber in Kontakt, können Teppichfasern oder der Schaumrücken mit Inhaltsstoffen im Kleber chemisch reagieren. Manche Teppichböden werden dann richtig zum Luftverpester, andere dagegen verlieren ihren Geruch, er wird durch den Kleber neutralisiert.

Am besten achtet man bei Teppichen von Anfang an auf ihren Geruch, bevor man sich Luftverpester ins Haus holt. Riecht der Teppichboden bereits im Geschäft intensiv, wird er auch noch längere Zeit seinen Geruch weiter verströmen. Dazu können Synthetikteppiche gehören, aber genauso Wollteppiche, wenn sie mit Wollfetten oder Insektenschutzmitteln behandelt wurden. Viele geruchsintensive Stoffe finden sich auch im Schaumrücken von Teppichböden.

Orientierung schaffen Teppichsiegel wie das GuT-Siegel der Gemeinschaft umweltfreundlicher Teppichböden. Sie versprechen definierte Eigenschaften, die eingehalten werden müssen (→ *Seiten 182 ff.*).

Farbe und Glanz

Lacke hatten lange Zeit einen schlechten Ruf. Das mag auf manche Produkte zutreffen, aber pauschal kann man das so nicht mehr sagen. Durch die zahlreichen Giftskandale sind die Richtlinien für Lacke in Deutschland sehr streng geworden, und bei Qualitätsprodukten kann man davon ausgehen, dass die Ausdünstung eines Lackes bei sachgemäßer Verwendung nicht schädlich ist.

Bis auf wenige Ausnahmen besteht jeder Lack aus den vier Komponenten Bindemittel, Lösemittel, Pigmente und Additive.

- **Bindemittel** sind die Basis jeden Lacks, sie sind verantwortlich für Glanz, Härte und Strapazierfähigkeit. Sie bilden nach der Trocknung und Härtung den fertigen Lackfilm. Bindemittel, meistens Kunstharze, die zum großen Teil auf natürlichen Stoffen basieren, umhüllen die Pigmente und verbinden sie mit dem Untergrund.
- **Lösemittel** machen den Lack erst verarbeitungsfähig. Moderne Lacke sind lösemittelarm, denn die flüchtigen organischen Verbindungen sind die gesundheitlich problematischen Lackbestandteile. Bei den neu entwickelten Wasserlacken ersetzt Wasser weitgehend die organischen Lösemittel.
- Die **Pigmente** sind im Bindemittel fein verteilt und geben dem Lack die Farbe. Mit organischen Pigmenten werden brillante Farbtöne erzielt. Mit anorganischen Pigmenten wird zwar weniger Brillanz erreicht, diese Lacke sind aber besonders licht- und wetterbeständig. Pigmente auf der Basis toxischer Metalle (Schwermetalle) wie Blei werden in Deutschland nicht mehr verwendet.
- Zu den **Additiven** zählen zahlreiche Hilfs- und Zusatzstoffe, die den Lacken bestimmte Produkteigenschaften geben: Netzmittel zum Beispiel verhindern das Eindicken und die Flockenbildung, Topfkonservierer unterbinden das Schimmeln und Faulen, UV-Absorber hemmen das Vergilben und Verspröden durch Sonneneinstrahlung.

Lacke erfüllen mehrere wichtige Aufgaben: Sie schützen das Material vor äußeren Einflüssen, lassen dabei aber Strukturen und Maserungen sichtbar; sie geben einen schönen Glanz und machen Oberflächen unempfindlicher. Manches problematische Material schließen sie so dicht ab, dass keine Schadstoffe mehr ausströmen können.

Manche Möbelstücke erhalten in einem aufwändigen Prozess bis zu sieben Lackschichten, die nacheinander getrocknet und

Textilauffrischer mit Restrisiko

„Einmal kurz sprühen, trocknen lassen und weg ist der Geruch nach Rauch im Sakko, nach Schweiß in den Joggingschuhen und nach Hund auf der Schlafdecke.“
So und ähnlich werden seit einigen Jahren Sprays für „frische Luft“ beworben. Die Sprays enthalten entweder Zinksalze, die die Geruchsmoleküle chemisch binden, oder Moleküle, die in einer Art chemischem Käfig Duftstoffe gefangen halten. Die unangenehmen Gerüche aus den Textilien verdrängen diese Duftstoffe aus dem Käfig und werden dafür ihrerseits „eingesperrt“.
Das funktioniert auch ganz ordentlich; die Geruchsbelästigung wird deutlich reduziert, wie Tests bereits im Jahr 2000 ergaben. Das Restrisiko dabei: Auf den behandelten Oberflächen können Flecken und Ränder zurückbleiben. Und: Die störenden Geruchsquellen einfach mit noch mehr Chemie „zu übertünchen“, ist sicher nicht die gesündeste Methode.

TIPP

Lack oder Öl – wie entscheiden?

Je naturbelassener das Holz ist, umso empfindlicher ist seine Oberfläche. Deshalb sollte man abwägen, wie man das Möbelstück nutzen will: Wird die Oberfläche beim täglichen Gebrauch stark strapaziert, wie bei einem Tisch? Dann sollte man zu einer unempfindlichen Oberflächenbeschichtung wie Lack greifen – außer, man nimmt die Spuren des Alltags billigend in Kauf.

dann angeschliffen werden, bevor die nächste Schicht aufgetragen wird. Solche Verfahrensweisen sind ein wichtiges Kriterium für gute Möbelqualität und schlagen sich auch im Preis nieder.

Auch bei teuren lackierten Möbeln riecht man meist gleich nach dem Kauf noch etwas vom Lack. Was man „erschnüffelt", sind vor allem die im Lack enthaltenen Lösemittel. Sie sind jedoch leicht flüchtig, das heißt, dass sie beim Lüften nach draußen getragen werden. Empfindliche Menschen können allerdings schon auf sehr geringe Lösemittelkonzentrationen in der Raumluft mit Kopfschmerzen und Unwohlsein reagieren. Ist der Geruch nach ein bis zwei Wochen trotz gründlichen Lüftens noch belästigend, sollte man mit dem Möbelhaus oder Hersteller Kontakt aufnehmen.

Wenn Sie beim Möbelkauf auf Nummer sicher gehen wollen, können Sie sich am RAL-Gütezeichen für Möbel orientieren. Die gütegeprüften Möbel halten die gesetzlichen Vorschriften in punkto Schadstofffreisetzung auf jeden Fall ein und gelten als gesundheitlich unbedenklich.

Lasuren werden für die Farbgebung der Holzoberflächen verwendet und bestehen aus Harzen, Weichmachern, Farbpigmenten, Trockenstoffen und Holzschutzmitteln. **Imprägnierlasuren** dringen tief in die Holzfasern ein und machen das Holz wasserabweisend und witterungsbeständig, was vor allem bei Gartenmöbeln eine Rolle spielt. **Schichtbildende Lasuren**, die hauptsächlich im Innenbereich verwendet werden, verleihen dem Holz einen wasserabweisenden, transparenten Anstrichfilm, der wasserdampfdurchlässig und damit feuchtigkeitsregulierend ist. Das besondere Merkmal einer Lasurbehandlung ist die etwas verschleierte Farbe der Holzoberfläche beim Möbel.

Durch die gewachsene Aufmerksamkeit für Gesundheit und Umwelt verlangen Möbelkäufer immer häufiger nach „natürlichen Oberflächen". Ein Stück Natur wie einen Massivholzschrank möchte man eben nicht mit viel Lack zukleistern. Aber auch die so genannten **„Naturlacke"** bzw. **Naturprodukte** sind nicht ganz ohne: Sie enthalten genauso viel Lösemittel wie die handelsüblichen Lacke (mit synthetischen Lösemitteln), nur sind diese Öle, Wachse und Harze natürlichen Ursprungs. Aber auch unter den biogenen Lösemitteln gibt es Produkte, die nicht als gesundheitlich unbedenklich eingestuft werden können.

Es gibt noch die Alternative, Massivholz mit **Pflegemitteln auf Leinöl-** oder **Bienenwachs-Basis** zu behandeln, was den Möbeln

TIPP

Neuer Lack für alte Möbel

Wer selbst ein Möbelstück lackieren will, sollte darauf achten, dass der verwendete Lack möglichst wenig organische Lösemittel enthält. Lacke und Farben eines VdL-Mitglieds bieten eine gute Orientierung. Die Holzlackhersteller, die im Verband der Lackindustrie (VdL) Mitglied sind, haben sich freiwillig verpflichtet, strenge Vorgaben einzuhalten. Sie achten zum Beispiel darauf, dass ihre Lacke nur einen geringen Lösemittelwert aufweisen, und sie verzichten völlig auf besonders kritische Inhaltsstoffe wie Asbest, Blei-, Kadmium- und Quecksilberverbindungen sowie Benzole und flüchtige Fluorchlor- oder Chlorkohlenwasserstoffe.
Auf Lacken findet man auch häufig den Blauen Engel: Er besagt, dass der Lack weniger organische Lösemittel enthält als andere marktüblichen Lacke. (→ *Prüfzeichen und ihre Bedeutung, Seiten 179 ff.*)

einen angenehmen Duft verleiht. Allerdings ist die Oberfläche bei dieser natürlichen Behandlung nicht so widerstandsfähig wie nach einer Lackierung. Außerdem verfärbt sich das Holz schneller – was ja durchaus ein gewünschter Effekt sein kann. Wichtige Pluspunkte von geöltem oder gewachstem massiven Holz sind die natürliche Optik, der Geruch, angenehm-warme Griff und die Reparaturfreundlichkeit: Kleine Schäden kann man manchmal selbst beheben.

Bio-Möbel hui – Spanplatten pfui?

„Bio-Möbel" ist ein gern verwendeter Ausdruck, dabei besagt er eigentlich gar nichts. Viele verstehen darunter Massivholzmöbel, aber diese sind nicht automatisch nur natürlich. Wenn das Holz mit schädlichen Stoffen wie PCP, einem Holzschutzgift, behandelt wurde, kann man von gesund sicher nicht mehr sprechen. Auch die in Fichte, Tanne und Kiefer von Natur aus enthaltenen Terpene können für Allergiker ungesund sein – obwohl es sich um einen 100-prozentig natürlichen Stoff handelt. Terpene werden auch aus Pflanzenteilen gewonnen und in Form von Terpentinöl und Zitrusschalenöl vielen Naturfarben und -lacken als Lösemittel beigemischt.

Was für Holzmöbel gilt, kann auch auf Rattan und Korb zutreffen: Wenn das Naturmaterial mit Insektiziden oder Fungiziden behandelt wurde – damit werden die Möbel bei langen Schiffspassagen aus asiatischen Ländern oder EU-Staaten geschützt –, tut man seiner Gesundheit keinen Gefallen. Dann ist der Griff zu Produkten von deutschen Herstellern die bessere Wahl, denn sie müssen sich an strenge Grenzwerte für Schadstoffe halten.

Der natürliche Urwald ist für arme und reiche Länder gleichermaßen eine gute Geldquelle, deshalb ist die skrupellose Abholzung leider nach wie vor an der Tagesordnung. Manche Verbraucher haben Sorge, beim Kauf von Massivholzmöbeln den Waldbestand zu schädigen. Doch viele Möbelhölzer kommen inzwischen aus Aufforstungen, die nach den Prinzipien einer nachhaltigen Forstwirtschaft betrieben werden. Diese Bedenken kann man auch bei Rattanmöbeln haben. Rattan und Peddigrohr sind Produkte aus dem Stamm von Rotangpalmen, die in Südostasien

Oberflächenbehandlungen bei Möbeln im Überblick

Lacksystem	Allgemeines	Eigenschaften	Verwendung
Wasserlacke	Anteil an organischen Lösemitteln deutlich unter 10 Prozent. In fast allen Anwendungsbereichen eine gute Alternative zu anderen marktüblichen Lacksystemen.	Chemische und physikalische Widerstandsfähigkeit gut bis sehr gut. Die Holzoberfläche behält ihren Charakter. Kann schwierig in der Weiterverarbeitung sein.	Kommen in allen Bereichen zum Einsatz, vor allem bei Oberflächen mit starker mechanischer Beanspruchung: Bei Büro-, Objekt-, Küchen- und Schulmöbeln, in der Stuhl- und Treppenfertigung.
UV-Lacke	UV steht für „Ultraviolett". Statt durch Wärme härten diese Lacke chemisch aus; die Reaktion wird durch UV-Licht in Gang gesetzt und dauert nur wenige Sekunden. Mit UV-Technologie kann Holz besonders umweltschonend lackiert werden.	Extrem widerstandsfähige Filme bereits kurz nach der UV-Härtung. Die Bauteile sind sofort verpackungs- oder weiterbearbeitungsfähig.	Werden vor allem verwendet, um die Lösemittelemission zu minimieren. Anwendung vermehrt als Grundierung und Decklackierung bei Wohn- und Büromöbeln und in der industriellen Parkettbeschichtung.
Polyurethan-Acryl-Lacke	Polyurethan-Acryl-Lacke härten physikalisch durch Verdunstung des Lösemittels und chemisch durch Additionsreaktionen aus. Dadurch sind sie extrem widerstandsfähig und unempfindlich.	Hohe Gebrauchsgüte. Besonders gut sind Oberflächenhärte sowie Abrieb-, Schlag- und Kratzfestigkeit des elastischen Lackfilms. Hohe Beständigkeit gegenüber Chemikalien und Haushaltsreinigern.	Universelle Verwendbarkeit. Werden wegen ihrer Unempfindlichkeit gegen Luftfeuchtigkeit und Temperaturschwankungen oft im Küchen- und Wohnzimmerbereich eingesetzt.
Nitrolacke	Eigentlich „Nitrozellulose-Lacke". Klassische Lacke für Holzoberflächen. Da der Anteil organischer Lösemittel vergleichsweise hoch ist, werden sie inzwischen häufig durch andere Lacksysteme ersetzt.	Trocknen schnell, sind kratzfest und alkoholresistent. Kleine Schäden lassen sich gut ausbessern. Beständigkeit gegen Licht und Chemikalien ist eingeschränkt. Für helle pastellfarbene Holztöne weniger geeignet.	Anwendung in allen Möbelbereichen, vor allem in Wohn- und Schlafzimmer, aber mit rückläufiger Tendenz.
Polyesterlacke	Polyester- oder UPE-Lacke (UPE für ungesättigte Polyesterharze) härten durch eine chemische Reaktion aus. Das Lösemittel wird bei der Härtung im Lackfilm gebunden und kann deshalb nicht in die Umgebung entweichen.	Erzeugen in wenigen Arbeitsgängen ein dicke, kunststoffähnliche Lackschicht. Oberflächen sind kratzfest, abriebfest, beständig gegen viele Chemikalien und weitgehend resistent gegen Temperatur- und Klimawechsel.	Werden hauptsächlich zur Herstellung hochwertiger Oberflächen verwendet; zum Beispiel bei Flügeln und Klavieren.
Naturprodukte	Vorwiegend aus natürlichen Rohstoffen hergestellt (Öle, Wachse und Naturharze). Je nach Verwendungszweck werden auch Kombinationen dieser Stoffe eingesetzt.	Fühlt sich gut an. Die Oberflächen sind aber manchmal nicht sehr beständig. Sollten vor allem bei strapazierten Oberflächen wie Tischplatten nicht eingesetzt werden.	Anwendung überall, wo eine geschützte, aber naturbelassene Oberfläche gewünscht wird, vor allem bei Möbeln aus Massivholz.

beheimatet sind. Hier kann das **FSC-Siegel** Hilfe geben: Möbel mit diesem Zeichen müssen aus (nachwachsenden) Plantagenbeständen stammen.

Regelrecht in Verruf kamen **Spanplatten** (Holzwerkstoffplatten) in den 80er Jahren, und ein wenig davon haftet ihnen noch immer an. Damals stellte sich heraus, dass sie wahre „Giftschleudern" waren: Sie verbreiteten viel Formaldehyd, das für Menschen sehr ungesund werden kann. Der Stoff war (und ist heute noch) als Bindemittel notwendig. Der Gesetzgeber reagierte und erließ strenge Grenzwerte für Formaldehyd. Seit 1986 sind in Deutschland nur noch **E1-Spanplatten** erlaubt. Sie dürfen nicht mehr als 0,1 ppm (parts per million) Formaldehyd an die Umgebungsluft abgeben. Wenn man bedenkt, dass auch in vielen anderen Produkten Formaldeyd enthalten ist, macht der vorgeschriebene Formaldehydwert bei Möbeln mit dem RAL-Gütezeichen (kleiner als 0,05 ppm) Sinn. Damit sollten hohe Formaldehyd-Konzentrationen in Wohnräumen vermieden werden. Wenn allerdings in einer Wohnung geraucht wird, herrscht darin ein wahrer Formaldehyd-Nebel. Da heißt es: Lüften, lüften, lüften.

Bei E1-Spanplatten ist das Anbohren gesundheitlich unbedenklich.

Holzwerkstoffplatten aus der EU sind also nicht mehr „die" ungesunden Einrichtungsteile. Wer dennoch Bedenken hat, sollte Möbel wählen, die mit einer Lack- oder Kunststoffschicht lückenlos umhüllt sind. So kann aus einer Holzwerkstoffplatte kein Formaldehydgas mehr austreten. Die Bedenken, dass Holzwerkstoffplatten besonders umweltschädigend sind, lässt sich – beim größten Teil der verwendeten Holzwerkstoffplatten in Deutschland – nicht halten. Holzwerkstoffplatten werden aus Kostengründen hauptsächlich aus Holzresten und Durchforstungsholz hergestellt, das beim „Auslichten" der Wälder anfällt. Für Holzwerkstoffplatten werden also nicht extra Bäume gefällt.

Die Wohnbereiche

Wenn man eine Wohnung oder auch nur ein Zimmer neu einrichtet, legt man dabei die Umgebung fest, die man in den nächsten Jahren sieht, mit der man jahrelang lebt und die für die meisten Menschen Rückzug und Erholung bedeutet. Das alleine sind schon Gründe genug, sich vor dem Kauf intensiv mit der Einrichtung zu beschäftigen, die man möchte und braucht. Dazu kommen Faktoren, die man nicht auf den ersten Blick sieht und an die man manchmal auch gar nicht denkt: Gesundheit, Sicherheit, Qualität und vieles mehr – hierzu finden Sie auf den folgenden Seiten Tipps und Anregungen.

Diele und Flur

Eigentlich sind Diele und Flur die Visitenkarte der Wohnung. Hier bekommen Gäste den ersten Eindruck, und hier wird man selbst empfangen, wenn man nach Hause kommt. Dennoch fristet die Diele als „Durchgangsbereich“ oft ein Schattendasein. Dabei kann man sogar in kleinsten Eingangsbereichen mit wenigen Mitteln eine wohnliche Atmosphäre schaffen. Zugleich ist dieser Raum – neben der Küche – einer der funktionalsten in der ganzen Wohnung. Gründe genug, sich vor der Einrichtung von Diele oder Flur einige Gedanken zu machen.

Planung vor dem Kauf

Je weniger Platz man hat, umso genauer muss man sich überlegen, was man alles in Diele oder Flur unterbringen möchte. Am besten macht man sich eine **Liste** mit allen Gegenständen, die hier untergebracht werden sollen: Jacken, Mäntel, Handschuhe, Tücher, Schals, Schlüssel, Hut, Taschen, Schirme, Schuhe und Putzutensilien usw.

Wenn man genügend Platz im Dielenbereich hat, kann man einen **Putzmittelschrank** aufstellen. So sind die Putzsachen kompakt untergebracht und nicht im Weg. Die Innenausstattung kann man oft frei wählen, zum Beispiel Haken zum Aufhängen von Besen und Schrubber, Aufhängevorrichtungen für Staub-

TIPP

Schuhschränke

Schuhschränke mit Klappfächern sind mittlerweile sehr „schlank" geworden. Aber Achtung: Wenn jemand **Schuhe in Übergröße** hat (etwa ab Größe 46), kann er diese in die gängigen Schränkchen nur noch quer hineinlegen, was dort sehr viel Platz wegnimmt! In diesem Fall wäre eine andere Schuhablage sinnvoller. Kompliziert wird es manchmal auch mit schweren Winterstiefeln, die für manche Klappschuhschränke zu hoch sind. Einige Hersteller produzieren mittlerweile Schuhschränke für Übergrößen.

saugerschläuche, Ablagen für Putzeimer und Reinigungsmittel, Halterungen für Putztücher und vieles mehr.

Anschließend sollte man den Raum genau ausmessen und eine exakte **Skizze** zeichnen, die alles beinhaltet: Türen, Heizkörper, Lichtschalter usw.; gerade die Kleinigkeiten wie Lichtschalter oder Steckdosen sind wichtig, damit man sie nicht mit einem Möbelstück zustellt. Andererseits kann der Platz über einer Tür genau so groß sein, dass eine Ablage darüber passt. Genauigkeit beim Messen und beim Zeichnen der Skizze ist also sehr wichtig.

Wenn man dann zum Beispiel den Standplatz für ein großes Möbelstück festgelegt hat, kann man um diesen Schrank herum die Einzelelemente planen, die man noch möchte.

Die Minimallösung

Wenn für die Garderobe nur eine Nische vorgesehen ist, steht die praktische Ablage im Vordergrund: Kleiderstange, Taschenhaken, eine (Hut-)Ablage, eventuell noch kleine Utensilienboxen für Accessoires, dazu ein Spiegel und ein Schirmständer, fertig ist die Mini-Garderobe. Bereits eine Schublade genügt, um die Schuhputz-Utensilien unterzubringen. Dann hat man sie immer gleich griffbereit, wenn man kurz vor dem Gehen noch eine kleine Schönheitskorrektur an den Schuhen vornehmen möchte oder wenn beim Zubinden ein Schnürsenkel abreißt, den man schnell ersetzen muss.

TIPPS

Zur optischen Gestaltung

- Dunkle Farben und dunkle Hölzer „erdrücken" kleine Räume; dunkle Möbel wirken außerdem sehr wuchtig. Je kleiner die Diele ist, umso mehr lassen **helle Farben** den Raum größer wirken.
- **Transparenz** schaffen Materialkombinationen, zum Beispiel Holz mit Metall und Glas. Ein Materialmix wirkt immer leichter als eine geschlossene Front.
- Auch **Spiegel** erweitern die Diele optisch – aber Vorsicht: Wenn im Spiegel ein Riesenfundus an Kleidung, Schuhen und Regalen zu sehen ist, kann das sehr verwirrend wirken, vor allem auf Besucher.
- Mit **Beleuchtung** kann man Akzente setzen und Atmosphäre schaffen. Am besten werden mehrere Punkte des Eingangsbereichs dezent ausgeleuchtet. Mit einer einzigen Lampe schafft man einen hellen Lichtkegel und ansonsten dunkle Ecken, das ist nicht sehr einladend.

Die „mittlere" Lösung

Wer mehr Stauraum haben, aber eine Diele nicht zu sehr „zubauen" möchte, kann mit Einzelmöbeln spielen. Bei manchen Programmen kann man Schrankelemente, Kommode, Garderobenpaneele usw. in unterschiedlichen Höhen und Breiten erhalten. Hier gilt ganz besonders: Genau ausmessen! Manche Schränke haben Spiegel als Türfüllung, was nicht nur platzsparend ist, sondern dem Raum den Eindruck von Weite verleiht. Auffüllen kann man die Nischen und Lücken nach Bedarf mit Schirmständer, Garderobenhaken, Regalbrettern, Ablageflächen usw.

Für den großen Haushalt

Bei einer Familie mit zwei Kindern kann es in der Diele manchmal eng und chaotisch zugehen, wenn alle gleichzeitig aus dem Haus müssen. Hier kommt es besonders darauf an, dass der Zugriff auf die Ablageflächen und den Stauraum schnell erfolgen kann. Wenn man den Platz hat, kann man zu Dielenprogrammen mit Anbaumöglichkeiten und Überecklösungen greifen. Wichtig ist dabei, dass die Wandfläche vom Boden bis zur Decke besonders geschickt genutzt wird.

CHECKLISTE

Diele und Flur

Vor dem Kauf:

- Nehmen Sie genau Maß und fertigen Sie eine **Grundrissskizze** an (mit Lage und Höhe von Türöffnungen, Steckdosen,Telekommunikationsanschlüssen, Heizkörpern, Sicherungskasten, Wasser-, Strom- und Gaszähler etc.).
- Was möchten Sie unterbringen? Erstellen Sie eine **Liste**.
- Wie viel Paar **Schuhe** müssen Sie verstauen?
- Wie lang und hoch sind Ihre größten Schuhe?
- Welcher **Gewichtsbelastung** müssen Möbel, Ablageflächen und Haken in Ihrem Haushalt standhalten? (Die Belastbarkeit hängt auch von der Beschaffenheit der Wände ab!)
- Nutzen Sie bei Ihrer Planung auch **Nischen**, den Raum über Türöffnungen etc.
- Sind bestimmte **Farben** bereits vorgegeben? (Fliesen, Teppichböden etc.)

Im Möbelgeschäft:

- Können Sie alle **Funktionen** leicht bedienen? Alle Türen, Schubläden, Klappvorrichtungen etc. müssen einwandfrei und leichtgängig sein.
- Sind die **Möbelkanten** gerundet? Die Oberflächen sauber geschlossen?
- Die Türen und Schubläden müssen geschlossen **gut anliegen** bzw. am Anstoß mit einer Staubbürste versehen sein, damit Staub und Motten keine Chance haben, in das Innere zu gelangen.
- Passt auch Ihr **größter Mantel** noch in den Kleiderschrank bzw. in die Garderobe?
- Fragen Sie, mit welchem **Gewicht** Sie Möbel, Böden oder Haken belasten dürfen.
- Sind die Oberflächen bzw. Schubladen leicht zu **reinigen**?

Das Reich der Kinder

Das Kinderzimmer ist für ein Kind der wichtigste Raum in der Wohnung: Hier sollte es Geborgenheit und Schutz, Raum zum Spielen und Toben finden. Jahrelang verbringt das Kind täglich viele Stunden in seinem Zimmer, dennoch sind Kinderzimmer meist viel zu klein. Manchmal kann man zum Beispiel das (größere) Elternschlafzimmer zum Kinderzimmer umfunktionieren.

Wichtig bei der Planung ist auch die **Lage des Raumes**. Kinder brauchen Licht und Helligkeit, da ist ein Süd- oder Südostzimmer viel geeigneter als ein Nordzimmer, das besser die Eltern als Schlafzimmer nutzen. Fahren womöglich laute Lastwagen direkt am Kinderzimmer vorbei, sollten Eltern ihr Kind vor dieser Lärmquelle schützen und schalldichte Fenster einbauen.

Der Fußboden ist die liebste Spielfläche

Wenn Eltern ein Kinderzimmer einrichten, sollten sie eines bedenken: Kinder spielen am liebsten am Fußboden. Wenn sie Bauklötzchen-Türme bauen oder Spielzeugautos durch die Gegend schieben, sind sie dabei oft sehr nah mit ihrer Nase am Boden. Dann atmen sie Staub ein, aber auch manche ungesunde Ausdünstung des Bodenbelags. Da Kinder weitaus empfindlicher gegenüber Schadstoffen sind als Erwachsene, spielt ein **gesunder Bodenbelag** eine besonders wichtige Rolle. Fliesen oder Steinböden wären zwar hygienischer als Teppichböden, aber sie sind für Kleinkinder einfach zu kalt und hart. Da ist ein Holz- oder Korkboden, der mit Wasserlack versiegelt ist, eine viel bessere Lösung. Ein niederfloriger Teppichboden oder Teppichfliesen sind gute Alternativen, wenn sie nicht mit lösemittelhaltigem Klebstoff fixiert sind. Wichtig ist bei allen Bodenbelägen, dass sie sich gut reinigen lassen. Das ist vor allem im Hinblick auf die Zunahme von Allergien bei Kindern ein bedeutender Faktor. Die flauschige (waschbare) Kuscheldecke kann man schließlich immer noch als weiche Spielfläche auf den Boden legen.

Die Ausstattung wächst allmählich mit den Anforderungen

Kinder brauchen eine kindgerechte Einrichtung in der ganzen Wohnung (→ *Wohnen mit Kindern Seiten 14, 15*), ganz besonders aber in ihrem eigenen Reich. Kindgerecht bedeutet dabei nicht, dass gleich eine komplett neue Möblierung nötig wäre.

Ein Hoch- und Etagenbett schafft Platz und einen Hauch von Abenteuer.

Für das Baby genügen zunächst ein Bett, ein Schrank für Kleidung und Spielsachen sowie ein Wickeltisch oder eine praktische Wickelkommode.

Kinder wachsen sehr schnell und haben schon bald andere Anforderungen an Möbel: Bereits im Kindergartenalter brauchen sie ein normales Bett und kurz danach einen Schreibtisch für die Hausaufgaben. Für Jugendliche ist dann eine Couch zum Lümmeln mit Freunden ebenso wichtig wie der Computertisch. Um später den Freiraum zu vergrößern, könnte ein Hochbett – oder bei Geschwistern ein Etagenbett – die platzsparendste Lösung sein.

Bei der **Ersteinrichtung** von Kinderzimmern ist eine komplette Planung nicht nötig. Es ist meistens besser, wenn man anfangs nur die nötigsten Möbel anschafft und später nach der aktuellen Lebenssituation und nach dem Geschmack der Kinder weitere ergänzt. Kinder entwickeln ihren Geschmack, ihre Hobbys und Vorlieben erst noch, und die Eltern älterer Kinder wissen, dass der Nachwuchs beim Möbelkauf ein gewichtiges Wort mitredet.

Wenn Eltern alle paar Jahre eine komplett neue Einrichtung kaufen müssten, würde das ganz schön teuer werden. Deshalb bieten viele Hersteller mitwachsende, **flexible und multifunktionale Möbel** an. So wird zum Beispiel aus einem Gitterbett eine Juniorliege, aus einer Wickelkommode ein normales Sideboard, und auch der Schreibtisch wächst mit dem Junior mit, damit die Hausaufgaben später keine Rückenschmerzen bereiten.

Eines sollten dabei alle Möbel sein: **stabil**. Sie müssen nicht nur hin und wieder für neugierige Klettertouren der Kleinen herhalten, sondern auch unsanfte Behandlungen und Stöße vertragen. Dass die Möbel keine scharfen Ecken oder Klemmstellen haben sollen, versteht sich eigentlich von selbst – in der Praxis kommt es aber trotzdem deswegen immer wieder zu Unfällen. Die Stiftung Warentest stellt bei ihren Untersuchungen von Kindermöbeln auch immer wieder zum Teil gravierende Sicherheits-

TIPP

Holzmöbel kann man „tiefenreinigen"

Wenn ein Möbel aus Massivholz an den typischen Griffstellen sehr verschmutzt ist, kann man diese Bereiche mit feinem Sandpapier anschleifen und neu wachsen oder einölen.

mängel fest (aktuelle Hinweise bei *www.test.de/online/kinder_familie.html*).

Eltern sollten deshalb beim Möbelkauf besonders auf unfallträchtige Konstruktionen achten. DIN-Normen enthalten vor allem Vorgaben für die Haltbarkeit, die Stabilität und den Schutz vor Verletzungen, sie berücksichtigen aber auch die Oberflächen, an denen Kinder ja manchmal lutschen. Die in den DIN-Normen enthaltenen Anforderungen sind für alle Kindermöbel verpflichtend, die in Deutschland hergestellt werden. Wenn man also weiß, dass ein Möbel nach Normen gefertigt ist, geht man beim Kauf bereits auf Nummer sicher. Für noch mehr Qualität bürgt das RAL-Gütezeichen für Möbel (→ *Prüfzeichen Seiten 179 ff.*). Im Ausland gelten bei der Produktion andere, oft großzügigere Vorschriften.

Welche Materialien sind geeignet?

Massivholz ist bei Eltern sehr beliebt, es ist allerdings meist teurer als andere Materialien. Holz vermittelt grundsätzlich den Eindruck von Natur und damit von Schadstofffreiheit, aber leider können Allergiker auch hier ihre Probleme bekommen. In Nadelhölzern sind Terpene enthalten, das ist der typische Weihnachtsbaum-Duft. Diese Terpene sind zwar völlig natürlich, aber bei manchen Menschen lösen sie allergische Reaktionen aus.

Die gleiche natürliche Optik bieten **Möbel mit Holzfurnieren**, also ganz dünn geschnittenem Holz, das auf ein Trägermaterial aufgebracht ist. Diese Alternative ist meist kostengünstiger als Massivholz. Das Trägermaterial ist, wie bei kunststoffbeschichteten Möbeln, häufig ein Holzwerkstoff, also Spanplatte oder Tischlerplatte. Spanplatten dürfen nicht mehr als 0,1 ppm (parts per million) Formaldehyd an die Luft abgeben, was als gesundheitlich unbedenklich gilt.

Wer dennoch Bedenken hat, kann sich für eine **Kunststoffbeschichtung** entscheiden. Durch die Beschichtung wird die Spanplatte versiegelt und ein Austritt von Formaldehyd so gut wie völlig gestoppt. Allerdings muss die Versiegelung dann rundum geschlossen sein und darf nicht beschädigt sein. Ein weiterer Vorteil von Möbeln mit Kunststoffbeschichtung ist ihre Pflegefreundlichkeit. Sie sind problemlos abwaschbar und vertragen schon mal ein stärkeres Rubbeln. Das sorgt natürlich für viel mehr Bewegungsfreiheit der Kinder, weil ein verschüttetes Getränk oder ein Buntstiftstrich nicht gleich zum Drama wird.

Natürliche Oberflächen sind bei Möbelkäufern ein immer häufiger geäußerter Wunsch; sie möchten lieber einen Oberflächen-

> **TIPP**
>
> *Sicher ist sicher*
>
> Eine gute Orientierungshilfe ist das GS-Zeichen für geprüfte Sicherheit. Bevor dieses Zeichen verliehen wird, müssen Kindermöbel zahlreiche Prüfungen zu Haltbarkeit, Stabilität, Verletzungsfreiheit, Standfestigkeit und weiteren Kriterien erfolgreich absolviert haben.

schutz mit natürlichen Inhaltsstoffen als chemisch hergestellte Lacke. Doch je naturbelassener ein Möbelstück ist, umso empfindlicher ist es (zum Beispiel bei einer Behandlung mit Bienenwachs oder Leinöl). Da ist es naheliegend, auf sogenannte **„Naturlacke“** auszuweichen, doch diese enthalten fast ebenso viel Lösemittel wie herkömmliche Lacke; allerdings sind diese natürlichen Ursprungs, also aus Ölen, Wachsen und Naturharzen gewonnen. Bei Oberflächenbehandlungen mit **Wachs oder Leinöl** sind die Spuren des täglichen Lebens irgendwann zu sehen, aber das kann ja durchaus seinen Reiz haben. Zudem verfärben sich diese Möbel ein wenig schneller als lackierte, was einen warmen Farbton erzeugt.

Wenn sich Eltern für herkömmliche Lacke entscheiden, haben sie mit **NC-Lacken** eine sehr abriebfeste Oberfläche. Wasser und andere Flüssigkeiten können dem Holz dennoch zusetzen, deshalb sollte man Holzmöbel niemals nass putzen, sondern nur ein leicht angefeuchtetes Tuch verwenden. **PUR-Lacke** sind noch robuster, sie sind widerstandsfähiger gegen Wasser und sogar gegen Laugen.

Wirklich schlimm oder gesundheitsgefährdend ist weder der eine, noch der andere Lack an einem Möbelstück – vorausgesetzt, die Oberflächenbehandlung hält sich an die gesetzlichen deutschen Bestimmungen und Normen. Das ist bei den Möbeln der Fall, die das RAL-Gütezeichen für Möbel oder den Blauen Engel tragen. Sicherheit bieten außerdem das GS-Zeichen und eine genaue Produktinformation – achten Sie beim Kauf darauf!

Wickeleinrichtungen

Babys strampeln beim Wickeln und können so leicht von einem Tisch fallen, wenn die Mutter kurz wegsieht. Deshalb ist es sicherer, das Kind auf einem Wickeltisch oder einer Wickelkommode von den Windeln zu befreien. Damit das nicht zu Rückenschmerzen führt, ist eine Höhe zwischen 85 und 92 cm am besten. Dabei sollte man darauf achten, dass seitliche Begrenzungen das Kind vor dem Herunterfallen schützen. Trotzdem sollte man das Baby nie aus den Augen lassen, wenn es erhöht liegt.

Der Wickeltisch sollte standsicher sein und keinesfalls wackeln – auch bei herausgezogenen, vollbeladenen Schubladen muss er **kippsicher** bleiben .

Beliebt sind Wickelkommoden, weil sie nach der Wickelzeit zu ganz normalen Kommoden im Kinderzimmer werden und wichtigen Stauraum bieten.

Schlafen und entspannen

Viele Eltern wünschen sich für die ersten Lebensmonate ihres Kindes eine Wiege – ganz klassisch, wie schon zu Zeiten der Großeltern. Wiegen haben Vor- und Nachteile: Ihre hohen Seitenwände schützen gut vor Zugluft, das Baby kann warm eingepackt werden und liegt sicher. Der Stoffhimmel simuliert eine schützende Höhle und kann so das Wohlbefinden des Kindes erhöhen. Eine Wiege als Stubenwagen kann man überall hinfahren, was dem Bedürfnis eines Säuglings nach viel Nähe entgegen kommt. Ist die Wiege an der Decke befestigt, kann man sie beruhigend hin- und herschaukeln.

Aber bereits Babys wollen ihre Umgebung beobachten und können sich mit zunehmendem Alter eingeengt fühlen. Eltern wiederum möchten auf einen Blick sehen, ob ihr Kind friedlich schläft, was der Baldachin verhindert.

Wiegen sind Kurzzeitmöbel und werden kaum abgenützt, deshalb werden sie auch oft über Generationen hinweg verschenkt. In solchen Fällen sollte man eine gute neue Matratze kaufen.

Matratzen

Babys und Kleinkinder liegen viel mehr als Erwachsene, und ihre Wirbelsäule wächst und entwickelt sich noch, deshalb ist eine gute Matratze besonders wichtig. Die Matratze muss sich dem Rücken des Kindes anpassen, nicht umgekehrt. Am besten sind

CHECKLISTE

Wickeleinrichtungen

- Wickelgelegenheiten für Kinder bis drei Jahre sollten eine „Arbeitsfläche" von 65 cm Tiefe und 75 cm Breite haben.
- Eine Sicherung gegen Überrollen bzw. Barrieren links, rechts und auf der Rückseite sorgen für Sicherheit.
- Auf der Seite, wo beim Wickeln der Kopf des Kindes liegt, dürfen keine Rohre mit offenen Enden, keine losen Unterlegscheiben und keine Löcher, Zwischenräume oder Öffnungen in Reichweite sein, die breiter als 25 mm und kleiner als 45 mm sind (damit keine Finger oder Gliedmaßen hängen bleiben können).
- Alle Ecken und Kanten sollten abgerundet sein. Im gesamten Wickelbereich dürfen keine Gegenstände sein, an denen sich das Kind einklemmen oder quetschen kann. Das gilt auch für den Raum bis ca. 55 cm über dem Wickelbereich, in dem sich manchmal ungesicherte Regale befinden.
- Bei klappbaren Wickeleinrichtungen muss eine Arretierung außerhalb der Reichweite des Babys dafür sorgen, dass die Wickelauflage nicht plötzlich zusammenklappen kann. Der Klappvorgang selbst muss ohne Verletzungsgefahr zu handhaben sein.
- Für Wickelauflagen, die sich an die DIN EN 12221 halten, muss es eine Gebrauchsanweisung in deutscher Sprache geben.

Stabilität und die Vermeidung von Verletzungsrisiken sind entscheidend.

mittelweiche Matratzen, deren Kern elastisch und stabil ist. Das kann sowohl eine Federkern- als auch eine Kaltschaummatratze sein, eine aus Latex oder einer Kombination aus verschiedenen Materialien. Eine gute Orientierung ist es, wenn Matratzen orthopädisch geprüft sind. Wenn das Kind ein Problem mit dem Stütz- und Bewegungsapparat hat, sollten die Eltern auf jeden Fall den Arzt nach der geeigneten Matratze fragen.

Auch bei der besten Windel kann einmal etwas daneben gehen, deshalb sind abnehmbare und waschbare **Matratzenbezüge** eine sinnvolle Investition.

Gitterbetten, Kinder- und Juniorbetten

Wenn Gitterbetten mitwachsend sind, also zum Kinder-/Juniorbett umgebaut werden können, sind sie oft jahrelange Begleiter im Leben der Kleinen. Das Mitwachsen des Bettes funktioniert dadurch, dass die Gitterstäbe entfernt und durch niedrige Seitenteile ersetzt werden.

- **Die Liegefläche** wird dabei allerdings nicht größer, deshalb sollte sie mindestens 70 × 140 cm betragen. Diese Fläche reicht noch für ein fünfjähriges Kind, danach ist aber ein großes Bett fällig.
- Der Abstand zwischen der Matratze in der niedrigsten Stellung und der Oberkante des Gitterbetts, die so genannte **Kletterhöhe**, muss mindestens 60 Zentimeter betragen. Sobald sich das Kind aufrichten kann, besteht sonst nämlich die Gefahr, dass es bei Kletterübungen aus dem Bett stürzt. Der Lattenrost muss also immer tiefer eingestellt werden, je größer das Kind wird.
- Kinder untersuchen alles, deshalb sollten Eltern sich beim Kauf davon überzeugen, dass keine **Verletzungsgefahr** durch Klemmstellen, Ritzen, überstehende Teile, scharfe Kanten oder Ecken besteht. Bei den Übergängen zwischen Seitenteilen und Kopf- bzw. Fußteil sollten keine Zwischenräume oder Ritzen sichtbar sein, sonst kann das Baby leicht mit einer Schnur daran hängen bleiben.
- Prüfen sollten Eltern auch, ob die **Gitterstäbe und der Rahmen stabil** sind. Sobald sich ein Kind hochziehen kann, wird im Bett gehopst und kräftig an den Sprossen gerüttelt. Das Bett muss also einiges aushalten können.
- Da Kinder kein Möbel „normal" benutzen wie Erwachsene, sind auch Betten als Spieleinrichtung besonders beliebt. Wenn der Nachwuchs auf dem Bett herumtobt und hüpft, sollte dies das Bett auf jeden Fall aushalten. **Rahmen und Lattenrost** sollten deshalb stabil und gut verarbeitet sein. Billige Lattenroste können manchmal aus ihren Halterungen gleiten oder brechen.

Ähnliches gilt für dünne Bettböden. Ein stabiler Federholzrahmen mit mehreren verleimten Sperrholzschichten und festen Verbindungen zwischen Rahmen und Latten ist zwar teurer, dafür aber auch haltbarer.

- Wenn man ein umbaubares Gitterbett kauft, sollte man sich erkundigen, ob außer den Seitenteilen noch weitere Teile dazu gekauft werden müssen.

Manche Eltern verzichten auf ein Gitterbett und gewöhnen ihre Kinder schon früh an ein normales Bett. Wer dabei Angst vor Stürzen hat, kann ein Brett an der Ausstiegseite des Bettes anbringen oder die Kinder durch eine Bettrolle oder anbaubare Seitenteile am Hinausfallen hindern. Zur Sicherheit kann man immer auch Kissen oder Polster auf den Boden vor das Bett legen.

CHECKLISTE

Gitter- und Kinderbetten

- Achten Sie auf einen Nachweis, dass das Kinderbett der DIN EN 716 und dem Gerätesicherheitsgesetz entspricht. Am besten sind das GS-Zeichen oder das „Goldene M".
- Die Liegefläche sollte mindestens 70 × 140 cm groß sein.
- Das Bett darf keine überstehenden Teile oder Ritzen haben, an denen sich Bänder oder Kordeln verfangen können.
- Alle Ecken und Kanten müssen gerundet sein.
- Ein fahrbares Bett darf nur zwei Rollen haben, bei vier Rollen müssen zwei davon blockierbar sein.
- Die Seitengitter müssen mindestens 60 cm hoch sein.
- Die Gitterstäbe müssen einen Abstand von mindestens 4,5 cm und höchstens 6,5 cm voneinander haben, sonst kann sich das Kind einklemmen oder durchrutschen.
- Gitterstäbe müssen sich an einer Seite entfernen lassen, damit das Kind gefahrlos das Bett verlassen kann, wenn es groß genug ist. Der Durchschlupf muss mindestens 20 cm breit sein.
- Die Matratzenauflage sollte nicht einfach aus einer durchgehenden Platte bestehen, da sonst die Matratze nicht ausreichend belüftet wird.
- Am besten ist ein Lattenrost mit drei bis vier Verstellmöglichkeiten. In der obersten Position müssen noch mindestens 60 cm Abstand zur Oberkante der Gitterstäbe sein, damit das Kind nicht herausfallen kann.

Hochbetten

Hoch- und Etagenbetten werden immer beliebter – kein Wunder, schließlich bieten sie eine Menge Spaß und Abenteuer: Das Bett selbst lädt zum Klettern und Verstecken ein, unter dem Bett kann man im Indianerzelt Kriegsrat halten und oben in der Räuberhöhle die Umgebung observieren. Ein Basketball-Set oder ein Seil am Bett bringen Bewegung in das Zimmer und eine Rutsche sorgt für einen fröhlichen Tagesstart.

Die **Ausstattungsvarianten** bieten inzwischen eine riesige Auswahl, doch nicht alles davon ist sinnvoll. So kann ein Kleiderschrank unter dem Hochbett zu Rückenproblemen bei Vater oder Mutter führen, wenn sie die Kleidung ein- und ausräumen. Und ein Schreibtisch unter dem Bett ist nur dann wirklich gut, wenn am Tisch genügend Licht ist, am besten Tageslicht.

Ein eindeutiger Vorteil ist auf jeden Fall die Platzersparnis von zwei Quadratmetern Fläche, wenn zwei Betten übereinander stehen. Kinder nutzen den Raum sowieso lieber zum Spielen als zum Schlafen. Man sollte dabei jedoch auf die Höhe achten: Wenn das obere Bett zu nah unter der Zimmerdecke ist, muss das Kind kriechend und krabbelnd in seine Liegestatt.

Kinder unter sechs Jahren sollte man möglichst nicht in das obere Bett legen. Zum einen fehlt ihnen bei der Klettervariante das abendliche Kuschelritual zum Einschlafen, und oft können sie auch noch nicht gut genug klettern, um das Bett gefahrlos zu verlassen – vor allem, wenn es dunkel ist. Wenn man die Körpergröße einmal in Relation zur Liegehöhe sieht, bemerkt man erst, wie hoch ein Kind im oberen Bett liegt. Da kann so ein Kleines schon mal Angst bekommen – und sei es vor den Monstern, die sich in diesem Alter oft noch unter dem Bett verstecken. Hier können Eltern auf mitwachsende Hochbetten zurückgreifen.

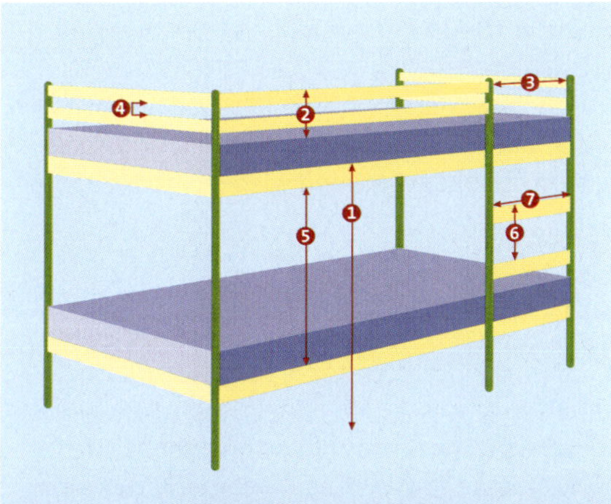

Wo so viel Action im Kinderzimmer stattfindet, lauern natürlich auch immer Gefahren. Deshalb sollten Eltern einige wichtige **Vorsichtsmaßnahmen** treffen:

- Damit das Hochbett nicht umkippen kann, sollte es an der Wand befestigt sein.
- Gelockerte Schaubverbindungen sollten umgehend festgezogen werden.
- Das Geländer des oberen Bettes muss mindestens 16 cm über die Matratze rei-

CHECKLISTE

Sollmaße von Etagenbetten für Kinder

Damit sich Kinder nicht einklemmen, verletzen oder herunterfallen können, sind die Maße bei Etagenbetten besonders ausschlaggebend. Hier die wichtigsten Abstände, Höhen und Tiefen:

1	Bettbodenoberseite des oberen Bettes über dem Fußboden	ab 80 cm
2	Abstand von der Oberseite der Matratze zur Oberkante der Absturzsicherung	mindestens 16 cm, besser mehr
3	Unterbrechung einer Längsseite für den Aufstieg	zwischen 30 und 40 cm
4	Lichter Abstand zwischen zwei Sicherungselementen (zum Beispiel zwei Brettern der Absturzsicherung)	zwischen 6 und 7,5 cm
5	Lichter Abstand zwischen den Bettböden	mindestens 75 cm
6	Abstand zwischen den Oberseiten aufeinanderfolgender Leitertritte	zwischen 20 und 30 cm
7	Auftrittsbreite der Stufen	mindestens 30 cm
•	Nutzbare Stufentiefe	mindestens 9 cm
•	Genauigkeit des Abstands der Trittstufen untereinander	+/- 2 mm
•	Zwischenräume zwischen dem Bettboden und Seiten- und Endteilen	2,5 cm

chen, um einen Absturz zu verhindern – am besten noch mehr, damit auch Turnübungen im Stehen nicht zum Unfall werden.

- Der Lattenrost des oberen Bettes muss fest verschraubt sein, damit er nicht herunterfällt.
- Unfälle können auch nachleuchtende Elemente verhindern, die an unfallträchtigen Stellen angebracht sind. So erkennen Kinder auch im Dunkeln, wo sie besonders Acht geben müssen.

Wenn ein Hochbett nach der DIN EN 747 hergestellt ist, sind wichtige Sicherheitspunkte berücksichtigt. So müssen oberes und unteres Bett fest miteinander verbunden sein, ebenso die Leiter mit dem Bett. Im oberen Bereich muss auf allen Seiten eine Reling vor Absturz sichern.

Vor allem die Leiter birgt viele Gefahren. Es gibt aber Varianten, bei denen die Seitenteile mit Grifflöchern versehen sind; so können Kinder sicherer in das obere Bett und wieder zurück auf den Boden klettern.

Essen – der Hochstuhl

Sobald das Kind sicher alleine sitzen kann, sollte es an den gemeinsamen Mahlzeiten am Tisch teilnehmen. Mamas Schoß ist dafür nicht der beste Platz, wenn das Kleine unverhofft nach einem Messer greift. Da ist ein Kinderhochstuhl weitaus besser geeignet. Allerdings sind Stühle für die Kleinsten fast immer ein Kompromiss. Schließlich soll sich der Sprössling möglichst lange darin wohlfühlen, auch wenn er ständig wächst.

Es gibt Modelle, die aus einer Sitz-Tisch-Kombination bestehen, reine Beistellsitze sowie zusammenklappbare und Reise-Hochstühle.

Sitz-Tisch-Kombinationen können durch Umbauen zum Spielmöbel werden. Kleiner Nachteil: Sie sind wegen des kleinen Tischchens vorne immer ein Stück vom Familientisch entfernt.

Solche Probleme gibt es bei **treppenartigen Hochstühlen** nicht, wenn sich Sitzfläche und Fußablage verstellen lassen. So finden sie oft bis ins Schulalter Verwendung.

Wichtig ist natürlich, dass ein Kinderhochsitz stabil gebaut ist und eine gute Standfestigkeit hat. Zusätzlich sollten Eltern immer darauf achten, dass sich ihr Sprössling nicht

CHECKLISTE

Hochstühle

- Ein Hochstuhl soll bequem sein, eine Fußstütze und abgerundete Kanten haben. Die Rückenlehne sollte nicht nur aus einer Textilbespannung bestehen, sondern stabil gefertigt sein.
- Auch hier gilt: Probesitzen im Möbelhaus ist am besten! Entscheidend für den Hochstuhl sollte immer die Körpergröße des Kindes sein. Außerdem können Eltern gleich testen, ob das Herausheben des Kindes aus dem Hochstuhl leicht oder nur mühsam funktioniert.
- Wenn Lehnen und Sitzfläche verstellbar sind, ist der Stuhl lange nutzbar.
- Das Kind sollte in jedem Alter die Füße aufstellen können, mindestens aber die Unterschenkel auflegen.
- Ein Sitzverkleinerer macht nur Sinn, wenn er die Auflagefläche für die Oberschenkel merklich reduziert, deshalb muss ein solcher Ersatz vor allem im Rücken dick gepolstert sein.
- Kunststoffbezüge sind leichter zu reinigen, ein Stoffsitz ist klimatisch günstiger, aber zwischen Stuhl und Haut sind in der Regel ohnehin die Windelpakete.
- Ein Kind darf aus einem Hochstuhl nicht herauskippen, deshalb sollten Gurte und Seitenstützen Sicherheit bieten.
- Hochstühle sollten keine Rollen haben.
- Prüfen Sie regelmäßig, ob Ihr Kind noch gut sitzt. Zu kleine Hochstühle sind orthopädisch ungünstig und engen ein. Ein zu großes Kind könnte mit dem Stuhl leicht umkippen.

mit den Füßen gegen ein anderes Möbelstück stemmen kann und so umfällt. Weil Kinder ganz schnell neue Ideen haben, sollten sie auch möglichst mit einem Gurt gesichert sein. Das Kind könnte sich ja plötzlich herauslehnen oder aufstehen wollen.

Für fast alle Modelle kann man Sitzverkleinerer kaufen, doch sie können unbequem werden, wenn die Stuhlkante in die Kniekehlen drückt.

Reisesitze und **klappbare Hochstühle** mögen zwar praktisch sein, aber sicher sind sie oftmals nicht. Wenn ein Reisesitz nur an der Tischplatte eingehängt wird, kann er sich ganz schnell einmal verschieben oder abrutschen. Sitze, die auf einen normalen Stuhl aufgesetzt und zusätzlich mit Klemmschrauben an der Tischkante befestigt werden, sind da schon weitaus besser.

Grundsätzlich gilt aber: Lassen Sie ein Kind nie unbeaufsichtigt im Hochstuhl! Absolute Sicherheit gibt es nicht, auch Sicherheitsgurte können einen Sturz oder eine Kletterpartie der Kleinen nicht zuverlässig verhindern.

Spielen und lernen

Wann Kinder einen Schreibtisch brauchen, kann man nicht generell sagen. Einige machen am liebsten am Esstisch ihre Hausaufgaben, während manche bereits im Kindergartenalter am Schreibtisch hingebungsvoll Bilder malen. Spätestens beim Einsatz eines PCs wird der Schreibtisch aber ein Thema. Weil Kinder dann viele Stunden sitzend verbringen, sollte man die Möbel besonders sorgfältig auswählen, damit man Haltungsschäden von vornherein entgegenwirkt. Weil die richtigen Maße bei Schreibtisch und Stuhl ausschließlich von der Körpergröße des Kindes abhängen (und natürlich auch von seinem Wohlgefühl), sollten Eltern diese Möbel grundsätzlich nur zusammen mit ihren Kindern kaufen.

Schreibtisch, Stuhl, PC-Tisch

Schreibtisch und Stuhl sollten mitwachsen, um die bestmögliche Sitzhaltung zu gewährleisten. Beim Stuhl ist dies dann der Fall, wenn die Oberschenkel des Kindes eine waagerechte und die Unterschenkel eine senkrechte Linie bilden. Die Fußsohlen müssen dabei flach auf dem Boden stehen. Wenn bei aufrechter Sitzhaltung die Unterarme waagerecht auf der Tischplatte aufliegen, ist die Position perfekt. Dabei sollte zwischen Oberschenkel und Tischplatte Spielraum sein, damit die Beine Bewegungsfreiheit haben.

Optimal ist es, wenn **der Stuhl** nicht nur in der Höhe, sondern auch in der Sitztiefe (Linie Knie-Gesäß) veränderbar ist. Ein Anhaltspunkt hier: Zwischen den Kniekehlen am Vorderrand des Stuhles

TIPPS

Sitzlust statt Sitzfrust für Schüler

Was Sie beim Kauf und später zu Hause nicht vergessen sollten.

- **Auf Zuwachs:** Schon Grundschüler sitzen oft vor dem PC. Damit das Kind genügend Abstand zum Monitor hat, sollte der Schreibtisch mindestens 80 Zentimeter tief sein oder sich durch Anbauten erweitern lassen. Wichtig ist dabei, dass man die ganze oder geteilte Tischplatte noch geneigt benutzen kann. Nachkaufmöglichkeiten bereits beim Kauf klären oder beim Hersteller erfragen.
- **Entspannt sitzen:** Um Fehlhaltungen und Verspannungen zu vermeiden, müssen Tisch und Stuhl zum Kind passen. Stellen Sie zuerst den Stuhl (höhenverstellbar mit neigbarer Rückenlehne) auf die richtige Höhe ein: Die Sitzfläche soll in Kniehöhe sein, nicht in den Kniekehlen drücken, die Füße sollen flach auf dem Boden stehen, Ober- und Unterschenkel einen Winkel von 90 Grad oder mehr bilden. Dann erst den Tisch einstellen: Oberarme locker hängen lassen, Unterarme so anwinkeln, dass Ober- und Unterarme einen Winkel von 90 Grad oder mehr bilden. Einstellungen ein- bis zweimal im Jahr korrigieren.
- **Zappeln erlaubt:** Sitzen belastet den Rücken. Deshalb häufig zwischen vorderer, aufrechter und zurückgelehnter Sitzhaltung wechseln. „Sitz still" war gestern, heute soll das Sitzen dynamisch sein nach dem Motto „Beweg dich beim Sitzen!". Also auch ruhig mal zwischendurch aufstehen und herumgehen.
- **Immer geradeaus:** Am Computer soll das Kind direkt auf den Monitor sehen können mit Blick leicht nach unten, weder seitlich noch nach oben. Das entlastet Hals und Nacken. Achten Sie auf blendfreie Sicht und ausreichend Handablage (10 bis 15 Zentimeter) vor der Tastatur.

und der Sitzfläche sollte ein etwa fünf Zentimeter großer Abstand sein. Die Rückenlehne soll beim Sitzen das Becken stützen, ohne das Kind in seiner Bewegungsfreiheit einzuschränken oder womöglich in eine starre Sitzhaltung zu zwingen.

Beim Schreibtisch ist eine höhenverstellbare Platte von Vorteil, bestenfalls lässt sich auch noch die Neigung verändern. Selbstverständlich soll ein Schreibtisch auch in der höchsten Position noch stabil und kippsicher stehen. Außerdem sollte die Arbeitsfläche so groß sein, dass neben Büchern und Heften später auch ein PC Platz darauf findet. Oder man wählt ein Modell, bei dem einzelne Elemente dazu gekauft werden können, was für das Teenager-Alter sehr sinnvoll sein kann.

→ Da Jugendliche an Schreibtisch, Stuhl und PC-Tisch ähnliche Anforderungen wie Erwachsene haben, finden Sie im *Kapitel „Das Heimbüro" ab Seite 119* zusätzliche Informationen, die eine gute Kauforientierung bieten können.

Aufbewahren in Schrankmöbeln

Kinder wachsen schnell, und so dient manche Kleidertruhe oder -kommode bald nur noch zum Aufbewahren von Stofftieren. Oder das Kind würdigt das einst geliebte Möbelstück keines Blickes mehr, weil sich schlichtweg sein Geschmack geändert hat. In beiden Fällen kann es hilfreich sein, wenn Eltern ein Möbelprogramm kaufen, das aus flexiblen und mitwachsenden/veränderbaren Einzelmöbeln besteht. Einzelne Möbelstücke tauscht man leichter gegen neue aus als eine komplette Kinderzimmereinrichtung – außerdem kann die ehemalige Wickelkommode durchaus als Schränkchen im Wohnzimmer oder Heimbüro einen neuen Platz bekommen. Wichtig bei allen Kinderzimmermöbeln ist grundsätzlich:

- Abgerundete Ecken, Kanten und Möbelgriffe schützen vor Verletzungen.
- Möbel müssen immer standfest und kippsicher sein; vorsichtshalber Möbel lieber noch zusätzlich an der Wand befestigen.
- Ist ein Schrank, eine Kommode auch bei gefüllten und schwer beladenen Schubkästen noch kippsicher? Denken Sie beim Kauf daran, auch dies auszutesten.
- Haben Schubkästen eine Einzugdämpfung und Schranktüren eine Türdämpfung? Das schützt Kinder davor, sich die Finger einzuklemmen und reduziert zugleich den Geräuschpegel.
- Schrankmöbel sollten leicht ab- und aufzubauen und zugleich stabil sein.

Der Laufstall – Käfighaltung für Kinder

Ein Laufstall ist aus Sicht der Eltern vielleicht ganz praktisch, aber für Kinder nicht das Beste: Er sollte möglichst nur in Ausnahmefällen verwendet werden. Durch das Gitter ist das Kind von seinen Eltern und den Dingen getrennt, die es erreichen möchte; es wird in seinem Bewegungsdrang gebremst, wodurch das wichtige Muskeltraining und das Erlernen der motorischen Fähigkeiten entfallen. Wenn der Einsatz doch einmal sein muss, zum Beispiel im Garten, sollte immer eine vertraute Person in der Nähe sein.

Besser jedoch ist es, wenn Eltern die Wohnung kindersicher machen. So können sich Kinder bewegen, Eltern können beruhigter sein und der Familienfrieden wird weitaus weniger getrübt, als wenn sich das Kleine lautstark gegen das Eingesperrtsein im Laufstall wehrt.

→ Tipps zu Kindersicherungen in der Wohnung: *Seite 15*.

Die Küche

Die Küche ist in vielen Haushalten das Zentrum des Alltagslebens, deshalb sollte man der Küchenplanung besondere Sorgfalt widmen. Zum einen kann man die spätere Küche im Geschäft nicht schon so sehen und ausprobieren, wie viele andere Möbelstücke; zum anderen bestimmt die eingerichtete Küche das Arbeiten und Leben für viele Jahre.

Die Insellösung funktioniert nur in großen Räumen.

Was soll in der Küche passieren?

Ob eine Küche nur als Arbeitsraum oder als Familienküche dienen soll, in der sich ein großer Teil des gemeinsamen Lebens abspielt, ob der Stil modern, eher rustikal oder verspielt sein soll – all dies muss vorab geklärt werden. Dazu kommt – das ist mindestens ebenso wichtig – der benötigte Stauraum, damit nicht schon bald die Schränke überquellen und alle Arbeitsflächen mit Küchenutensilien vollgestellt sind.

Die Arbeitsküche

Eine reine Arbeitsküche ist normalerweise von den anderen Räumen durch eine Tür abgetrennt. Vorteile sind, dass Gerüche und Geräusche in der Küche bleiben und man auch einmal Töpfe, Pfannen und benutztes Geschirr stehen lassen kann, ohne dass Gäste das zu Gesicht bekommen. Der Nachteil: Man hat beim Kochen keinen Kontakt zur Familie oder zu den Gästen. Wenn man in der Küche nur die Mahlzeiten zubereiten will, kann man sich beim Einrichten ganz auf den schnellen Zugriff zu allen Kochutensilien und auf reibungslose Arbeitsabläufe konzentrieren.

TIPP

Die Küche ausmessen lassen

Beim Abmessen des Küchenraums kann man leicht etwas vergessen oder ein klein wenig daneben liegen – mit unschönen Folgen, wenn die Küchenmöbel dann bei der Montage nicht passen. Dazu kommt, dass kaum ein Raum wirklich exakt rechtwinklig gebaut ist und die Wände selten absolut plan sind. Abweichungen müssen später bei der Montage ausgeglichen werden. Vor einer Festplanung sollten Sie deshalb den Raum von einem Mitarbeiter des Küchenstudios oder Möbelhauses vermessen lassen. Wenn die Möbel später dann nicht passen, muss der Händler dafür gerade stehen.
Das Ausmessen der Küche kostet in der Regel Geld, das beim Küchenkauf angerechnet wird. Fragen Sie immer vorher nach den Konditionen und Leistungen!

Die Essküche

Sogar in einem kleinen Raum kann man mit Klappstühlen oder einem klappbaren oder ausziehbaren Tisch eine Essküche gestalten, zumindest für zwei Personen. Besonders komfortabel sitzt man hier allerdings nicht, und der Platz für Tisch und Stühle geht meist auf Kosten des Stauraums.

Wesentlich einladender wirken ein stabiler Tisch mit einer Eckbank oder eine richtige Essgruppe. Wenn diese noch mit einem Regal oder einer Theke etwas abgetrennt vom Arbeitsbereich sind, wird es noch gemütlicher. Das setzt aber voraus, dass der Küchenraum großzügig geschnitten ist: Eine Essgruppe für vier Personen braucht schon sechs bis sieben Quadratmeter Grundfläche.

Die Wohnküche

Eine Wohnküche soll das Kommunikationszentrum für die ganze Familie sein – ein Raum zum Arbeiten, Kochen, Essen, Spielen, Feiern und vieles mehr. Gerade in einer Wohnküche müssen meist mehr Dinge des täglichen Lebens untergebracht werden als in anderen Küchen. Obwohl der Raum normalerweise relativ groß ist – 16 Quadratmeter sollten es schon sein –, muss auch hier eine überlegte Planung dafür sorgen, dass genügend Stauraum geschaffen wird. Eine optische Aufteilung in Arbeits- und Ess- bezie-

TIPP

Rechts- oder Linkshänder?

Wenn Sie im Möbelhaus oder Küchenstudio eine Küche vom Fachmann planen lassen, und er fragt Sie nicht schon gleich zum Planungsbeginn danach, ob Sie Rechts- oder Linkshänder sind, sollten Sie vorsichtig sein. Eine vernünftige Küchenplanung sollte davon abhängig gemacht werden, ob Ihre rechte oder linke Hand die aktive und stärkere Hand ist. Als Beispiel: Ein Rechtshänder öffnet den Kühlschrank am liebsten mit der linken Hand, um mit der rechten, also der starken Hand, die Gegenstände aus dem Kühlschrank zu nehmen. Der Anschlag der Kühlschranktür muss also links sein, die Tür muss sich von rechts nach links öffnen.

hungsweise Wohnbereich sorgt für eine angenehme Atmosphäre bei den Mahlzeiten.

Küchenplanung

Küchenplanung bedeutet heute nicht mehr die Skizze auf einem Grundrissplan, sondern eine rechnergestützte Planung. Dabei müssen nach wie vor alle Türöffnungen beziehungsweise der Öffnungsbogen der Tür, die Fenster, Heizkörper und schräge Decken im Raum berücksichtigt werden, außerdem die Wasser-, Energieanschlüsse und Steckdosen. Zugleich bekommt man bei einer computergestützten Planung gleich einen Eindruck, wie einzelne Küchenlösungen und -möbel wirken – und dazu gehören durchaus auch die Öffnung zum Wohnzimmer, Insellösungen und viele Variationen mehr. Wer die Möglichkeit hat, sollte frühzeitig auch die Himmelsrichtung bedenken (Stichwort Beleuchtung) und die Fenster-, Boden- und Wandgestaltung einbeziehen.

Auf jeden Fall sollte eine Küche wenigstens 20 Jahre lang ihren Dienst tun.

Die **vorgefertigten Kücheneinheiten** für relativ wenig Geld haben auf den ersten Blick alles, was man braucht: Ober- und Unterschränke, Spüle, Herd, E-Geräte und Arbeitsplatte. In der Regel kann man auch die fertig zusammengestellten Standardblöcke den eigenen Raumbedürfnissen anpassen, indem man weitere Teile zukauft oder nicht benötigte Elemente des Blockes weglässt, was bei den meisten Händlern aber nicht auf Freude stoßen wird.

Wer bald wieder umziehen möchte und sich dann neu einrichtet, ist mit einem Küchenblock möglicherweise gut bedient. Da die Kücheneinrichtung in der Regel aus einzelnen Schränken besteht, die fast beliebig umgestellt werden können, benötigt man im Fall eines Umzugs meist nur neue Arbeitsplatten und gegebenenfalls einige wenige neue Schränke bzw. Passstücke. Voraussetzung ist natürlich, dass man dann noch Elemente dieser Modellreihe bekommt, was nicht unbedingt gewährleistet ist!

Am aufwändigsten sind individuell **geplante Einbauküchen**, die jeden Winkel optimal ausnutzen und in Zusammenstellung und Aufteilung auf die Wünsche der Bewohner zugeschnitten sind. Bei der Geräteausstattung, beim „Innenleben“, der Farbgebung, den Möbeloberflächen und den Beschlägen kann man meist aus mehreren Varianten wählen und sich so ein individuelles Design zusammenstellen. Solche Einrichtungen sind natürlich teurer als

Richtlinien für die Küchenplanung

- Die einzelnen **Arbeitsstationen** müssen sinnvoll nebeneinander angeordnet sein.
- Die Wege von einer Station zur nächsten sollen möglichst kurz sein.
- Die **Arbeitshöhen** müssen an die Körpergröße angepasst werden. Dabei sollten die Arbeitshöhen auf die Person zugeschnitten sein, die am häufigsten in der Küche arbeitet.
- Schwere Gegenstände sollen maximal in Höhe des Schultergelenks gelagert werden.
- Häufig benutzte Gegenstände und Geräte sollen in einer bequemen Höhe bereitstehen, zum Beispiel auch die Geschirrspülmaschine, der Backofen und eine Mikrowelle. Ein in Hüft- bis Schulterhöhe eingebauter Backofen ist gleichzeitig für Kleinkinder schwer erreichbar, was die Gefahr von Verbrennungen deutlich reduziert!
- Die **Schrankinnenausstattung** sollte ohne Verrenkungen oder Hinknien erreichbar sein (Vollauszüge, ausschwenkbare Böden und Körbe).
- Bei geöffneten Schranktüren muss davor noch genügend **Bewegungsfreiheit** vorhanden sein.
- Ein Sitzarbeitsplatz erleichtert viele Küchenarbeiten.
- An jeder Station sollte für eine gute, blendfreie **Beleuchtung** gesorgt werden.

„Küchen von der Stange“. Außerdem steht man vor einem Umzug vor der Frage, ob man die Küche mitnehmen soll – schließlich ist sie exakt an den vorhandenen Raum angepasst.

Moderne Küchenmöbel sind inzwischen zwar modular aufgebaut, und man kann sie etwas umbauen oder einen neuen Schrank einpassen. Doch ein Problem bleibt: Beim Kauf einer Einbauküche kann auch der Hersteller nicht 100-prozentig garantieren, wie lange die Möbelserie noch lieferbar ist.

Arbeitsabläufe und Ergonomie

Die Aufteilung, aber auch die Ergonomie spielen bei der Küchenarbeit eine wichtige Rolle, damit sie möglichst leicht von der Hand geht und der Rücken nicht überanstrengt wird. Für reibungslose Arbeitsabläufe sorgt eine Planung nach den einzelnen **Funktionszonen**: Bevorraten, Aufbewahren, Spülen, Vorbereiten und Zubereiten (kochen, backen) werden für Rechtshänder von links beginnend nach rechts angeordnet; für Linkshänder von rechts beginnend nach links.

Wenn man sich immer wieder für jeweils längere Zeit um mehr als 20 Grad aus der Senkrechten nach vorne neigt, sich also nur leicht vorbeugt, steigen die Belastungen für die Bandscheiben in einem Maß, das auf Dauer gesundheitsschädlich ist. Das zeigt, wie wichtig es ist, die ergonomischen Aspekte zu berücksichtigen.

1 *Vorratshaltung*
Schränke und Kühlgeräte

2 *Vorbereiten*
Spüle und Arbeitsfläche

3 *Kochen*
Herd und Abstellflächen

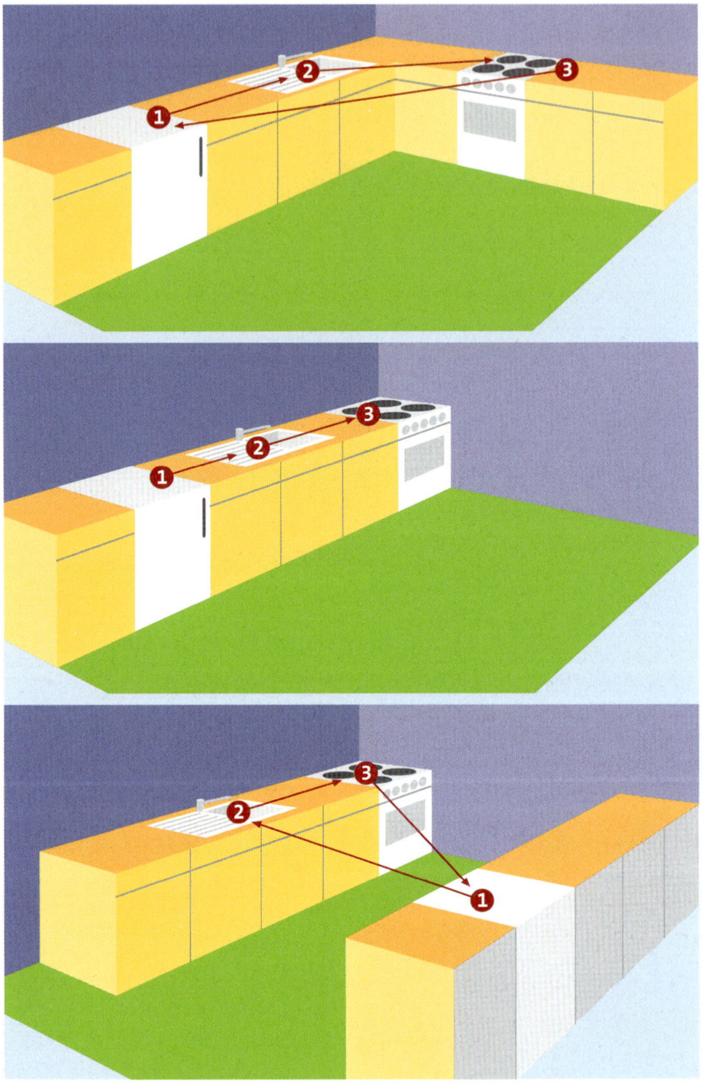

Insellösungen

Insellösungen liegen im Trend, aber sie sind technisch aufwändig. Das von den übrigen Küchenmöbeln abgetrennte Vorbereitungs-, Koch- und Spülzentrum mitten im Raum sieht gut aus und verkürzt manche Wege, erfordert aber sehr viel Platz.
Man braucht alleine für die Insellösung mindestens einen Quadratmeter Grundfläche, dazu ringsum etwa 80 Zentimeter Freiraum zum Vorbeigehen. Kompliziert wird es, wenn Wasser-, Gas- und Elektroanschlüsse eigens zur Insel verlegt werden müssen. Etwas einfacher wird das mit einer „Halbinsel“ als Schenkelabschluss bei einer U-förmigen Küche.

Die verschiedenen Tätigkeiten in der Küche erfordern unterschiedliche **Arbeitshöhen**: Beim Kochfeld gibt die Oberkante des Topfes die Arbeitsebene vor, deshalb wird das Kochfeld heute manchmal ein wenig tiefer gesetzt als die anderen Arbeitsflächen. Bei der Spüle dagegen ist die Arbeitsebene der tiefer liegende Spülenboden, daher empfiehlt sich hier eine erhöhte Position des Spülbeckenrands. Wer auf eine durchgehende Arbeitsplatte nicht verzichten möchte, kann zum Beispiel gleich hohe Arbeitsbereiche an einer Wand oder auf einer Insel zusammenfassen.

TIPP

Die richtige Höhe für Sie

Die **richtige Höhe für Arbeitsplatten** kann man bestimmen, wenn man bei angelegtem Oberarm den Unterarm waagerecht nach vorne abwinkelt. Vom Unterarm bis zur Arbeitsplatte sollten noch 15 cm Platz sein, dann kann man beim Arbeiten bequem stehen.
Die Höhe von Arbeitsplatten kann normalerweise mit unterschiedlichen Sockelfußhöhen und mit einer Höhenverstellung angepasst werden.

Vollauszüge erweitern den nutzbaren Stauraum.

Die DIN und ihre Folgen

Die letzten Generationen sind im Bevölkerungsdurchschnitt immer größer geworden, aber die DIN-Maße für Küchenmöbel wurden leider nicht in der gleichen Geschwindigkeit angepasst. Pauschale Höhenvorgaben für Arbeitsflächen, Stauraum-Zugang etc., wie sie noch immer häufig angeboten werden, sind nicht für jeden sinnvoll. Eine 1,65 Meter große Person braucht grundsätzlich niedrigere Arbeitshöhen als jemand, der zwei Meter groß ist.

Ergonomie und Komfort

Jede auch nur wenig nach vorn gebeugte Rückenhaltung belastet statisch die Rückenmuskulatur und führt zu einer asymmetrischen Belastung der Bandscheiben. Die statische Muskelbelastung ist lediglich ermüdend, doch die asymmetrische Belastung der Bandscheiben führt im Lauf der Zeit zu einer Abflachung der flexiblen Puffer, was schmerzhafte Folgen hat und zu einer Einschränkung der Beweglichkeit führt. Deshalb sollte man insbesondere am Koch-, Vorbereitungs- und Spülzentrum auf eine der Körpergröße angepasste Arbeitshöhe achten, um nicht durch eine falsche Haltung eine Schädigung der Bandscheiben bis hin zum Bandscheibenvorfall zu verursachen.

Bei einer durchgehenden Arbeitsplatte und zwei unterschiedlich großen Personen, die in der Küche arbeiten, sollte die Höhe der Arbeitsplatte sein:

Körpergröße	Höhe der Arbeitsplatte
Bis 140 cm	85 cm
145 cm	90 cm
Bis 155 cm	95 cm
160–175 cm	100 cm
180–200 cm	105 cm

Das Kochzentrum sollte so viel tiefer liegen, dass die Oberkante des größten Topfes die Arbeitsebene bildet. Günstig für den Rücken ist es auch, wenn häufig genutzte Geräte wie Kühlschrank, Ofen oder Geschirrspüler den Zugriff in aufrechter Körperhaltung ermöglichen. Aber auch für die anderen Elektrogeräte empfiehlt sich der Einbau in bequemer Reichweite.

Passende Ordnungssysteme sorgen für den Überblick.

Materialien für Küchenmöbel

Eine Küche besteht im Prinzip aus einer Kombination von kastenartigen Elementen (Korpus-Aufbau) mit verschiedenen Einlegeböden, Schubläden, Frontauszügen und Türen. Richtig gebrauchsfreundlich wird eine Küche erst durch gute Scharniere, Auszüge, Klappen und Organisationselemente. Wenn die gesamte Küchenplanung mit allen Maßen festgelegt ist, kann man sich an die Farb- und Materialauswahl machen.

Massivholz-Küchen sind relativ selten. Da Küchenmöbel weitaus größeren Belastungen als Wohnmöbel ausgesetzt sind (Temperatur, Luftfeuchte, Chemikalien, Kratzer, Stöße etc.), bekommen sie in der Regel einen schützenden Lack (PUR-Lack). Bei furnierten Möbeln ist dies genauso. Ohne diese Lackschicht wären die Fronten und Griffe nicht so einfach zu reinigen und schon bald unansehnlich. Bei den so genannten **„Bio-Möbeln"** ist die Holzoberfläche nicht lackiert, sondern meist gewachst oder geölt.

Die Ausstrahlung solcher Möbel ist angenehm, warm – aber: Obwohl sie weniger widerstandsfähig sind, sind diese Küchen teurer als herkömmliche, oft auch teurer als lackierte Massivholz-Möbel.

Spanplatten und **MDF-Platten** (MDF = mitteldichte Faserplatten) sind weitaus häufiger anzutreffen. Sie bilden jeweils den Korpus, also das Grundgerüst des Möbels. Spanplatten erhalten zusätzlich eine Laminatbeschichtung, die leicht abzuwaschen und relativ unempfindlich ist. MDF-Platten sind etwas teurer als Spanplatten.

Die **Oberflächen der Fronten** bestehen vorwiegend aus drei Materialien:

- **Kunststofffolien mit PVC** sind pflegeleicht. Man kann sie einfach mit Wasser und Haushaltsreinigern säubern. Allerdings verkratzen Kunststofffolien schneller als Schichtstoff-Oberflächen auf Melaminharzbasis (sogenannte Duroplaste).
- Widerstandsfähiger als Folie sind **Schichtstoff-Oberflächen** (CPL , HPL): Phenolharzpapier, Dekorpapier und ein Overlay (ein naturbelassenes, transparentes Papier) werden dazu auf eine Trägerplatte geklebt.
- Die **Melaminharzbeschichtung** besteht aus Papierschichten, die mit Kunstharzen imprägniert sind und auf Trägerplatten (zum Beispiel Spanplatten) aufgeklebt sind.

Die Strukturen und Farben der Oberflächen können mit diesen Techniken fast beliebig gestaltet werden, bis hin zum täuschend echt nachgebildeten Holz mit geprägter Maserung.

TIPP

Materialien für die Kücheneinrichtung

Vor der Entscheidung für ein Material sollten Sie grundsätzlich den Verkäufer nach den Gebrauchseigenschaften der Oberflächen befragen. Als Richtschnur kann gelten: Am widerstandsfähigsten sind Schichtstoffe, danach folgen die Melaminharzbeschichtung und letztlich Strukturlacke (PUR-, Acryllacke).

CHECKLISTE

Qualitätskriterien bei Küchenmöbeln

- **Tests**, nachprüfbare Ergebnisse. Bei Küchenmöbeln ist das RAL-Gütezeichen für Möbel, ein goldenes M, eine gute Orientierungshilfe für geprüfte Qualität.
- Durch moderne **Beschläge und Auszugsysteme** schließen sich Türen, Schubläden – am besten mit Selbsteinzug – und sogar die Frontklappen im Oberschrankbereich sanft und leise. Prüfen Sie selbst, ob alle Scharniere leichtgängig und stabil sind, ob sie Verstellmöglichkeiten bieten, ob sich Schubladen und ausziehbare Elemente auch voll beladen noch leicht öffnen und schließen lassen, ob sie gegen unbeabsichtigtes Herausziehen gesichert sind.
- **Ausbaufähigkeit** der Küche, zahlreiche Kombinationsmöglichkeiten (Systemküchen).
- Komfortable, auswählbare **Innenausstattung** und Funktionen (zum Beispiel Vollauszüge, integrierte Handtuchhalter, ausgefeilte Mülltrennsysteme etc.).
- **Abgerundete Kanten**. Auf jeden Fall müssen alle Kanten aber sauber ausgeführt sein und dürfen an den Rändern keine sichtbaren Fugen aufweisen.
- **Einlegeböden** sind auf allen sechs Flächen beschichtet. Die Einlegeböden müssen einem Gewicht von 50 kg/m^2 standhalten. Fragen Sie den Verkäufer danach!
- Bekannte **Markennamen**. Sie stehen für langjährige Erfahrung und können noch am ehesten gewährleisten, dass man auf längere Zeit Ersatzteile bekommt oder einzelne Elemente passend nachkaufen kann.
- Sogenannte „**Hausmarken**": Kein renommiertes Möbelhaus kann es sich auf Dauer leisten, eine qualitativ schlechte Küche als Hausmarke anzubieten. Oft handelt es sich dabei um Produktionen bekannter Markenhersteller, die ihre Produkte – unter einem anderen Namen – auf diesem Wege günstiger anbieten.

Arbeitsplatten

Kunststoffgebundene Mineralplatten sind sehr widerstandsfähig und pflegeleicht. Das Harzmaterial ermöglicht fugenlose Flächen und nahtlose Übergänge zu Tischplatten und Spülen. Sollte die Platte einmal einen Kratzer abbekommen, kann man sie abschleifen und damit wieder wie neu aussehen lassen. Die Dessin-Auswahl ist sehr groß – leider auch der Preis. Er liegt bei 180 bis 350 Euro pro laufendem Meter.

Naturstein-Arbeitsplatten (Hartgesteine) sind im Gegensatz zu den Weichsteinen Marmor und Travertin hitzebeständig, schnittfest und härter als Stahl. Marmor ist in der Küche nicht empfehlenswert: Sowohl Säuren als auch farbige Flüssigkeiten bilden hässliche Flecken.

In der Regel werden Naturstein-Arbeitsplatten vom Hersteller mit einer Grundimprägnierung versehen, diese sollte je nach Gebrauch alle ein bis zwei Jahre nachgepflegt werden. Granit kann sich aber auch verfärben, wenn man einen Topf mit öligem Boden, ein Glas Wein, Essig etc. über Nacht darauf stehen lässt. Grundsätzlich sollten Flüssigkeiten deshalb umgehend abgewischt werden. Heiße Töpfe sollte man immer auf einen Untersetzer stellen und nicht direkt auf den Stein, da sich sonst Spannungsrisse bilden können.

Holzarbeitsplatten sind noch empfindlicher. Auch Holz erhält eine Grundimprägnierung durch Wachse oder Öle, die regelmäßig nachgepflegt werden muss. Und auch hier müssen Flüssigkeiten – vor allem farbintensive – umgehend weggewischt werden, damit keine Flecken oder Ränder zurückbleiben. Flecken und Schäden kann man eventuell von einem Fachmann abschleifen lassen.

Energie sparen!

Wenn alle deutschen Haushalte mit modernen, energie- und wassersparenden Geräten ausgestattet würden, könnten hier pro Jahr fast eine Milliarde Euro Betriebskosten gespart werden – ein Gewinn für den privaten Geldbeutel und für die Umwelt. Ein Beispiel: Der sparsamste Unterbaukühlschrank mit Dreisternefach spart gegenüber dem „stromhungrigsten" Modell in 15 Jahren rund 400 Euro an Stromkosten – Preissteigerungen beim Strom noch nicht eingerechnet! Der Mehrpreis von 200 Euro beim Kauf ist da eine rentable Investition. Auch der von den deutschen Hausgeräteherstellern massiv reduzierte Wasserverbrauch, zum Beispiel beim Geschirrspülen, ist unter dem Aspekt der Energiekostenersparnis und Umweltschutz-Gesichtspunkten positiv zu bewerten.

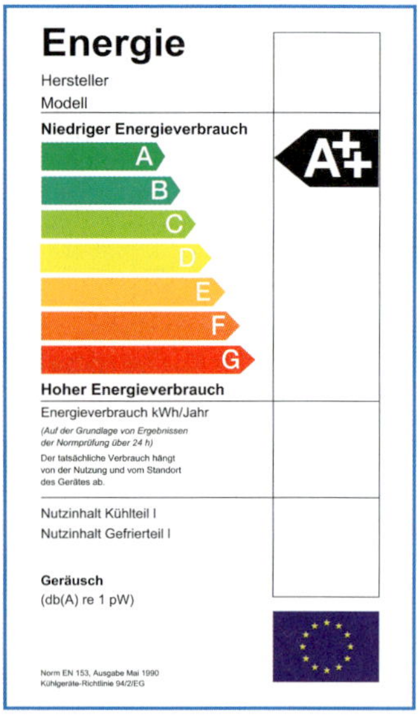

TIPPS

Energiespartipps für die Küche

- Kühl- und Gefrierschrank nicht neben Herd und Heizung einplanen.
- Hat das Gefriergerät keine No-Frost-Funktion, regelmäßig abtauen. Jeder Millimeter Eisschicht erhöht den Stromverbrauch.
- Standbykosten reduzieren, zum Beispiel die Uhr am Backofen abschalten.
- Im Dampfgarer und Umluftbackofen möglichst mehrere Ebenen gleichzeitig nutzen.
- Töpfe in der Größe passend zur Kochstelle wählen (Ausnahme: bei Induktion wird ohnehin nur der Topfboden erhitzt).
- Geschirrspüler an die zentrale Warmwasserversorgung anschließen.
- Flexibilität der Programme nutzen, zum Beispiel leicht verschmutztes Geschirr oder kleine Mengen mit Eco-Programm spülen. Möglichst nicht vorspülen und wenig mit der Hand spülen!

CHECKLISTE

Küchenplanung

Damit bei der Küchenplanung nichts durcheinander geht oder vergessen wird, hier alle wichtigen Fakten und Faktoren in Form von Checklisten:

Vorbereiten des Raumes

- Sind Vorarbeiten zu planen?
- Neuer Fußboden?
- Bauliche Veränderungen, z. B. ein Durchbruch zum Wohnzimmer?
- Welche Energiearten stehen zur Verfügung? (Gas? Strom?)
- Neue Anschlüsse legen?
- Neue Wandfliesen?
- Wände und Decke neu tapezieren/streichen?

Die Raummaße

Genaues Maßnehmen ist bei der Küchenplanung das A und O. Die wichtigsten Angaben und Unterlagen für das Gespräch mit dem Küchenfachberater sind:

- Handskizze der Küche oder besser: Grundriss des Architekten
- Lage des/der Fenster, Höhe der Brüstung(en), Fensterhöhe(n) insgesamt, Nischen, Mauervorsprünge etc.
- Lage der Tür, Anschlag und die Seiten, nach denen sich Tür und auch Fenster öffnen
- Standort, Form und Größe der Heizkörper
- Zu- und Abluftwege für Dunstabzug
- Maueröffnungen
- Rolladenkästen, Lüftungseinrichtungen und alle weiteren Besonderheiten im Raum

Kapazitäten planen

- Zahl der Personen im Haushalt
- Wie viele Kinder?
- Welche Personen arbeiten hauptsächlich in der Küche?
- Wie groß ist die Person, die am meisten in der Küche arbeitet?
- Gibt es außerhalb der Küche Vorrats- und Lagerräume?
- Sollen vorhandene (Einbau-)Geräte übernommen werden?
- Können Schränke bis unter die Decke gebaut werden?
- Möchten Sie in der Küche außer kochen auch essen, sollen die Kinder Hausaufgaben machen?
- Wie viele Sitzplätze brauchen Sie ständig?

Sehr schick, aber wer braucht so ein Eiswürfelfach wirklich?

Kühlen und Gefrieren zusammen verursachen durchschnittlich ein Fünftel des elektrischen Energieverbrauchs im Haushalt. Um der hohen Energieersparnis neuer Geräte beim Kühlen und Gefrieren gerecht zu werden, wurde sogar das EU-Energieeffizienzlabel um die Klassen A+ und A++ differenziert.

Moderne Kühltechnik

Viele Kühl- und Gefriergeräte sind heute mit den Energieeffizienzklassen A+ und A++ ausgezeichnet. Damit lässt sich nicht nur spürbar Energie sparen, sondern man kommt zugleich in den Genuss innovativer Technik. Für eine professionelle Lagerhaltung sind Kühlgeräte heute zum Beispiel mit Null-Grad-Zonen ausgestattet. Hier halten sich Lebensmittel bis zu dreimal länger als im normalen Kühlbetrieb. Praktische Ausstattungsdetails sind zudem hilfreich im Alltag. Da gibt es teilbare und höhenverstellbare Abstellflächen für großes und kleines Staugut, spezielle Flaschenborde, Teleskopauszüge, Halogenlicht, Ventilatoren für eine gleichmäßige Luftverteilung und vieles mehr.

Dunstabzugshauben

Wenn irgend möglich, sollte man sich bei den Dunstabzugshauben für Abluft- und nicht für Umluftsysteme entscheiden, damit der feuchte und auch fettige Dampf über dem Kochbereich ins Freie geleitet wird. Bei Umluftsystemen wird die feuchtigkeitsgesättigte Luft nach dem Durchgang durch mehr oder weniger wirkungsvolle Filtersysteme wieder in die Küche geblasen. Bei Umlufthauben muss daher nach dem Kochen ausreichend gelüftet werden, sonst kondensiert die Feuchtigkeit an den kältesten Stellen der Wand (in der Regel Ecken von Außenwänden) und bildet so optimale Bedingungen für Schimmelpilze.

Unabhängig von der Bauart müssen die Filter regelmäßig ausgewechselt werden, um eine optimale Wirkung zu erhalten. Moderne Metallfilter können dazu etwa alle 4 Wochen im Geschirrspüler gereinigt und weiter verwendet werden.

Faustformel für die **Leistung von Dunstabzugshauben**: Die Leistung der Dunstabzugshaube sollte ausreichen, um das Luftvolumen der Küche etwa neun bis zwölf Mal pro Stunde umwälzen zu können. Bei einer normalen Arbeitsküche sieht das so aus:
12 m² Grundfläche × 2,5 m Raumhöhe = 30 m³ Volumen.
Erforderliche Luftförderleistung im Dauerbetrieb (9×): 270 m³/h.
Erforderliche Luftförderleistung im Maximalbetrieb (12×): 360 m³/h.

TIPP

Heizen oder Stoßlüften

Eine Küche muss wie andere Zimmer auch geheizt werden! Die durch das Kochen entstehende Wärme allein reicht nicht aus.
Für den Luftaustausch nach dem Kochen reicht ein 10- bis 15-minütiges Lüften bei voll geöffnetem Fenster. Am besten ist es, wenn Sie dabei für ordentlich „Durchzug" sorgen.

Zu beachten ist, dass die Hersteller bei einer Abzugshaube die Leistung in m^3/h „freiblasend" angeben. Eine Haube ist in der Praxis aber entweder an ein Abluftrohr angeschlossen oder besitzt einen Aktivkohlefilter, der im Umluftverfahren die Luft reinigt. Bei beiden Systemen gehen so im Durchschnitt 25–30 % der Nennleistung verloren.

Und: Wenn Sie eine Haube mit vergleichsweise hoher Luftleistung in einem kleinen Raum einsetzen, wird die optimale Umwälzung bereits bei einer kleinen bis mittleren Stufe erreicht, was zu einer geringeren Geräuschentwicklung führt.

Den Stauraum richtig planen

Studien belegen: Ein durchschnittlicher Vier-Personen-Haushalt benötigt Stauraum für rund 250 Kilogramm Geräte, Kochutensilien und Geschirr! In einer Studie stellte das Institut für Ökotrophologie in Kranzberg, Dr. Baier, fest, dass sich zwei Drittel aller Küchenkäufer nachträglich mehr Stauraum wünschen. Das muss man bei der Planung berücksichtigen, damit man nach dem Küchenaufbau nicht auf einer Menge Töpfe, Gläser und Lebensmittel „sitzenbleibt", die man in der Küche nicht mehr unterbekommt.

Schränke mit Vollauszug bieten viel Stauraum und sind praktisch.

Grundsätzlich sollte man, wie schon kurz beschrieben, nach den fünf Zonen Bevorraten, Aufbewahren, Spülen, Vorbereiten und Kochen/Backen den notwendigen Stauraum planen.

Bei **Bevorraten** werden typische Verbrauchsgüter gelagert, die beim Kochen und Backen verbraucht und dann wieder nachgekauft werden. Nudeln, Reis, Mehl, Zucker und Konserven verschwinden in praktischen Vorratsschränken, Verderbliches in Kühlschrank und Gefrierfach oder -schrank. Ein Hochschrank ist bequem bedienbar; dank seines Vollauszugs hat man Überblick bis in den letzten Winkel.

In der Zone **Aufbewahren** werden Gebrauchsgüter wie Essgeschirr, Gläser und Besteck untergebracht. Täglich benutztes Geschirr bewahrt man leicht zugänglich in den Auszügen der Unterschränke auf.

Im Bereich **Spülen** sind neben dem Geschirrspüler und der Spüle mit entsprechenden Abstellflächen auch der Abfallsammler, Putzutensilien, Reinigungsmittel etc. untergebracht.

In der Zone **Vorbereiten**, dem Hauptarbeitsbereich der Küche, finden die Vor- und Zubereitungs-

tätigkeiten statt. Deshalb werden hier Arbeitsbestecke, Küchenmaschinen, aber auch Gewürze, Schneidbretter, Essig/Öl in unmittelbarer Nähe der Arbeitsfläche untergebracht. Auch hier gibt es raffinierte Lösungen wie etwa den Auszugschrank über Eck.

Im Bereich **Kochen/Backen** werden Töpfe, Pfannen, Kochbesteck, Backformen und -bleche, Auflaufformen etc. untergebracht. So befinden sie sich in unmittelbarer Nähe zum Kochfeld, Backofen oder zur Mikrowelle.

In der Checkliste sind die Gegenstände und Geräte aufgeführt, die sich in Haushalten normalerweise befinden, dazu auch die nötigen Unterbringungsmöglichkeiten. Kreuzen Sie einfach an, was Sie selbst unterbringen möchten, und zählen Sie anschließend zusammen, wie viele Schubkästen, Frontauszüge, Innenauszüge und Fachböden Sie benötigen. Nehmen Sie diese Auflistung zum Küchenkauf mit und sprechen Sie mit dem Verkäufer über die richtige Umsetzung für Ihre Wunschküche.

CHECKLISTE

Bevorraten und Aufbewahren

Gegenstände	Aufbewahren in	Sie brauchen
Arbeitsbesteck (Schöpfkelle, Reibe etc.)	Schubkasten mit Einteilung	1 Schubkasten
Arbeitshelfer (Quirl, Kartoffelpresse, Kartoffelschäler, Handsieb etc.)	Schubkasten mit Einteilung	1 Schubkasten
Essbesteck für ca. 6 Personen	Schubkasten mit Besteckeinsatz	1 Schubkasten
Essbesteck für ca. 12 Personen	Schubkasten mit Besteckeinsatz	1 Schubkasten
Zusätzl. Essbesteck, z. B. Tafelsilber	Schubkasten mit Besteckeinsatz	1 Schubkasten, evtl. außerhalb der Küche unterbringen
Essgeschirr (Teller, Schüssel etc.) für ca. 6 Personen	Im Oberschrank auf der unteren Abstellfläche oder in einem Frontauszug mit Einteilung	1 Fachboden
Essgeschirr für ca. 12 Personen	Im Oberschrank auf der unteren Abstellfläche oder in einem Frontauszug mit Einteilung	2 Fachböden
Zusätzliches Essgeschirr („Sonntagsgeschirr") für ca. 6 Personen	Im Oberschrank auf der oberen Abstellfläche, im Sideboard oder außerhalb der Küche	1 Fachboden
Zusätzliches Essgeschirr für ca. 12 Personen	Im Oberschrank auf der oberen Abstellfläche, im Sideboard oder außerhalb der Küche	2 Fachböden

CHECKLISTE

Bevorraten und Aufbewahren (Fortsetzung)

Gegenstände	Aufbewahren in	Sie brauchen
Kaffeegeschirr	Im Oberschrank auf der unteren und oberen Abstellfläche	2 Fachböden
Gläser für den täglichen Bedarf	Im Oberschrank auf der unteren oder oberen Abstellfläche	1 Fachboden
Zusätzliche Gläser (Wein, Sekt etc.)	Im Oberschrank auf der oberen Abstellfläche oder außerhalb der Küche	1–2 Fachböden
Schneidebretter	Im Oberschrank auf der unteren oder oberen Abstellfläche	1 Fachboden
Leere Vorrats-/Gefrierbehälter	Im Frontauszug mit Einteilungen	1 Frontauszug
Kleinteile, Krimskrams	Im Schubkasten mit Einteilung	1 Schubkasten
Wertstoffe und Abfälle	Zwischenlagerung im Frontauszug	1–2 Frontauszüge
Reinigungsmittel	Im Frontauszug, evtl. im Spülenschrank	1 Frontauszug
Elektrische Kleingeräte (Toaster, Eierkocher, Quirl etc.)	Im Frontauszug oder im Nischenschrank mit Stromversorgung und Rollladen	1 Frontauszug
Brotschneider, Allesschneider	Im Schubkasten oder auf der Arbeitsplatte	1 Schubkasten
Küchenmaschine und Zubehör	Im Frontauszug mit Einteilung oder auf der Arbeitsplatte	1 Frontauszug
Tierfutter und Schüsseln	Im Frontauszug mit Einteilung	1 Frontauszug
Fonduegeschirr	Im Oberschrank auf der oberen Abstellfläche oder im Sideboard	1 Fachboden
Raclette	Im Oberschrank auf der oberen Abstellfläche oder im Sideboard	1 Fachboden
Tischdekoration, Vasen	Im Oberschrank auf der oberen Abstellfläche, im Sideboard oder außerhalb der Küche	1 Fachboden
Kochbücher	Im Oberschrank auf der oberen Abstellfläche, im Sideboard oder außerhalb der Küche	1 Fachboden
Brot, Cornflakes, Müsli	Im Frontauszug oder im Vorratsschrank	1 Frontauszug
Kaffee und Tee	Im Oberschrank auf der unteren Abstellfläche	1 Fachboden

CHECKLISTE

Bevorraten und Aufbewahren (Fortsetzung)

Gegenstände	Aufbewahren in	Sie brauchen
Zucker, Mehl und Backzutaten (originalverpackt)	Im Vorratsschrank in einem Innenauszug mit Einteilungssystem	1 Innenauszug
Zucker, Mehl und Backzutaten (in Behälter abgefüllt)	Im Frontauszug mit Einteilungen, evtl. auf der unteren Abstellfläche im Oberschrank	1 Frontauszug
Reis, Nudeln, Beilagen	Im Frontauszug mit Einteilungen, evtl. im Innenauszug eines Vorratsschranks	1 Frontauszug
Konserven	Im Innenauszug eines Vorratsschranks	1 Innenauszug
Fertigprodukte ungekühlt	Im Frontauszug mit Einteilungen, evtl. im Innenauszug eines Vorratsschranks	1 Frontauszug
Knabberartikel	Im Oberschrank auf der oberen Abstellfläche	1 Fachboden
Gewürze	Im Oberschrank auf der unteren Abstellfläche oder in einem Gewürzboard neben der Arbeitsfläche	1 Fachboden
Essig, Öl, Saucen	Im Frontauszug mit Einteilungssystem, evtl. in einem speziellen Flaschenauszug	1 Frontauszug
Getränke ungekühlt	Im Frontauszug mit Einteilungen, evtl. im Innenauszug eines Vorratsschranks	1 Frontauszug
Getränkekisten	Im Frontauszug, im Innenauszug eines Sideboards oder außerhalb der Küche	1 Frontauszug
Babynahrung, Fläschchen etc.	Im Frontauszug mit Einteilungen	1 Frontauszug
Kochtöpfe, Deckel	Im Frontauszug mit Einteilungen oder im Eckschrank mit Drehkarussell	1 Frontauszug
Pfannen	Im Frontauszug oder im Eckschrank mit Drehkarussell	1 Frontauszug
Spezielles Herdgeschirr wie Römertopf, Spargeltopf, Bräter...	Im Frontauszug oder im Eckschrank mit Drehkarussell	1 Frontauszug
Backbleche, Gitter	Im Herdschubkasten	1 Schubkasten

CHECKLISTE

Funktionsbereich Spülen

Sind Sie Rechts- oder Linkshänder?

Zweibeckenspüle mit Restebecken und Abtropffläche

Einbeckenspüle mit Restebecken und Abtropffläche

Spüle mit Abfalldurchwurf oder Zubehör wie Schneidbrett, Sieb usw.

Eingriffarmatur

Zweigriffarmatur

mit herausziehbarem Brauseschlauch

Geschirrspüler (Hochschrankeinbau)

Spülenunterschrank:

Heißwasserbereiter als Durchlauferhitzer/Speichergerät

Abfallsammler im Spülenunterschrank

Abfalltrennung

Putzmittelauszug im Spülenunterschrank

Spülenunterschrank abschließbar

CHECKLISTE

Funktionsbereich Vorbereiten

Sitzarbeitsplatz

Hackklotz/Schneidebrett freistehend

Schneidebrett auf der Arbeitsplatte

Messerhalter

...

Elektrische Kleingeräte:

Kaffee-, Teekocher

Rührgerät

Küchenmaschine

Toaster

Eierkocher

Entsafter

Getreidemühle

Zitruspresse

Dosenöffner

Radio

Küchenuhr

CHECKLISTE

Funktionsbereich Kochen/Backen/Mikrowelle

Backofen und Kochmulde in einem Gerät unter der Arbeitsplatte

Backofen und Kochmulde getrennt

Backofen hoch eingebaut

Schalter hoch eingebaut

Kochmulde:

Aus Edelstahl

Glaskeramik

Email

Keramik

Einzelkochelemente

Kochstelle:

Tiefergelegt

Vorgezogen

Als Insel

Dunstabzug:

Dekorativ

Versteckt

Abluft

Umluft

Mikrowelle:

Im Hochschrank integriert

Im Oberschrank integriert

Als Einzelgerät

In Kombination mit dem Backofen

Mit Grilleinrichtung

CHECKLISTE

Beleuchtung

Linienleuchten unter den Oberschränken

Einzelstrahler

CHECKLISTE

Essplatz

- Zahl der Personen
- Nur für schnellen Imbiss zwischendurch
- Für alle Mahlzeiten/mit Besuch
- Esstisch
- Esstheke/Tresen
- Ansatztisch
- Ausziehtisch
- Für normale Stuhlhöhe
- Für Barhocker
- Auf Podest
- Mit Eckbank

Sonstiges

- Gibt es eine Nachkaufmöglichkeit der Möbel bei Umzug oder im Beschädigungsfall?
- Sind Kindersicherungsmaßnahmen nötig?

Kochspaß mit Kindern, aber sicher!

Es gibt wohl kaum einen anderen Raum in einer Wohnung, der für ein Kind so viele Erfahrungen bietet wie die Küche: Hier gibt es eine Menge zu sehen und zu erkunden, zu riechen und auszuprobieren. Da gibt es die unglaublichsten Geräte und Gerätschaften, mit denen man schneiden, schnippeln, zerkleinern, rühren und entsaften kann. Da sind Gerüche aus 1001 Nacht, tolle Formen, Farben und Eindrücke, hier ist Chemielabor und Hexenküche, Probierstube und die Heimat des geliebten Puddings – kurz: Es ist einfach traumhaft, in der Küche auf Entdeckungsreise zu gehen, zuzusehen oder mitzumachen. Dass man dabei auch noch die Nähe zu Mama oder Papa hat, ist für das Kleine besonders schön. In der Küche kann ein Kind aber auch wichtige Dinge für das Leben lernen – nicht nur Abspülen und Tischdecken.

Damit man selbst noch zum Kochen kommt, sollte man zunächst ein paar Dinge besorgen: einen standfesten Schemel für das Kind, einige Plastikschüsseln und ein stumpfes Messer, mit dem das Kind dennoch schneiden kann, dazu ein Geschirrtuch zum Umbinden – und los geht's mit dem „Erfahrungsfeld Küche".

Kinder wollen alles erforschen, begreifen und mit dem Mund erkunden. Was für ihre Entwicklung unerlässlich ist, kann in der Küche leider zu schlimmen Unfällen führen. Verbrennungen, Verbrühungen oder andere schmerzhafte und teilweise lebenslänglich entstellende Folgen sind oft keine „unglücklichen Zufälle", sondern die Folge unzureichender Schutzmaßnahmen. Viele Gefahrenquellen kann man beseitigen:

- Ein **Schutzgitter oder eine Reling am Kochfeld** verhindert, dass Kinder Töpfe mit heißem Inhalt herunterziehen können. Eine solche Sperre kann man auch nachträglich anbauen.
- Wenn man die **Schalterblende für den Herd auf die Arbeitsplatte** oder in den Oberschrank verlegt, kann man verhindern, dass kleine Hände unkontrolliert Kochzonen oder Backofen einschalten.
- **Rot aufglühende Kochzonen** beim Glaskeramik-Kochfeld signalisieren „Achtung – heiß!". Die **Topferkennung** sorgt bei modernen Kochfeldern dafür, dass die Kochzone nur eingeschaltet ist, wenn ein Topf darauf steht.
- **Backofentüren** dürfen bis zu 85 °C warm werden – zu heiß für kleine Kinderhände. Manche Backofentür ist jedoch so konstruiert, dass ihr Sichtfenster während des Betriebs deutlich kühler bleibt und

Rot glühende Kochzonen signalisieren: heiß!

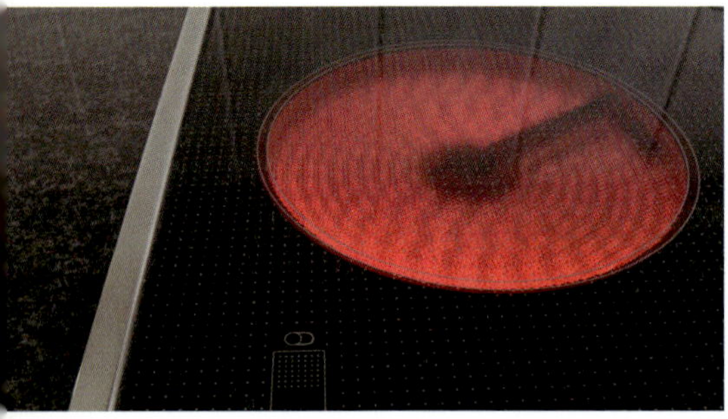

In den leicht zugänglichen Unterschränken keine gefährlichen Sachen lagern.

keine Verbrennungsgefahr besteht. Zusätzliche Sicherheit bietet ein Backofen, der **im Hochschrank** eingebaut ist. Für kleine Kinder ist er nicht erreichbar, und als Koch hat man den ergonomischen Vorteil, dass man sich nicht bücken muss, um schwere Aufläufe oder beladene Backbleche aus dem Innenraum zu nehmen.

- Alle Reinigungs- und Pflegemittel im Haushalt können reines Gift für Kinder sein. Deshalb gibt es **abschließbare Putzmittelauszüge** und verschließbare Türen. Man kann die Reinigungsmittel auch in einen Hochschrank stellen – vorsichtshalber aber mit Türverschluss.
- Scharfe Messer und andere Gegenstände, mit denen sich ein Kind verletzen kann, gehören in **gesicherte Schubladen** oder Nischenschränke.
- Elektrische Kleingeräte wie Toaster, Kaffeemaschine usw. stehen am sichersten in einem **verschlossenen Schrank**.
- Wenn man eine **Thermostatarmatur** an die Spüle anschließt, kann man die Wassertemperatur niedrig einstellen und schützt das Kind vor möglichen Verbrühungen.
- Das Kind sollte eine Schublade in Bodennähe bekommen, in der sein **sicheres Kinderkochgeschirr** untergebracht ist. Dann sind die – gefährlicheren – Sachen der Erwachsenen nicht so verführerisch.
- Das Wichtigste ist aber: **Kleine Kinder nie alleine in der Küche lassen!** Sie klettern gerne, nehmen notfalls dazu auch einen Stuhl zu Hilfe, um das brodelnde Etwas am Herd begutachten zu können ...

Schlafen – wie man sich bettet ...

Rund ein Drittel seines Lebens verbringt der Mensch schlafend. Dabei geschieht eine ganze Menge: Die Bandscheiben regenerieren durch Bewegungen im Schlaf, die Zellen erholen sich, die Psyche verarbeitet Erlebnisse im Traum, kurz: Der gesamte Mensch erholt sich und schöpft neue Energie. Schlafen ist lebenswichtig, deshalb sollte man das richtige Bett sorgfältig auswählen.

Wacht man morgens nicht erholt, sondern häufig verspannt auf, stützt die Unterlage wahrscheinlich die Wirbelsäule nicht (mehr) richtig ab – Zeit, sich Gedanken über eine bessere Schlafstätte zu machen. Auch das Alter einer Matratze sollte man bedenken. Selbst wenn sie nach 7–10 Jahren noch tadellos in Ordnung scheint, sollte man sie aus hygienischen Gründen durch eine neue ersetzen.

Ein gutes Bett – was ist das eigentlich?

Die Optik ist natürlich Geschmackssache, wie bei jedem anderen Einrichtungsgegenstand auch. Doch die Unterlage für das Schlafen ist eine Frage des persönlichen Wohlgefühls. Hier sollte man sich unbedingt von einem gut geschulten Verkäufer beraten lassen, in aller Ruhe auf mehreren Modellen probeliegen und **auswählen, worauf man sich am besten fühlt**. Das ist beim Bettenkauf absolutes Muss!

Trotzdem kann es passieren, dass man auch nach dem intensivsten Probeliegen auf Dauer nicht die beste Matratze gewählt hat. Der Körper braucht mitunter drei bis vier Wochen, um sich an neue Verhältnisse zu gewöhnen. Deshalb sollte man mit dem Händler besprechen, wie man später notfalls die Liegeeigenschaften noch verändern könnte. Ziel des Probeliegens und der Beratung muss auf jeden Fall sein, dass man ganz nach dem eigenen Wohlbefinden gut liegt und schlafen kann.

Der größte Fehler beim Kauf einer Matratze ist das schnelle Zugreifen ohne Berücksichtigung der jeweiligen Unterlage. Wenn nur die Matratze erneuert werden soll, muss man die Art des Betteinsatzes (zum Beispiel Federholzrahmen) auf jeden Fall zur Sprache bringen. Die beste Matratze kann sich nämlich mit der unpassenden Unterlage in eine unerträgliche Hängematte oder in ein hartes Brett verwandeln. Deshalb: **Im Geschäft die Matratze auf der gleichen Unterlage testen, die man zu Hause hat.**

Oder man kauft gleich die Matratzenunterlage und die dazugehörige Matratze neu, ein so genanntes „System". Beide Komponenten müssen optimal auf den Körper des darauf Liegenden eingestellt sein. Die Wirbelsäule muss bei einem gesunden Menschen beim Schlafen so abgestützt werden, dass sie im Liegen ihre natürliche S-Form behält. Die Lendenlordose (der Bogen der Lendenwirbelsäule) darf bei einem gesunden Menschen in Rückenlage durchaus etwas flacher werden. So kann möglichen Haltungsschäden und Rückenschmerzen vorgebeugt werden, und nur so haben Bandscheiben die Möglichkeit, sich von den täglichen Belastungen zu erholen.

TIPP

Gemeinsam schlafen – gemeinsam einkaufen!

Ehepaare sollten zusammen ins Möbelhaus oder Bettenstudio gehen. Er und sie brauchen mit hoher Wahrscheinlichkeit unterschiedliche Matratzen – bei großen Gewichtsunterschieden oder Rückenproblemen auf jeden Fall. Mittlerweile gibt es auch Doppelbetten auf Rollen, die man in der Mitte teilen und zu zwei Einzelbetten umstellen kann. Bei Krankheit oder Pflegebedürftigkeit kann dies für den bettlägerigen Menschen ebenso hilfreich sein wie für den Partner.

INFO

Auf die Matratze kommt es an

Eine gute Matratze braucht keine federnde Unterlage, ein einfacher Rollrost reicht aus. Wichtig ist, dass Belüftung und Feuchtigkeitstransport nach unten erhalten bleiben. Ein verstellbarer Lattenrost funktioniert am besten mit einer flexiblen Matratze aus Schaumstoff oder Latex, die nicht zu dick sein sollte. Bonellfederkerne mit Bandstahlrahmen sind hier ungeeignet. Lattenroste sind in der Regel sehr strapazierfähig, sie können jahrzehntelang in Form bleiben.

TIPP

Verstellbare Federholzrahmen

Probieren Sie die Funktionen eines variablen Lattenrosts auf jeden Fall im Möbelhaus selbst aus! Sie sollten gut damit umgehen können, wenn Sie die Verstellmöglichkeiten später häufig nutzen wollen. Bei Rahmen mit Gasdruckfedern muss mitunter zum Zurückstellen Körperkraft eingesetzt werden – Hier sollten Sie auf jeden Fall einen Funktionstest machen.

Die wichtigen Grundlagen im Bett: Unterfederungen

Ob die körperstützenden Eigenschaften einer Matratze voll zum Tragen kommen, hängt auch vom Zusammenspiel zwischen Matratze und Unterfederung ab. Die Unterfederung soll unterstützend wirken, darf aber nicht zu starr sein, um sich den ständig wechselnden Schlafpositionen des darauf Liegenden anpassen zu können. Die bekannteste Unterfederung ist in Deutschland **der Lattenrost**.

Am sinnvollsten ist es, eine neue Matratze zusammen mit der passenden Unterfederung zu kaufen, um sicherzustellen, dass beide Elemente sich optimal ergänzen. Wenn aber nur die Matratze ersetzt wird, sollte man darauf achten, dass sie zum vorhandenen Lattenrost passt und dieser noch nicht durchgelegen oder ausgeleiert ist. Umgekehrt kann eine minderwertige Matratze nicht durch einen Komfortrahmen ausgeglichen werden.

Lattenroste bestehen aus einem Rahmen und den sogenannten Federleisten. Diese werden aus mehrfach (meist siebenfach) verleimten Schichtholzplatten hergestellt. Als Material eignen sich Harthölzer wie Buche oder Esche. Rahmen und Federleisten aus Weichholz sind weniger stabil, es kann schneller zu Materialermüdung kommen.

Es gibt drei Arten von Federholzrahmen:

- **Lattenrost mit klassischem Federholzrahmen**

Der klassische Federholzrahmen soll aus mindestens 26 bis 42 leicht nach oben gewölbten Federholzleisten bestehen. Generell gilt, dass der Liegekomfort umso besser ist, je höher die Anzahl der Federholzleisten ist. Bei preiswerten Federholzrahmen werden oftmals Federholzleisten eingespart. Dann besteht die Gefahr, dass die Abstände zwischen den einzelnen Federholzleisten zu groß sind (über 4 cm) und die Matratze nicht genügend unterstützt wird. Selbst eine hochwertige Matratze leidet mit der Zeit, wenn sie auf einem so ungeeigneten Lattenrost liegt. Sind die Leistenzwischenräume hingegen zu gering, kann das den Feuchtigkeitstransport beeinträchtigen.

Eine Faustregel besagt, dass etwa die Hälfte der Bettfläche mit Lamellen ausgefüllt sein sollte und die andere Hälfte zur Belüftung der Matratze frei bleiben kann.

Die Federleisten werden entweder fest in den Rahmen eingelassen oder stecken in Trägerelementen wie zum Beispiel flexiblen Endkappen, die auf dem Rahmen befestigt sind. Solche beweglichen Endkappen ermöglichen eine flexible Schwingung auf dem Lattenrost, sodass sich die Federholzleisten besser den unter-

schiedlichen Körperpartien des Schlafenden anpassen. In den meisten Fällen bestehen diese Kappen aus Plastik, hochwertiger sind biegsamer Kautschuk und Hightechkunststoffe. Ein Mittelgurt in Längsrichtung dient der Fixierung und Stabilisierung der Federholzleisten.

Einige Federholzrahmen besitzen eine **integrierte Schulterkomfortzone**: Leisten, die bei Belastung nachgiebiger reagieren, ermöglichen das tiefere Einsinken der Schulterpartien, besonders in Seitenlage. Dies fördert die wichtige Druckverteilung auf den Körper. Schulterkomfortzonen können auf unterschiedliche Weise funktionieren: durch biegsamere Federholzleisten oder flexible, einsinkbare Halterungen am Rahmen.

Die Federleisten eines Holzlattenrosts müssen so versiegelt sein, dass keine Feuchtigkeit eindringen kann, da sie sonst aufquellen, Risse bekommen und ihre Elastizität verlieren können.

- **Teilaufgelöster Modulrahmen**

Diese Unterfederung ist eine Kombination aus zwei Typen. Die klassischen Federholzleisten werden im Schulter- und Beckenbereich durch Module aus Kunststoff ersetzt. Je nach Hersteller tragen sie Bezeichnungen wie „Teller“ (gängigster Begriff), „Federmodule“ oder „Kontaktpads“. In der Seitenlage können Schulter und Becken tiefer einsinken, während in der Rückenlage ein zu tiefes Einsinken verhindert wird. Dies unterstützt den Rücken ideal. Ansonsten ist der Lattenrost wie der beschriebene klassische Federholzrahmen gestaltet.

- **Teller- oder Modulrahmen**

Hier ist der Rahmen über die gesamte Fläche mit den sogenannten Tellern ausgestattet, die nicht nur federnd nachgeben, sondern in alle Richtungen flexibel sind, was der Körperanpassung zugute kommt. So kann jeder Bereich des Körpers optimal einsinken. Zudem wird die Auflagefläche der Matratze auf der Unterfederung erhöht, so dass die Matratze optimal unterstützt wird. Die einzelnen Module bestehen in der Regel aus Kunststoff und sind in unterschiedlichen Härtegraden erhältlich. Im Bereich der Schultern und des Beckens können nachgiebigere Module ein tieferes (aber nicht zu tiefes) Einsinken ermöglichen.

Lattenroste sollten immer auf die Matratze abgestimmt sein, hier ein Segmentfederrahmen.

- **Boxspring**

Das zusammenhängende System aus Matratze und Unterfederung, das man als Boxspring bezeichnet, wird bei den Matratzentypen beschrieben (→ *Seite 71*). Anstelle der in Deutschland gebräuchlichen Federrahmen liegt hier die Matratze auf einem gepolsterten Holzrahmen. Gegenüber dem Lattenrost weist der Boxspring eine höhere Punktelastizität auf, die die Anpassungsfähigkeit der Matratze an die Körperkonturen unterstützt. Boxsprings sind auch mit höhenverstellbaren Kopf- und Fußteilen erhältlich.

Allgemeine Hinweise zu Unterfederungen

- Teller- oder Modulrahmen eignen sich nur für Latex- und Schaummatratzen. Für Bonellmatratzen (→ *Seiten 66 ff.*) reicht in der Regel eine relativ einfache Unterfederung.
- Bei einer hochwertigen Unterfederung lässt sich die **Federungshärte** zumindest im Schulter- und Beckenbereich variabel einstellen. Mehrzonen-Unterfederungen bieten verschiedene Federungseinstellungen im Kopf-, Schulter-, Becken-, Bein- und Fußbereich. Für diese Unterfederungen sind Latex,-Schaumstoff- und Tonnen-Taschenfederkernmatratzen am besten geeignet.
- Lassen sich die Härtegrade des Lattenrosts regulieren, muss darauf geachtet werden, dass zum Beispiel der Bereich der Schultern weicher beziehungsweise tiefer eingestellt ist als die Zone für Becken und Gesäß. Nur so bleibt die Wirbelsäule in der besten Lage für eine optimale Regeneration während der Nacht.
- Lattenroste haben zum Teil **verstellbare Kopf- und/oder Fußteile**, wobei die Zahl der Verstellstufen, -höhen und -winkel je nach Qualität variiert. Der Verstellmechanismus soll in jedem Fall robust und massiv sein, sonst wackelt oder „schwimmt“ er, oder die aufgestellten Teile können durchbiegen.
- Lattenroste kann man manuell einstellen, noch komfortabler sind Motoren, die eine bequeme Einstellung auf Knopfdruck erlauben und sich immer größerer Beliebtheit erfreuen. Beim Kauf eines **Motorrahmens** sind einige Dinge zu beachten – zum Beispiel muss die verwendete Matratze dafür geeignet sein. Schaum-, Latex- und Tonnen-Taschenfederkernmatratzen sind ideal für Motorrahmen (wie auch für manuell verstellbare Rahmen), bei anderen Federkernmatratzen hingegen sollte die Eignung vor dem Kauf abgeklärt werden, da durch das Biegen oder Knicken der Matratze die verarbeiteten Federn beschädigt

TIPP

Obere Matratze ist wichtig

Wenn Ihr Budget begrenzt ist, sollten Sie bei Boxspring besonderen Wert auf die Qualität der oberen Matratze legen.

werden können. Motorrahmen beanspruchen in der Höhe mehr Raum als manuell verstellbare Rahmen. Das sollte man bei der Berechnung der Gesamthöhe eines Bettsystems berücksichtigen.

- Bei Betten ab 160 cm Breite sollen zwei Lattenroste verwendet werden, um eine rückengerechte Unterfederung zu erhalten. Besonders bei Latex- und Kaltschaummatratzen ist es wichtig, dass im Doppelbett die Federleistenlagerungen höher stehen als der mittlere Längsholm des Bettrahmens, sonst spürt man diesen „Besucherbalken" durch die Matratze hindurch.
- Auf der gesamten Auflagefläche der Unterfederung, also auf Rahmen, Federleisten und Tellern, dürfen sich keine Teile von Beschlägen befinden, die die Matratze beschädigen können.

Die richtige Matratze finden

Matratzenkauf ist eine persönliche Entscheidung. Das Modell sollte auf die Körpergröße, das Gewicht und eventuell vorhandene Beeinträchtigungen des Liegenden wie Rückenschmerzen oder ein Hohlkreuz abgestimmt sein.

Die Stabilität und Belastbarkeit von Matratzen wird in Normprüfungen mit Fallgewichten und/oder Bewalzungen überprüft. Eine zehnjährige Nutzung wird zum Beispiel bei einem Walztest mit einer 140 kg schweren Walze simuliert. Bis zu dieser Gewichtsgrenze kann man also davon ausgehen, dass das Produkt geeignet ist, wenn es das Prüfsiegel hat. Für das GS-Zeichen werden in dynamischen Belastungstests in manchen Stellungen auch bis zu 180 kg Belastung eingesetzt. Aber bei Körpergewichten über 140 kg sollte man sich auf jeden Fall schriftlich zusichern lassen, dass die Matratze geeignet ist.

INFO

Die Härteangaben der Hersteller sind keine Orientierungshilfe

Egal, mit wie vielen Zonen geworben wird, nur ein Probeliegen zeigt, ob die Matratze auch wirklich den individuellen Vorlieben entspricht. Zumal auch die Härteangaben der Anbieter nach wie vor keine Orientierung bieten: So kennzeichnet zum Beispiel die Anbieterangabe „H3" im Test (test 3/2009) mal harte, mal auch mittelharte Matratzen. Abgesehen davon gilt die Härteangabe ohnehin nur für den Mittelpunkt der Matratzen. Unterschiedliche Zonen lassen sich so kaum sinnvoll beschreiben.

Wer leicht oder viel schwitzt, sollte das beim Kauf ebenfalls angeben, denn dann ist besonders auf einen guten **Feuchtigkeitstransport** der Matratze zu achten.

„Richtig" ist jede Matratze, die den Körper so unterstützt, dass man entspannt und in einer natürlichen Position schmerzfrei liegen und aufstehen kann. Das Gewicht des Körpers sollte dabei gleichmäßig verteilt sein, indem die Matratze dort nachgibt, wo der Druck am größten ist, nämlich im Bereich der Hüfte und der Schultern. In der Seitenlage braucht die Schulter noch mehr Nachgiebigkeit. Gleichzeitig müssen Rumpf und Beine ausreichend gestützt werden. Beim **Mehrzonenaufbau** werden deshalb Materialien unterschiedlicher Festigkeiten so eingesetzt, dass Kopf, Schulter, Becken, Beine und Füße jeweils unterschiedlich abgestützt werden.

Wenn man bei einem Verkäufer das Gefühl hat, er will einem nicht das individuell passende System verkaufen, sondern das meistverkaufte, oder wenn man den Eindruck bekommt, er habe zu wenig Ahnung von Liegesystemen, sollte man nach einem anderen Verkäufer mit speziellem Fachwissen fragen. Das Thema „gesund schlafen" ist zu wichtig, um sich schlecht beraten zu lassen. Und gute Beratung war bisher selten. 15 Fachhändler, Discounter und Einrichtungshäuser hat die Stiftung Warentest im September 2003 untersucht: Fast jeder zweite Händler hat dabei falsch beraten.

Die gängigsten Matratzenarten

Je nach Kultur und Tradition gibt es unterschiedliche Vorlieben für Matratzen. So kennt man in Japan die dünnen und harten Futons, während in den USA recht dicke Federkernmatratzen auf Boxspring-Unterfederungen liegen. Wir Deutschen schlafen zum allergrößten Teil auf Federkern-, Latex- oder Schaummatratzen.

In Bezug auf die Temperaturregulierung sind Taschenfederkernmatratzen und gute Kaltschaummatratzen grundsätzlich etwas vorteilhafter als Latexmatratzen. Die vergleichsweise massiven Latexmatratzen entziehen dem Körper etwas mehr Wärme, bis sie sich der Körpertemperatur angepasst haben. Kälteempfindliche Personen sind deshalb mit Kaltschaummatratzen besser bedient, und diejenigen, die nachts zum Schwitzen neigen, mit Taschenfederkernmatratzen. Latexmatratzen sind besonders für Personen mit stark unterschiedlicher Gewichtsverteilung in den jeweiligen Körperzonen gut geeignet.

Aufbau des Matratzenkerns (Technologien)		
Federn	**Latex**	**Schaum**
Unterarten innerhalb der Haupttechnologien		
Bonell-Federkern	Naturlatex	Kaltschaum (mit Unterarten und Mischformen)
LFK (Leicht-federkern)	Schichtlatex (mit Unterarten und Mischformen)	Viskoelastischer Schaum (memory foam) (mit Mischformen)
Taschenfederkern (mit Unterarten und Mischformen)		

Federkernmatratze

Federkernmatratzen

Federkernmatratzen bestehen im Inneren aus einem geordneten System von Stahlfedern. Diese Federn können sich – je nach Anordnung – einzeln und unabhängig voneinander bewegen. Umgeben wird der Federkern von einem Grobpolster, das die Anpassung des Federkerns an den Körper erhöht und dafür sorgt, dass man die einzelnen Federn nicht spürt, auf denen man liegt. Für die Grobpolster werden Kokosfasern, Sisal, Rosshaar, Polyester- und Acrylvliese, Latex- und Kaltschaumpolster verwendet.

Bei sorgfältiger Abstimmung der Polstermaterialien und richtiger Verarbeitung unterstützen die Federn dann alle Körperpartien mit zunehmendem Gegendruck bzw. mit zunehmender Festigkeit.

Bei den Federkernmatratzen unterscheidet man vor allem drei Bauarten: Bonell-, LFK- und Taschenfederkernmatratzen. Eine Unterart der Taschenfederkernmatratzen ist die Tonnentaschen-Federkernmatratze. Daneben gibt es Sonderformen wie Endlos-Federkernmatratzen.

Der **Bonellfederkern** besteht aus einem System von Stahlfedern in taillierter Form, die durch Drahtspiralen miteinander verbunden sind. „Taillierte Form“ heißt, dass die Federn oben und unten breiter sind als in der Mitte (ähnlich der Form einer Sanduhr). Diese Form verleiht den Bonellfedern die Eigenschaft der „progressiven Federung“. Je höher die Belastung der Feder durch den auf der Matratze Schlafenden, desto stärker ist der Widerstand der Federn. Bei dieser Matratzenart zeigt sich bei geringer Belastung ein weicher, bei stärkerer Belastung ein härterer Federungseffekt. Die Qualität hängt im Wesentlichen von der Beschaffenheit und Menge der verwendeten Federn und Polstermaterialien ab. Beim Preisvergleich sollte man also auch darauf achten, wie und mit welchem Materialaufwand der Kern genau hergestellt ist.

LFK (Leichtfederkern). Aufgrund der feinen, aber hochfesten verwendeten Drähte gilt der Leichtfederkern als Leichtgewicht unter den klassischen Federkernsystemen. Eine dichte Oberfläche verhindert, dass Polsterschichten in die Zwischenräume rutschen. Verglichen mit einem Standard-Bonellfederkern verfügt ein gleich großer Leichtfederkern über doppelt so viele Einzelfedern. Mit fast 400 Federn in einer Standardmatratze (100 × 200 cm) kommt der LFK an die Federmengen eines einfachen Taschenfederkerns heran. Leichtfederkerne sind elastischer als Bonellfederkerne. LFK-Federkerne werden hauptsächlich in Matratzen des mittleren Preissegments eingesetzt.

Taschenfederkernmatratzen heißen so, weil die einzelnen Zylinderfedern in Stofftaschen eingenäht und diese in Reihen

INFO

Kennzeichen von Federkernmatratzen

- Der „Pump-Effekt“ beim Be- und Entlasten bewirkt eine besonders gute Belüftung der Federkernmatratzen.
- Bei Räumen mit schwierigem Raumklima etc. sind Federkernmatratzen gut geeignet. Schimmelbildung ist kaum ein Thema.
- Federkerne sind auch mit einfachen Lattenrosten verwendbar.
- Zur Kombination mit verstellbaren Lattenrosten sind Tonnentaschen-Federkernmatratzen geeignet. LFK- und Endlosfederkernmatratzen sind nur bedingt und Bonellmatratzen weniger geeignet, weil sie sich nicht so gut einer verstellbaren Unterlage anpassen.

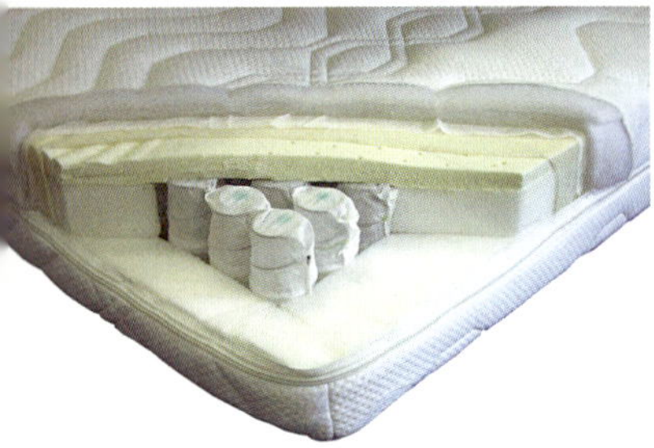

Taschenfederkernmatratze

aneinander geklammert oder geklebt werden. Der Effekt ist eine besonders hohe Punktelastizität. Im Gegensatz zu Bonellfederkernmatratzen geben hier immer nur die jeweils belasteten Federn nach, während die nicht beanspruchten Federn gespannt bleiben und den Liegenden stützen.

Besonders hohen Komfort bietet die **Tonnentaschen-Federkernmatratze**, eine Unterform der Federkernmatratze. Die Ausstattung mit einer höheren Anzahl einzeln reagierender Tonnenfedern dämpft das Nachschwingen, erhöht die Punktelastizität der Matratze und bewirkt eine deutlich verbesserte Körperanpassung. Besonders hochwertige Tonnentaschen-Federkerne enthalten bis zu 2000 Federn pro Standardmatratze (100 × 200 cm). Tonnentaschen-Federkernmatratzen sollten mit entsprechend flexiblen Auflagematerialien und Bezügen ausgestattet sein, um die ganze Bandbreite der punktuellen Körperunterstützung auszuschöpfen.

TIPP

Pflege von Latexmatratzen

Bei Latexmatratzen empfiehlt es sich, die Bettdecke nach dem Aufstehen weit zurückzuschlagen und die im Raum vorhandene Restfeuchtigkeit durch Stoßlüftung ins Freie gelangen zu lassen. So kann die Matratze die während der Nacht aufgenommene Feuchtigkeit an die Raumluft abgeben und optimal regenerieren. Auch einer möglichen Schimmelbildung kann man so vorbeugen.
Auf eine Tagersdecke sollte man nach Möglichkeit verzichten, und im Winter soll im Schlafzimmer eine Temperatur von mindestens 10 °C gehalten werden. Weitere konkrete Pflegeanweisungen finden sich in den Garantiebedingungen oder der Produktbeschreibung des Herstellers.

Latexmatratzen

Latex ist eine milchig weiße Emulsion aus Gummiharzen in Wasser. Latex wird entweder aus dem Saft des Gummibaums (Hevea brasiliensis) gewonnen – man spricht dann von Naturkautschuk – oder aber synthetisch aus Rohöl hergestellt. Für die Produktion von Latexmatratzen werden heute sowohl der natürliche Rohstoff, als auch synthetisch hergestelltes Latex sowie Mischungen aus beidem verwendet.

Latexschaumstoff ist ein hoch flexibles Material mit zwei besonders herausragenden Eigenschaften: Zum einen ermöglichen die runden Zellen optimale Unterstützung in alle Richtungen sowie eine ausgezeichnete Punktelastizität. Die Matratzen geben nur an den Stellen nach, an denen sie belastet werden, und kehren bei Entlastung sofort wieder in die Ausgangslage zurück. Zum anderen leistet das Material unter Belastung wachsenden Widerstand, was die Entspannung aller Muskelgruppen fördert.

Latexmatratzen sind durch den hohen Materialanteil schwerer als beispielsweise Kaltschaummatratzen. Seitliche Trageschlaufen sind deshalb für das Aufstellen oder Umlegen besonders praktisch.

Naturlatexmatratzen bestehen aus dem Naturkautschuk (Latex) des Gummibaums. Ob natürlich oder synthetisch, für die Verarbeitung zu Schaum werden dem Latex mindestens 5 % chemische Zusätze (Konservierungsstoffe, Schäumungsmittel, Vulkanisiermittel und Alterungsschutzmittel) beigemischt. Diesen Mindestanteil an Chemikalien enthalten alle Latexmatratzen, auch diejenigen, die als Matratzen aus 100 % Naturlatex bezeichnet

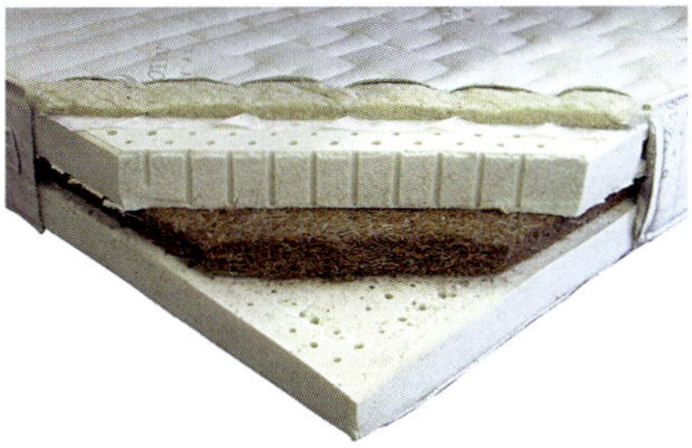

Latexmatratze

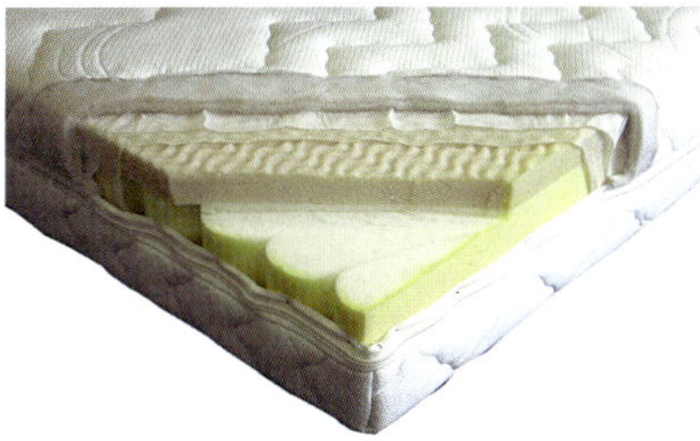

Schaumstoffmatratze

werden. Die Produkteigenschaften von natürlichem und synthetischem Latex werden als nahezu gleich eingestuft.

- **Schaummatratzen**

Der Begriff „Schaumstoffmatratze" ist ein Sammelbegriff für unterschiedliche Matratzenarten aus **Polyurethan-** oder aus **viskoelastischem Schaum**.

Letzterer wird auch „Memory Foam" (zu deutsch etwa „Gedächtnis-Schaum") genannt, da sich das Material an die Belastung „erinnert" und nach dem Aufstehen noch einige Sekunden lang der Körperabdruck zu sehen ist. Nach einer Veränderung der Liegeposition begibt sich die viskoelastische Matratze also zeitverzögert in die ursprüngliche Form zurück. Gesunden Menschen können Matratzen mit viskoelastischem Schaum nur bedingt empfohlen werden, da die entstehenden „Schlafmulden" sie darin behindern können, sich während des Schlafens ausreichend zu bewegen.

PUR-Weichschaumstoffe gibt es als breite Palette offenzelliger, aber unterschiedlicher Schaumstoffprodukte. Sie werden nur für sehr einfache Matratzen verwendet.

Kaltschaumstoff ist die hochwertigste Art von Schaumstoff. Es handelt sich um einen Polyetherschaumstoff (HR-Schaumstoff, High Resilient = hoch elastisch), der eine offenzellige und grobe Porenstruktur aufweist. Daher ist er luftdurchlässig (atmungsaktiv) und sorgt für einen hohen Polsterkomfort. Durch seine hohe Formbeständigkeit und Elastizität kehrt Kaltschaum bei Entlastung zügig in seine ursprüngliche Form zurück. Natürlich gibt es auch bei Kaltschaummatratzen unterschiedliche Qualitäten. Unter anderem geben die Stauchhärte und das Raumgewicht Auskunft über die Qualität.

INFO

Raumgewicht und Stauchhärte sind physikalisch messbare Parameter

Das **Raumgewicht (RG)** gibt das Gewicht in Kilogramm pro Kubikmeter (m^3) aufgeschäumter Rohmasse an, oder anders gesagt, so viele Kilogramm wiegt ein Kubikmeter Schaumstoff vor seiner Weiterverarbeitung. Je leichter ein Schaumstoff ist, desto höher der Luftanteil und desto geringer der Materialanteil. Kaltschaummatratzen von akzeptabler Qualität beginnen bei Raumgewicht 40. Von Matratzen mit geringerem Raumgewicht ist abzuraten, weil sie nicht haltbar genug sind.

Die **Stauchhärte** ist die Kraft, die nötig ist, um einen Schaumstoff-Rohblock um 40 % seiner Normalhöhe zusammenzudrücken. Je niedriger die Stauchhärte, desto weicher ist der Schaum. Der Druck wird physikalisch genau in kPa (Kilo Pascal) gemessen. Ein Pascal ist der Druck, den eine Kraft von einem Newton auf eine Fläche von einem Quadratmeter ausübt.

INFO

Kennzeichen von Kaltschaummatratzen

- Hohe Formbeständigkeit.
- Sehr gute Anpassungsfähigkeit an Körperkonturen und dauerhafte Punktelastizität.
- Aufgrund der hohen Elastizität auch für verstellbare Lattenroste geeignet.
- Gute Belüftung der Matratze durch offene Zellstruktur.
- Matratzen aus Schaumstoff sind vergleichsweise leicht und dadurch beim Wenden und Drehen gut zu handhaben.

Die neuerdings angebotenen **Naturölmatratzen** sind mit Kaltschaumqualitäten vergleichbar. Das Besondere hier: Ergänzend zu den Erdölbestandteilen kommen biologische Öle aus Sonnenblumen, Soja oder Raps zum Einsatz. Hier gilt die Faustregel: Je neuer das Produkt auf dem Markt ist, desto höher der Anteil nachwachsender Rohstoffe, die das aus Erdölderivaten gewonnene Polyol zur Polymerisation ersetzen. „100 % Naturölmatratzen" sind jedoch technisch noch nicht realisierbar, vielmehr bestehen auch sogenannte Naturölmatratzen zu großen Teilen aus herkömmlichem Kaltschaum. Naturölprodukte „schwitzen" einen leichten Naturgeruch aus.

Kombination aus Federkern und Schaumkern

Bei einer Kombination aus Taschenfederkern und Schaumkern werden die besonderen Eigenschaften beider Technologien miteinander verbunden. Mit einer zusätzlichen Lage aus viskoelastischem Schaum kann die Anpassungsfähigkeit der Matratze an die Körperkonturen des Schlafenden zusätzlich erhöht werden, ohne auf das Rückstellungsverhalten von Federn und Kaltschaum verzichten zu müssen.

Kombination aus Latex mit anderen Materialien (Schichtlatex)

Matratzen mit einem Schichtlatexkern bestehen aus mehreren Schichten Latex, die in der Regel durch Verkleben fest miteinander verbunden werden. So können entweder unterschiedliche Latexqualitäten oder Latex und andere Materialien wie Schaumstoff oder auch Naturmaterialien miteinander kombiniert werden. Liegeeigenschaften verschiedener Materialien werden dadurch in einer Matratze zusammengeführt. Bei der Kombination von Latex und Kaltschaum integriert man beispielsweise die ausgezeichnete Punktelastizität des Latex mit dem geringeren Gewicht und der daraus resultierenden guten Handhabung des Kaltschaums in einer Matratze. Bei der Verbindung einer oberen Latexschicht mit Naturmaterialien wie Kokosfasern oder Rosshaar wirkt die Oberfläche zunächst weich und elastisch, aber schon bei geringer Einsinktiefe entsteht ein deutlich festeres Liegegefühl als bei einer reinen Latexmatratze.

Naturmatratzen

Diese Matratzen enthalten ausschließlich Materialien, die in der Natur vorkommen, so zum Beispiel Kokosfasern, Rosshaar, Stroh und Seegras. All diese Materialien werden meist in Matten von 1 bis 12 Zentimeter Stärke vorgefertigt. Durch die Kombination verschiedener Schichten lassen sich bei der fertigen Matratze unterschiedlichste Härtegrade erzeugen.

Vorteilhaft sind die Verarbeitung biologischer Materialien sowie der Verzicht auf chemische Zusätze. Nachteilig sind die bei Naturmatratzen eintretende Kuhlenbildung durch das Einliegen sowie ein generell schnellerer Verschleiß. Zudem sind sie anfälliger für Milben und somit für Allergiker weniger gut geeignet.

- **Boxspring**

Statt auf einem Lattenrost liegt beim Boxspring eine (Federkern-) Matratze auf einer matratzenähnlichen (Federkern-)Unterkonstruktion. Obermatratze und Unterkonstruktion sind zum Teil fest miteinander verbunden und bilden auch optisch eine Einheit. Dieses System ist komfortabel und in angelsächsischen Ländern sehr beliebt, in Deutschland aber kaum verbreitet.

- **Futon**

Der Begriff Futon (japanisch „Decke“) bezeichnet ursprünglich alle Arten von Decken. Während das dünne japanische Futon fast ausschließlich mit Baumwollfasern gefüllt ist und deshalb fast tägliche Pflege benötigt, ist das westliche Gegenstück zusätzlich mit atmungsaktiven, wärmenden Naturfasereinlagen wie Rosshaar, Schurwolle, Kokosfasern und Naturlatex angereichert, was sowohl die Weichheit erhöht als auch den Pflegebedarf verringert.

Auf Futons liegt man dennoch vergleichsweise hart. Ein Nachteil besteht darin, dass sie normalerweise auf den Boden gelegt werden und im Winter die kalte Luft direkt über der Schlafstätte zirkuliert. Diese Art des Schlafens hat sich in westlichen Ländern nicht durchgesetzt. Aus Marketinggründen werden hierzulande auch manchmal etwas dünnere Matratzen als Futonmatratzen bezeichnet.

Pflege und Hygiene bei Matratzen

Regelmäßiges Lüften ist bei Matratzen wichtig. Auch wenn bei bodenfreien Bettgestellen oder belüfteten Bettkästen eine gewisse Durchlüftung gegeben ist, sollte man Matratzen regelmäßig tagsüber aufstellen, damit sie rundum Feuchtigkeit abgeben können. Dazu kann man den Lattenrost hochstellen und so für Frischluftzufuhr sorgen (oft bei Modellen mit Bettkasten), oder man hebt die Matratze seitlich an und stellt sie hochkant ins Bett. Manche Modelle haben hierfür eigens **Trageschlaufen** an den Längsseiten. Darauf sollte man gleich beim Kauf achten, denn so kann man die körperliche Anstrengung reduzieren.

Wenden Sie die Matratze mindestens viermal im Jahr in Längs- und Querrichtung. Ausnahme: Matratzen mit speziellen Liegezonen. Hier sollte das Kopfende stets das Kopfende bleiben, damit die Zonen zum Körperbau passen. Auf keinen Fall sollte man Matratzen klopfen oder nass reinigen! Das schadet der Matratze. Staub und Fusseln kann man vorsichtig abbürsten oder mit dem Staubsauger entfernen. Sehr zu empfehlen ist ein abnehmbarer, reinigungsfähiger oder waschbarer **Matratzenbezug**.

Polsterbetten

Bei Polsterbetten gelten die gleichen Anforderungen an Bettboden und Matratze, wie bei allen anderen Betten. Hier sollte man beim Kauf vor allem darauf achten, dass der Polsterstoff und die Bett-Abdeckung bzw. Tagesdecke pflegleicht sind. Die meisten der verwendeten Stoffe sind reinigungsfähig, und die Hersteller geben auch an, ob die Polsterteile mit Seifenlösung oder einem anderen Reinigungsmittel wieder aufgefrischt werden können. Vorteilhaft: Polsterbetten, bei denen man Kopfteil und Bettumrandung komplett abziehen und reinigen kann.

Schlafsofas: Nicht Nacht für Nacht!

Schlafsofas werden häufig gekauft. Als Gründe werden zeitweilige Trennungen, die Zunahme der Singlehaushalte und der Wunsch nach flexiblem Wohnen genannt. Schlafsofas sind heute im Durchschnitt besser als vor zehn Jahren – die Technik macht's möglich. Hochwertige Lattenroste und Matratzen machen das Liegen angenehm, ausgeklügelte Mechanismen lassen in wenigen Sekunden ein Sofa zum Bett werden. Doch Klappsofas sind nicht als Bettersatz für jede Nacht gemacht. Sie sind mehr als Gästebetten für gelegentlichen Gebrauch gedacht.

Für welches System Sie sich entscheiden, liegt nicht zuletzt am **Platzbedarf**: Ausziehbare Bettkästen finden sich häufig bei 2-Sitzer-Sofas, Klapplösungen eher bei 3-Sitzern, damit sich eine ausreichend lange Liegefläche ergibt.

Bei Schlafsofas sollte man ebenso wie bei allen anderen Betten intensiv probeliegen, um herauszufinden, ob man sich darauf wohlfühlt. Nähere Informationen dazu → *Seiten 59 ff.*

Grundsätzlich sollte man bei Schlafsofas darauf achten,

- ob man alle **Verstellmechanismen gut betätigen** kann,
- ob man den richtigen **Untergrund zum Ausziehen** hat. Bei einem hochflorigen Teppichboden wird das Ausziehen ziemlich schwer

TIPP

Schlafsofas als Bettersatz?

Soll ein Schlafsofa mehr sein, als nur ein gelegentliches Nachtquartier für Gäste, stellen Sie die gleichen hohen Ansprüche wie an ein normales Bett! Qualitätshersteller können diese inzwischen erfüllen und einen guten Schlafkomfort gewährleisten. Achten Sie vor allem auch darauf, ob die Liegeflächen lang und breit genug sind! Für den dauerhaften Gebrauch sind sie jedoch selten geeignet.

TIPP

Tragkraft des Zimmerbodens prüfen!

So angenehm Wasserbetten für manche Menschen sind: Bevor man sich eines anschafft, sollte man unbedingt die Tragkraft des Bodens überprüfen. Ein Wasserbett ist nämlich ein ausgesprochenes Schwergewicht. Es bringt zwischen 350 (Einzelbett) und 700 Kilogramm (Doppelbett) auf die Waage, wenn es mit Wasser gefüllt ist. Bei Altbauten ist die dafür erforderliche Tragkraft (mindestens 200 kg/m²) keineswegs selbstverständlich!

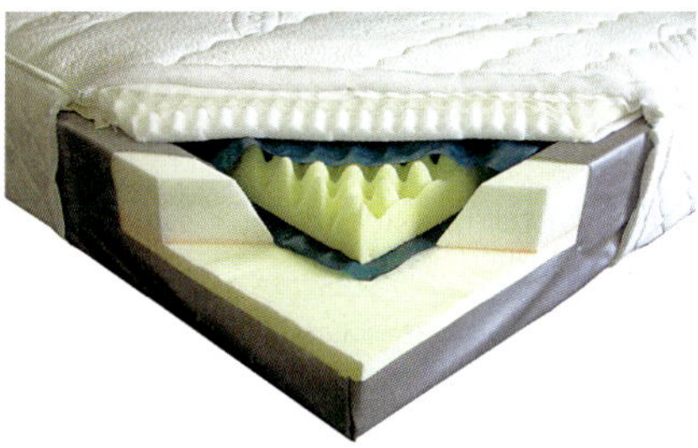

Wasserkernmatratze

und der Teppichboden wird strapaziert. Hier bietet sich eher eine Klappcouch an;

- ob man **angenehm liegt** (wird die Wirbelsäule beim Liegen gut abgestützt?) und **die Liegefläche** ausreichend groß ist.
- ob man auch angenehm sitzt.
- Lassen Sie sich die Auszugstechnik, die Bedienungsanleitung und die Produktinformation genau erklären!

Wasserbetten

Wasserbetten haben in den vergangenen Jahren einen stetig steigenden Marktanteil erreicht. Knapp fünf Prozent aller Menschen in Deutschland schlafen darin – und die meisten bleiben dabei. Wer nicht zufrieden ist, hat häufig keine gute Beratung bekommen oder ein schlecht verarbeitetes Produkt erwischt. Denn Wasserbett ist nicht gleich Wasserbett – und auch kein Wassersack, den man nach Erfordernis bloß füllen oder entleeren muss.

Kompetente Information ist das A und O beim Wasserbett. Am ehesten kann man im spezialisierten Fachhandel erwarten, dass man „sein" Wasserbett findet – unter Berücksichtigung von Größe, Körpergewicht, Statur, orthopädischen Aspekten und im Rahmen des eigenen Budgets.

Gewicht: Ein vollvolumiges Wasserbett mit einer Füllhöhe von mindestens 20 Zentimeter bringt auf eine Fläche von zwei Quadratmetern ein Gewicht von rund 400 Liter = Kilogramm. Das entspricht dem Gewicht von fünf bis sieben stehenden Personen auf gleicher Grundfläche und ist selbst für Altbauten und Fachwerkhäuser in den meisten Fällen kein Thema. Dennoch sollte man sich als Altbaubewohner über die Traglast der Decken und Böden kundig machen.

Haltbarkeit: Unverzichtbar ist eine fachgerechte Montage. Bei guter Qualität kann man dann von rund zehn Jahren Lebensdauer für ein Wasserbett ausgehen. Einzelne Komponenten können bei Bedarf getauscht werden.

Folien: „Je dicker, desto besser" stimmt nicht unbedingt. Die Folie muss dauerhaft elastisch und knickbeständig sein. Qualitätshersteller verwenden Vinyl, das nachweislich auf Schadstoffbelastung (Potenzial für Allergien) und Dauerhaltbarkeit getestet wurde.

Pflegeaufwand: Die Wasserkernfolie sollte außen mit speziellen Vinylreinigern alle drei Monate gereinigt und geschmeidig gehalten werden. Algenbildung und ein mögliches „Umkippen" (durch Bakterien) des Wassers müssen durch regelmäßige Gaben von Pflegemitteln (Konditionierern) verhindert werden. Mechanisch hervorgerufene Schäden am Matratzen-Vinylkern lassen sich mit Wasserbettflickzeug gut reparieren. Bei fachmännischer Reparatur bleibt die Lebensdauer unbeeinträchtigt. Hinausgetropftes Wasser sammelt sich in einer Sicherheitswanne.

Körperliche Auswirkungen: Die Wirbelsäule kann auf der beliebig und sehr präzise nachgebenden Wassermatratze ihre physiologische Form einnehmen und wird in dieser Lage unterstützt. Ein Vorteil kann sein, dass Druckstellen deutlich reduziert werden, was eine gleichmäßige Durchblutung des Gewebes ermöglicht. Das ist einen Versuch wert, wenn man öfters Probleme mit „eingeschlafenen" Gliedmaßen hat.

Für manche Menschen ungewohnt und eher irritierend: Das nächtliche Drehen und Wenden kann durch das relativ tiefe Einsinken erschwert werden.

Unangenehm kann es für Menschen werden, die nachts stark schwitzen. Nach unten wird fast kein Wasser absorbiert oder abgeführt.

Da man die Matratzen abwischen und die Auflagen waschen kann, kann man das Schlafsystem in hygienisch einwandfreiem Zustand halten, was für Hausstauballergiker interessant sein kann.

Schaukeln: Die Annahme, ein Wasserbett sei allein durch die Wassermenge zu regulieren, ist falsch. Die Wassermenge spielt bei der Befüllung eine Rolle, um den Liegekomfort an das individuelle Körpergewicht anzupassen. Die Intensität der Bewegung ist vom Innenleben, der sogenannten „Beruhigung" oder „Dämpfung" abhängig. Standard ist eine Beruhigung durch Vliese. Sie wird in Prozent, Sekunden oder durch die Anzahl der Vlieslagen angegeben. Am genauesten für den Vergleich einzelner Systeme ist die Angabe in Sekunden, da Vlieslagen unterschiedlich stark sein können.

Stromkosten und Risiken: Ein Doppelbett mit zwei getrennten Wassermatratzen und zwei Heizsystemen verbraucht etwa 1,32 kWh/Tag. Der genaue Wert ist abhängig von der regulierbaren Heizungstemperatur, Außentemperatur, Lüftungsverhalten, Isolation, Bettgröße, Betttyp etc.

Moderne Qualitätsheizungen sind wasserdicht verarbeitet, meist TÜV-geprüft und strahlungsarm. Wer auf elektromagnetische Strahlung während des Schlafens völlig verzichten möchte, kann die Heizung zur Nacht abschalten – die Temperatur sinkt bis zum Aufstehen praktisch unmerklich um circa ein Grad Celsius.

Schlafen auf Luft

Als Alternative zur Wasser- oder Wasserkernmatratze bieten einige Hersteller inzwischen **Luftkernmatratzen** an. Sie sind leichter, benötigen keinen speziellen Unterbau und brauchen weder Heizung noch Wartung. Die Luftkernmatratze kann man leicht selbst an sich ändernde Schlafbedürfnisse anpassen. Während einer Schwangerschaft, wenn man Gewicht zugelegt hat oder sich einfach Schlafgewohnheiten ändern, lässt man Luft heraus oder füllt zusätzliche ein. Luftkernmatratzen gibt es für Doppelbetten auch mit getrennten Luftkammern. Problematisch ist bei manchen Modellen herstellungsbedingt noch der geringe Feuchtigkeitstransport, wenn man zum Schwitzen neigt.

Schadstoffe in Matratzen

Die Angabe „schadstofffreies Produkt" oder „physiologisch unbedenklich" ist streng genommen unseriös, weil kein Hersteller sicher weiß, ob sein Produkt nicht doch Stoffe enthält oder abgibt, die nur auf Grund der heutigen Analysemethoden (noch) nicht ermittelt werden können. Die Bewertung der „Gefährlichkeit" bestimmter Stoffe ändert sich mit neuen Untersuchungen mitunter auch. Es ist also nur möglich, auf der Basis der aktuellen Standards belegbare Aussagen zu machen.

Matratzen sollten mindestens den **Öko-Tex Standard 100, Gruppe II für Produkte mit direkten Hautkontakt**, erfüllen. Hier werden gesundheitsrelevante Stoffe aufgelistet und mit maximal zulässigen Grenzwerten versehen. Alle Bestandteile der Matratzen, also nicht nur die textilen, müssen diese Anforderungen erfüllen, wenn sie das Label aufweisen.

Die Umweltzeichen-Jury vergibt auch **Blaue Engel für Matratzen**, „die umweltfreundlich hergestellt werden, in der Wohnumwelt aus gesundheitlicher Sicht unbedenklich sind und keine Schadstoffe enthalten, die bei der Verwertung erheblich stören". Hinzu kommen neben Anforderungen an die Haltbarkeit auch Vorgaben für Deklaration und Werbung. So sind zum Beispiel keine irreführenden Bezeichnungen wie „Bio-" oder „Allergikermatratze" erlaubt.

TIPP

Muffelt's im Schlafzimmer?

Manche neu gekauften Matratzen strömen anfangs einen süßlich-muffigen Geruch aus. Das sind flüchtige organische Verbindungen, die durch häufiges Lüften im Schlafzimmer verfliegen. Sollte der Geruch nach vier bis sechs Wochen immer noch aufdringlich sein, setzen Sie sich mit dem Verkäufer in Verbindung und reklamieren dies.

Komfort-Tipps (nicht nur) für Senioren

Mit manchen Betten haben Senioren und Menschen mit körperlichen Einschränkungen ihre liebe Not: Das Aufstehen fällt schwer, die Liegeposition passt auf Dauer nicht (zum Beispiel bei einer Erkrankung) oder man spürt die Matratzenoberfläche nach einer

Weile schmerzhaft an manchen Körperstellen. Hier gibt es zahlreiche kleine und große Hilfen, die den Alltag ein wenig erleichtern:

- Das Bett sollte höher als ein übliches Modell sein: **Bettrahmen mit 55 Zentimeter Höhe** erleichtern das Ein- und Aussteigen sehr, im Vergleich zu niedrigen mit 40 bis 45 Zentimeter Kantenhöhe.
- Das Bettgestell sollte **sehr stabil** sein, nicht wackeln oder womöglich sogar wegrutschen. Das ist für den Benutzer des Bettes genauso wichtig wie für eine Pflegeperson.
- Mit einem **verstellbaren Lattenrost** kann man Liegepositionen wohltuend ändern: Mit schräg gestelltem Beinteil werden Herz und Kreislauf entlastet; ist das Fußteil zusätzlich schräg gestellt, erfährt der Rücken Entlastung. Sind das Rückenteil schräg und der Nackenbereich gerade gestellt, werden die Atemwege entlastet. Ein Kopfteil, das sich aufstellen und arretieren lässt, hilft beim Essen, Trinken oder Lesen im Bett.
- Wichtig ist bei Matratzen **die Hygiene**, also auf einen abnehmbaren und waschbaren Bezug achten.
- Ideal sind **Kaltschaummatratzen** mit einer weichen Oberfläche, die eine hohe Punktelastizität besitzen und im mittleren Bereich fest stützen.
- Manche ältere Menschen werden zunehmend empfindlicher und spüren zum Beispiel Strukturen in der Matratzenoberfläche durch das Laken hindurch. Auf der Liegefläche sollten deshalb **keine Nähte, Absteppungen oder raue Stoffe** sein.

Ungeliebte Bettgenossen – Hausstaubmilben

Der Kot von Hausstaubmilben kann Allergien verursachen.

Allergene lauern nicht nur zur Zeit des Pollenflugs, sondern sind immer in unserer Nähe. Vor allem dort, wo es schön warm und etwas feucht ist, gedeihen Hausstaubmilben am besten – im Bett. Dort bekommen sie auch noch jede Menge menschliche Hautschuppen ab, ihre bevorzugte Ernährung.

So ist es unvermeidlich, dass sich bis zu 1,5 Millionen der winzigen Tiere in unserem Bett sammeln können. Allergiker reagieren auf Inhaltsstoffe im Milbenkot. Studien zufolge wird in Matratzen nach rund sieben Jahren ein Höchstmaß an Allergenen erreicht.

Ausrotten lässt sich die Hausstaubmilbe nicht, aber man sollte aus Hygiene- und Gesundheitsgründen die Matratze alle sieben bis zehn Jahre wechseln.

TIPPS

Tipps gegen die Milbenplage

Kein Haushalt ist milbenfrei, aber es gibt verschiedene Möglichkeiten, den unerwünschten Winzlingen den Kampf anzusagen:

- Lüften Sie Bettdecken und Matratzen regelmäßig. Matratzen tagsüber auch mal senkrecht aufstellen.
- Allergiker können Matratzen mit einem Encasing überziehen. Das ist ein atmungsaktiver Spezialbezug, der für die Milben eine fast unüberwindbare Barriere bildet.
- Waschen Sie Bettbezüge und Encasings regelmäßig.
- Auch das Absaugen der Matratze mit dem Staubsauger hilft, den Hausstaub zu reduzieren.
- Entkleiden Sie sich nicht unmittelbar am Bett, denn dabei verteilen sich Hautschuppen direkt auf das Bett und geben den Tieren zusätzliche Nahrung.

CHECKLISTE

Bettboden/Lattenroste/Federholzrahmen

- ☐ Ob Lattenrost, Segmentfederrahmen, Netzspiralboden oder Boxspring-System: Die Herstellerempfehlungen, welche Matratzentypen am besten dazu passen, sind eine gute Orientierung.
- ☐ Wird ein 140 cm breites Bett regelmäßig von **zwei Personen** genutzt, sollten auch zwei 70iger Matratzen zum Einsatz kommen.
- ☐ Ab einer Breite von 160 cm sollten Sie zwei Lattenroste nehmen, um eine rückengerechte Einstellung zu erhalten.
- ☐ Möchten Sie ein **verstellbares Kopf- und/oder Fußteil**? Bei kranken und alten Menschen besonders wichtig!
- ☐ Bei elektromotorischer Verstellung: Gibt es einen Netzfreischalter?
- ☐ Die Federleisten eines **Lattenrosts** müssen so versiegelt sein, dass keine Feuchtigkeit eintreten kann, sonst quellen die Federleisten auf, bekommen Risse und verlieren ihre Elastizität.
- ☐ Die **Leistenabstände** sollten nicht zu groß sein (erhöhter Matratzenverschleiß!). Zu breite Leisten behindern den Feuchtigkeitstransport der Matratze. Eine Regel zum Abschätzen: Etwa 50 % der Fläche für die Lamellen, etwa 50 % frei für die Belüftung. Ideal sind Leistenabstände von vier bis fünf Zentimetern.
- ☐ Sind alle Kanten abgerundet und glatt?
- ☐ Auf der gesamten Liegefläche des Federholzrahmens, also auf Querriegeln, Federleisten und Rahmen, dürfen sich keine Teile von Beschlägen befinden. Sie würden die Matratze beschädigen.
- ☐ Wenn ein Federholzrahmen verstellbar ist, steigt die Qualität mit zunehmender Anzahl der Verstellstufen, Verstellhöhen und Verstellwinkel.
- ☐ Der Verstellmechanismus muss robust und massiv sein, sonst wackelt oder „schwimmt" er, oder die hochgestellten Teile können durchbiegen.
- ☐ Können Sie **die Einstellung** des Bettbodens/Lattenrosts selbst verändern? Bei veränderten Schlafbedürfnissen wichtig.

CHECKLISTE

Betten

- Soll das Bett in eine bestehende **Einrichtung** integriert werden? Nehmen Sie möglichst Material- und Stoffmuster ins Möbelhaus mit.
- Wie groß dürfen die **Außenmaße** des Bettes höchstens sein? Nehmen sie genau Maß und berücksichtigen Sie zusätzlich den Platzbedarf beim Hinlegen und Aufstehen sowie den Arbeitsraum beim Wechsel der Bettwäsche oder Aufstellen der Matratze!
- Wie groß soll **die Liegefläche** sein? (Matratzen sollten 20 cm länger als der Schläfer sein!). Benötigen Sie eine Überlänge?
- Möchten Sie **Komfort rund ums Bett**? (Verstellbare Kopfteilelemente, schwenkbare Tischelemente, Leuchten als Leselampe oder indirekte Raumbeleuchtung, individuell positionierbare Tische ums Bett, zum Beispiel als Träger für das Fernsehgerät, Polsterbänke am Bettende etc.). Raumbedarf berücksichtigen!
- Möchten Sie den Bettrahmen in einer **Komforthöhe** (etwa 55 cm)?
- Soll das Bett einen **Bettkasten** haben?
- Ist der Bettkasten gut belüftet und für Sie leicht zugänglich? Klappmechanismus testen!
- Bietet der Bettkasten noch ausreichend Raum unter dem Bett? Wichtig beim Staubsaugen!
- Sind **Kanten** abgerundet und damit verletzungssicher?
- Bei **Wasserbetten**: Reicht die Tragkraft des Schlafzimmerbodens für das Gewicht des Wasserbetts aus?
- Passt das Bett bei der Lieferung durch Ihren **Hausflur**?
- Steht das Bett waagerecht?

CHECKLISTE

Matratzen

- **Ausgiebiges Probeliegen** ist unerlässlich! Dabei sollten Sie sich viel Zeit lassen und auf Ihr persönliches Empfinden achten.
- Liegen Sie lieber weich oder hart? Denken Sie daran, dass „hart liegen" zu höherer Druckbelastung führt.
- Die Eignung nicht nur nach dem Körpergewicht ermitteln. Der Body-Mass-Index ist aussagekräftiger.
- Bei **Rückenproblemen** sollte sich die Körperabstützung individuell einstellen lassen – zumindest über die Matratzenunterlage (bei Federkernmatratzen in der Regel nicht gegeben).
- Bei einem **Doppelbett** sollten Sie zwei Matratzen nehmen, die jeweils individuell für den daraufliegenden Menschen ausgewählt sind.
- Ist die Matratze **atmungsaktiv**, reguliert sie die Feuchtigkeit?
- Liegt das **Raumgewicht** bei Kaltschaummatratzen über 35 kg/m^3?
- Reagieren Sie allergisch auf **Naturlatex**? Dann darf die Matratze dieses Material nicht enthalten, auch nicht als Beimischung.
- Wichtig für **Hausstaub-Allergiker**: Hat die Matratze einen abnehmbaren und reinigungsfähigen Bezug?
- Bei **weichen Futons**: Haben Sie die Zeit, die Futonmatratze täglich zu rollen, zu drehen und aufzustellen?
- **Lieferung prüfen.** Prüfen Sie, ob die gelieferte Matratze die richtige ist. Kontrollieren Sie Modellbezeichnung und Härte. Bestehen Sie auf Umtausch, wenn der Händler eine falsche Matratze liefert.
- **Austausch.** Viele Händler nehmen Ihre alte Matratze auf Wunsch gleich mit. Manchmal sogar kostenlos. Fragen Sie nach.

Wohnräume

Flexibilität und Mobilität werden immer mehr zu Voraussetzungen für beruflichen Erfolg. Und auch private Gründe lassen die Menschen häufiger umziehen als in früheren Zeiten. Ob Hochzeit, Scheidung oder Familienzuwachs: Die Haushalte sind heute im Durchschnitt auf kürzere Zeiträume angelegt als noch vor einigen Jahren. Dementsprechend haben sich auch die Anforderungen an die Möblierung geändert. Deshalb bieten immer mehr Hersteller **Systemmöbelprogramme** an. Das sind zum Beispiel Systemwohnwände, deren Einzelmodule alle durch ein einheitliches Design verbunden sind, die sich aber in ganz unterschiedlichen Zusammenstellungen kombinieren lassen. Je mehr Einzelteile, Größen und Tiefen es jeweils gibt, umso mehr Gestaltungsmöglichkeiten hat man bei der Zusammenstellung und umso flexibler wird das Möbelprogramm.

Die Möbel sollten so robust sein, dass sie Umzüge schadlos überstehen und sich auseinander- und wieder zusammenbauen lassen. Dabei sollten sie sich auch an andere Grundrisse anpassen können und bei veränderter Raumzuordnung neu einsetzen lassen. Wenn nach dem Umzug mehr Platz vorhanden ist, sollte man aus dem Möbelprogramm weitere Elemente nachkaufen können.

TIPP

Abstand halten

Wegen der Schimmelpilzgefahr sollten Möbel grundsätzlich nicht direkt an die Wand gestellt werden, damit die Luft zirkulieren kann. Bei weniger gut isolierten Wänden, vor allem bei Außenwänden, ist es ratsam, den Schrank mit einem Abstand von fünf bis zehn Zentimetern zur Wand aufzustellen. Bedenken Sie dies bei der Planung der Möbeltiefe!

Renaissance eines Werkstoffs – Möbel werden leichter

In Zeiten hoher Mobilität müssen Möbel auch leichter werden. So haben Industrie und Forschung die Leichtbauplatte mit Wabenkern für den Möbelbau „wiederentdeckt“. Bekannt ist sie vor allem bei leichten Wohnungsinnentüren. Dabei bilden Leisten oder Riegel aus Massivholz oder Holzwerkstoffen die tragende Konstruktion, Papierwaben stützen die dünnen Deckschichten. Ziel im Möbelbau sind aber aus großformatigen Platten frei zuschneidbare Möbelbauteile ohne entsprechende Rahmenkonstruktionen. Durch die Verwendung neuer Verklebungstechnologien, neuer Wabenkonstruktionen und -materialien sowie dünner, aber hochfester Deckschichten wird die herkömmliche Wabenplatte zum innovativen Werkstoff. Die Vorteile für den Kunden sind sehr leichte Möbel in massiver Optik (Stollenbauweise) bzw. mit großen Spannweiten und gleichzeitig hoher Belastbarkeit. Möbelteile aus Wabenplatten wiegen nur noch ein Drittel bis ein Viertel gleich großer Möbelelemente aus traditionellen Holzwerkstoffen. Dadurch werden zum Beispiel große Falt-

und Schwebetüren, lange Küchenarbeitsplatten oder verklebte Schränke wieder leichter transportierbar.

Der Verzicht auf die Rahmenkonstruktion stellt aber neue Anforderungen an die Befestigung von Beschlägen und das Anbringen der Schmalflächen. An den optimalen Lösungen wird noch kräftig entwickelt und geforscht. Achten Sie bei solchen Angeboten also besonders auf die stabile Anbringung der Montage- und Befestigungselemente!

Kastenmöbel

Zum Oberbegriff **Kastenmöbel** gehören alle Schrankmöbel, die – wie der Name schon sagt – kastenförmig gefertigt sind. Dazu gehören Kleiderschränke, Wohnwände als komplette Möbelstücke oder in Anbauweise, aber auch Vitrinen, Sideboards, Kommoden, Buffets und Sekretäre zählen dazu, ebenso die Unterschränke, Hänge- oder Oberschränke von Küchen.

Vor dem Kauf sollte man sich gründlich überlegen, was man alles unterbringen möchte und **wieviel Stauraum** man dafür braucht. Dabei sollte man großzügig sein, denn im Lauf der Zeit sammelt sich in jedem Haushalt mehr an: Neues Geschirr, zusätzliche Bücher, die CD- und DVD-Sammlung wächst, und auch neue Kleidungsstücke brauchen im Schrank ihren Platz. Stauraum kann man also im Grunde nie genug haben. Wichtig ist außerdem, dass die Einlegeböden und Regale der Belastung standhalten. Hier lohnt es sich, auf Qualität zu achten, dann erfüllen die neuen Möbel lange ihren Zweck.

Damit man von vornherein die „richtigen“ Möbel auswählt, sollte man sich vor dem Kauf ein wenig Zeit nehmen und am besten schriftlich festhalten:

- Aus welchem **Material und** in welcher **Farbe** soll das neue Möbelstück sein? Gerade verschiedene Holzoberflächen können sich harmonisch ergänzen oder auch den Eindruck eines ungeplanten „Sammelsuriums“ erwecken. Soll ein durchgängiges Material- oder Farbkonzept eingehalten werden? Wenn möglich, sollte man dann Farbbeispiele mit ins Möbelhaus nehmen.
- Genaues **Maßnehmen** ist sehr wichtig. Am besten zeichnet man eine Skizze des Raumes, in den der neue Schrank oder die Vitrine gestellt werden soll, inklusive aller Höhen, Tiefen, Fenster, Türen, Lichtschalter, Steckdosen etc. Beachten Sie dabei auch die Tiefe der Sockelleisten und Heizkörper. Wenn man sich beim Abmessen nicht sicher ist, sollte man bei größeren Anschaffungen im Möbelhaus nachfragen, ob jemand zum Vermaßen kommt – sicher ist sicher.
- **Was** will man **unterbringen**? Hier hilft eine Liste, die man zum Beratungsgespräch in das Möbelhaus mitnimmt. Dabei sollte man durchaus mehr Stauraum einplanen, als man derzeit braucht.
- **Mediennutzung:** Auch an Fernsehgerät, Videorekorder, DVD-Player, Stereoanlage etc. sollte man denken: Wo und wie sollen sie untergebracht werden? Braucht man womöglich viel Platz an der Wand und eine möglichst unsichtbare Stromzufuhr für den neuen LCD-/Plasma-Fernseher? Oder soll der Fernseher im Schrank verschwinden? Hält der Einlegeboden oder ein anderes Konstruktionselement dem Gewicht des Fernsehgeräts stand? Manche bringen es auf bis zu 100 kg Gewicht!
- Steht schon bald wieder ein Umzug an? Dann sind **Systemmöbel** wahrscheinlich gut geeignet. Sie werden in unterschiedlichen Größen und Tiefen angeboten und passen sich einer neuen Umgebung auch in veränderter Kombination gut an. Wie lange gibt der Hersteller eine Nachkaufgarantie?

Und letztendlich bleibt immer noch der Schreiner, der passgenaue Möbel liefert – was übrigens zahlreiche Möbelhäuser als zusätzlichen Service anbieten.

Qualität von Kastenmöbeln

Einen neuen Kleiderschrank oder eine komplette Wohnzimmer-Möblierung kauft man nicht jedes Jahr, da sollten die Möbel dann schon von guter Qualität sein.

Einige wesentliche **Qualitätsmerkmale** sind:
- Das Möbelstück ist außen und innen sauber **verarbeitet**.
- Ecken und Kanten sind möglichst gerundet und sauber verarbeitet.
- Türen und Schubläden liegen gleichmäßig an.
- Schubläden lassen sich leicht **ausziehen und hineinschieben**
- Schranktüren lassen sich leichtgängig **öffnen und schließen** (im Möbelhaus ausprobieren!).
- An Schubläden sind Sicherungen, die ein Herausfallen verhindern (**Vollauszug**).

Neben den offensichtlichen Faktoren gibt es noch weitere wichtige Punkte, die man am besten beim Verkäufer nachfragt:
- Welche **Gewichtsbelastung** halten Regal- und Einlegeböden?
- Wie wurde die **Oberfläche** behandelt (lackiert, gewachst oder geölt?) und wie muss man sie pflegen?
- Gibt es die Möglichkeit, das Programm zu ergänzen, weitere Möbelstücke später **nachzukaufen**? Wie lange sichert der Hersteller dies zu?
- Lassen sich die Möbel im Fall eines Umzugs problemlos **abmontieren** und wieder **aufbauen**?

Furniere bringen die Holzzeichnung ebenso zur Geltung wie Massivholzmöbel.

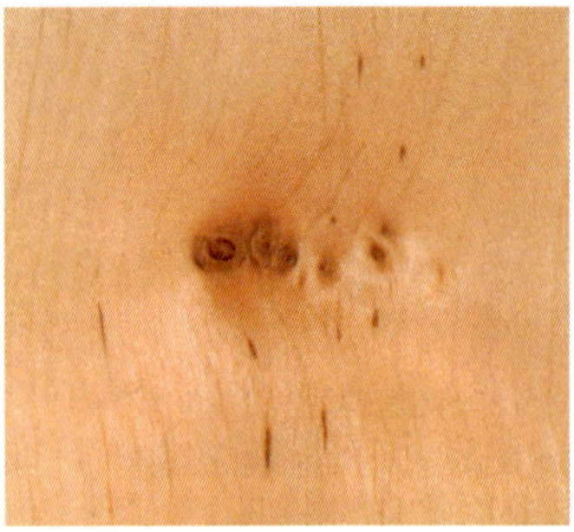

Echtholz: Massiv oder furniert?

Jeder Schrank aus Holz ist ein Unikat, denn jeder Baum wächst anders und hat seine eigenen, einmaligen Maserungen, Zeichnungen, Farben und Strukturen. Viele Möbelhersteller beziehen ihr Holz aus Anbaugebieten, die forstwirtschaftlich kontrolliert und planvoll wiederaufgeforstet werden. So wird der Kahlschlag von Naturflächen verhindert, und es kann regelmäßig neues Holz gewonnen werden.

Nicht alle **Holzarten** sind für jede Art von Möbeln geeignet. Härte, Festigkeit, Gewicht und Struktur des Holzes sind wichtige Faktoren für die Empfindlichkeit im späteren Möbelalltag. Laubhölzer sind in der Regel unempfindlicher als Nadelhölzer. Die am häufigsten für Massivholzmöbel verwendeten Hölzer sind: Ahorn, Birke, Buche, Eibe, Eiche, Erle, Esche, Fichte, Kiefer, Kirschbaum, Lärche, Linde und Nussbaum. Mehr zu den einzelnen Holzarten → *Material- und Warenkunde Seiten 214–217.*

Wenn Balken, Bohlen und Bretter direkt aus dem vollen Holz des Baumstamms geschnitten sind, nennt man das **Massivholz**.

Furniere – gerne auch als „Echtholzfurniere“ bezeichnet – sind millimeterdünne, mit extra scharfen Messern längs des Baumstamms geschnittene „Blätter“. Qualitätsbewusste Möbelhersteller achten darauf, dass für ein Möbelstück die benötigten Furnierblätter in direkter Folge aus dem gleichen Stamm kommen, um beim Aufbringen der Furniere auf das Trägermaterial eine möglichst gleichmäßige Oberfläche zu erzielen. Der Vorteil bei furnierten Oberflächen im Gegensatz zu Massivholzmöbeln ist, dass sie dauerhaft „in Form" bleiben; es entstehen keine Risse oder Fugen (z. B. bei Fußbodenheizung).

Übersetzungshilfen ...

Ein Möbel darf sich **„massiv"** oder **„Vollholzmöbel"** nennen, wenn alle Teile außer der Rückwand und den Schubladenböden durchgehend aus einer Holzart hergestellt und nicht furniert sind.

Das Verwirrende im Möbelhaus ist jedoch, dass sich auch furnierte Möbel „echt Kirschbaum" oder „echt Eiche" nennen. Bei der Bezeichnung „echt" muss das Teil massiv oder mit Echtholz furniert sein, zum Beispiel: Als „Schreibtisch, echt Teak" kann auch ein Schreibtisch mit Teak-Furnier und Kantenumleimern aus Teak bezeichnet sein. **„Echt" heißt also nicht zugleich „massiv"!** Auf diesen Unterschied muss man achten, wenn man ein Massivholz-Möbelstück erwerben will.

Zusätzlich gibt es noch die Bezeichnung **„teilmassiv"**. Hier sind bei Schranktüren und Schubkastenblenden die äußeren Umrah-

mungen („Zargen") massiv, die Füllungen jedoch furniert. Wer auf ein einheitliches natürliches Holzbild Wert legt, sollte außerdem auf die Seitenwände achten. Hier kann auch eine Spanplatte das Trägermaterial bilden, die mit einer Folienoberfläche, zum Beispiel in Eichenachbildung, beklebt ist. Der Vorteil einer Folienoberfläche ist sicher ihre Pflegefreundlichkeit; außerdem bleibt auch sie in Form, während ein Massivholzschrank seine Oberfläche verändern kann. Es macht aber schon einen Qualitäts- und Preisunterschied, wieviel Echtholz hinter „teilmassiv" wirklich steckt.

Wenn Holz „arbeitet"

Viele Möbelbesitzer ärgern sich, wenn sie Veränderungen an ihrem massiven Schrank feststellen: Das Holz verzieht sich, die Farbe verändert sich, es entstehen kleine Risse. Viele verlangen vom Möbelhaus dann einen Austausch oder zumindest eine Erklärung – und bekommen oft nur die Antwort: „Das ist normal bei Massivholzmöbeln".

Was bei massiven Möbeln normal, also erlaubt ist und was nicht, ist in DIN-/EN-Normen festgelegt und gilt verbindlich für Möbel, die in Deutschland oder EU-Mitgliedsstaaten hergestellt werden.

Holz als Naturprodukt „lebt" und „arbeitet", es bilden sich feine Haarrisse oder Farbveränderungen. Das ist durchaus üblich und beeinträchtigt die Haltbarkeit und den Wert des Möbelstücks nicht. Charakteristisch und zulässig für Massivholz sind:

- Farb- und Strukturunterschiede der Oberflächen
- Verwachsungen
- Unregelmäßigkeiten
- Astansätze
- Haar- und Kreuzrisse
- Gump (dunkle Einschlüsse bei Kirschbaumholz, Erle, Birke)
- Druckstellen bzw. Oberflächenunterschiede, die bei einer Behandlung wie Brennen, Bürsten oder Sandstrahlen entstehen.

Diese Erscheinungen sind je nach Holzart und Wuchsgebiet unterschiedlich ausgeprägt.

Doch es gibt auch Dinge, die man bei Massivholz nicht hinzunehmen braucht:

- Bretter mit angeschnittener Rinde
- Ausrisse
- Längs- und Querrisse
- Rot- und Blaufäule
- Offene Leimfugen

- Lose Astanschnitte
- Tränende Harzgallen
- Hobel- und Sägespuren an sichtbaren Teilen und Flächen
- Spuren von Insektenfraß.

Am besten und „gesündesten“ sind für Holzmöbel (und Menschen) konstante Raumtemperaturen zwischen 19 und 23 °C und eine relative Luftfeuchtigkeit von 45 bis 55 %. Bei zu trockener Luft schwindet Holz, bei feuchter Luft dehnt es sich aus. Holz kann Feuchtigkeit auch speichern und bei trockener Luft wieder abgeben, gleicht also sogar das Raumklima etwas aus. Kurzfristige Abweichungen schaden in der Regel nicht.

Stabilität und Komfort durch Beschläge, Auszüge & Co.

Als **„Beschläge“** wird bei Möbeln all das bezeichnet, was beim Öffnen, Schließen, Kippen, Ausziehen, Einziehen etc. hilft. Konkret sind das also Griffe, Klappenhalter, Scharniere, Bänder, Auszugführungen, Kleiderstangen, Verbindungselemente, Verschlüsse und ähnliches, auch Türschlösser gehören dazu. Bei Beschlägen gibt es immer wieder interessante Neuentwicklungen.

Die wichtigsten der letzten Jahre waren sicher die Elemente, die dafür sorgen, dass sich **Schubläden vollständig ausziehen** lassen. So kann man ungehindert an den gesamten Inhalt, statt – wie früher – in dem Teil der Schublade „blind“ wühlen zu müssen, den man nicht einsehen konnte.

Besonderen Komfort bietet auch die **Selbsteinzug-Mechanik**: Hier genügt ein leichtes Tippen an die Schublade, dass sie vollständig zurückgleitet – und das nahezu geräuschlos.

Die Beschläge müssen sich den Design-Trends anpassen. So stellen sehr breite Auszüge im Wohnzimmer wie auch in der Küche besondere Herausforderungen an die Beschlagtechnik: Damit diese Schubläden sich vollständig, sanft und leise einziehen, müssen die Beschläge entsprechend hohe Anforderungen an Laufeigenschaften, Seitenstabilität, Belastbarkeit und Absenkung erfüllen. Wenn zwischen mehreren Schubladenfronten nur minimale Fugen auftreten dürfen, müssen sich diese **einzeln nachjustieren** lassen, damit sie beim Öffnen und Schließen nicht gegeneinander stoßen – was nach dem Beladen der Möbel sowieso erforderlich ist.

Ein weiterer Komfortpunkt sind Beschläge, die man selbst **leicht verändern** kann. So lässt sich nicht nur die Öffnungsrichtung von Küchenschranktüren nach Wunsch einrichten, man kann damit auch komplette Schubkästen aushängen, um sie einfacher reinigen zu können.

Hilfreich sind außerdem **Ordnungssysteme**, die einfach in Schubkästen ein- und ausgebaut, ausgetauscht und ergänzt werden können.

Mehrgelenkscharniere für Küchen-, Wohnzimmer- und Schlafzimmerschränke müssen wartungsfrei sein und lange halten. Hochwertige Scharniere sind meist aus Metall, lassen sich leicht einbauen oder austauschen und vielfach justieren. Nur wenn Auflage, Höhe und Tiefe passen, ergibt sich ein perfektes Fugenbild bei den Frontverkleidungen.

Falttüren öffnen sich platzsparend.

Man sollte auch auf den **maximalen Öffnungswinkel** von Türen achten. Manche Scharniere lassen eine Öffnung von 170° zu, was den Zugriff in das Innere sehr erleichtern kann.

Beschläge für Falttüren

Falttüren werden in oberen Laufschienen eingehängt und durch untere Führungsschienen stabilisiert. Beim Öffnen falten sich die Türflügel zu einem flachen Türpaket, das für den Zugang zum Schrankinneren zur Seite geschoben wird. Vorteil: Im Vergleich mit normalen Türen brauchen Falttüren wenig Raum. Die Federkräfte des Beschlags lösen eine Bewegung aus, die das sanfte Schließen der Türen unterstützt.

Wenn man sich für Falttüren entscheidet, sollte man im Möbelhaus prüfen, ob sich auch schwere und hohe Türen spielerisch leicht und nahezu geräuschlos bewegen lassen. **Prüfen Sie vor dem Kauf**, ob

- das Gewicht an den oberen Beschlägen hängt und nicht auf der unteren Führung lastet (das sorgt für leichtes Gleiten),
- es untere Führungsrollen gibt, die den Türlauf zusätzlich stabilisieren,
- das Laufteil gegen unbeabsichtigtes Aushängen gesichert ist,
- sich der freie Türflügel problemlos vom Laufteil entriegeln und zurückklappen lässt, zum Beispiel, um die Fachböden neu einzurichten,
- die Türen durch Dichtungen, Bürsten oder Lamellen weitgehend geschlossen sind.

Beschläge für Schiebetüren

Schiebetüren sind für Kleider- und auch Küchenschränke gut geeignet. Sie werden in obere und untere Laufschienen eingesetzt und durch Anschläge gegen Herausfallen gesichert. In der Regel bestimmt die Sockelgestaltung die Wahl des Führungssystems. Laufschienen aus Stahl oder Aluminium sind schon ein erster Hinweis auf gehobene Qualität.

Die bei Schrankwänden eingesetzten Holztüren oder Rahmentüren aus Alu mit Glaseinsatz erfordern eine stabile Konstruktion. Bei Schiebetüren ist es besonders wichtig, dass die Beschläge das Gewicht der Türen aushalten – vor allem bei Rahmentüren mit Glasfüllung – und dass der Schrank gerade ausgerichtet ist.

Bei Schiebetüren müssen die Beschläge das Gewicht der Tür dauerhaft aushalten können.

Beschläge für Schubkästen

Die Breite, Höhe und Belastbarkeit von Schubkästen und ihrer Beschläge sind wesentliche Qualitätskriterien, ganz besonders auch die Seitenstabilität der Führungen. Um den Stauraum effizient zu nutzen, sind Einteilungen und Organisationselemente wie Besteckkästen oder CD-Einteilungen hilfreich. Wichtig ist auch, dass man die vorgenommenen Einteilungen bequem und möglichst ohne Werkzeug wieder ändern kann. Das können Sie selbst prüfen:

- Lassen sich Schubkästen weich, leicht und leise herausziehen und hineinschieben, auch wenn sie voll beladen sind?
- Wird der Auszug beim Schließen auf den letzten Zentimetern automatisch eingezogen?
- Ein Auszug darf sich nach dem Zuschieben nicht von selbst wieder öffnen!

Bei den **Führungen für Schubkästen** gibt es unterschiedliche Profile und Laufbahnprinzipien. Walzen in Rollenführungen sind aus Kunststoff, bei Unterflur- und Kugelauszügen und deren Weiterentwicklungen werden Stahlkugeln wie in Kugellagern verwendet.

Man unterscheidet zwischen **Teil- und Vollauszügen**. Letztere lassen sich bis vor den Möbelkorpus herausziehen; so kann man Schubkästen ganz einsehen und kommt leichter an den kompletten Inhalt heran.

Einen weiteren Unterschied gibt es zwischen **sichtbaren und unsichtbaren Führungen**. Die hochwertigeren unsichtbaren Führungen sind besser gegen Verschmutzung geschützt und beeinträchtigen außerdem nicht die Optik des Schubkastens.

Verbindungsbeschläge

Verbindungsbeschläge für Seitenteile und Konstruktionsböden gelten als moderne Alternative zu klassischen Verbindungen wie verleimte Dübel oder Fingerzinken. Dazu wird der im Seitenteil montierte Dübel von dem im Boden eingelassenen Exzenter aufgenommen. Beim Spannen des Exzenters mit einem Kreuzschlitz-Schraubendreher oder Innensechskantschlüssel wird der Boden fest an die Seite herangezogen – es entsteht eine kraftschlüssige Verbindung.

Da hier durch Hebelwirkungen große Kräfte auf die Verbindungselemente einwirken können, sollten die Exzenter **groß dimensioniert** und **aus Metall** sein, sonst kann es beim Auf- und Abbau schnell passieren, dass sie einfach herausgerissen werden. Die einfachen Schnellmontage-Dübel werden nur in die Bohrung gesteckt statt eingeschraubt.

Mit guten Beschlägen kann man die Türen ausrichten.

Fachbodenträger

Fachböden müssen sich leicht in der Höhe verstellen lassen. Je mehr Positionen möglich sind, desto besser lässt sich die Unterteilung eines Schranks oder Regalsystems an die eigenen Bedürfnisse anpassen.

Die Träger – meist kleine Stifte – sollten zumindest einen Metallkern (und bei Glasböden eine weiche Umhüllung) haben. Die Stiftenden, die in die Seitenwände gesteckt werden, sollten mindestens drei Millimeter dick sein, damit die Löcher in der Seitenwand nicht durch eine zu hohe Belastung ausgerissen werden. **Aussparungen** in den Unterseiten der Fachböden, in welche die Stifte einrasten, sorgen dafür, dass man beim Hervorziehen schwerer Gegenstände den Fachboden nicht mit herauszieht.

Die Oberflächen

Ob Holz, Folie, Kunststoffoberfläche, Rattan, Metall, Glas oder Spiegel: Jedes Material, jede Oberfläche hat andere Eigenschaften und braucht entsprechende Pflege- und Reinigungsmaßnahmen. Davon kann man eine Kaufentscheidung durchaus abhängig machen: Auf einer hochglänzend schwarz lackierten Kommode sieht man Staub natürlich viel schneller als auf einem unbehan-

TIPP

Faustregel zum Pflegeaufwand

Allgemein gilt: Je natürlicher ein Produkt ver- oder bearbeitet ist, umso empfindlicher ist es gegen äußere Einwirkungen wie Licht, Sonne, Fingerabdrücke etc.

delten Holzmöbel; und die Fingerabdrücke auf Glasplatten sind auch nicht jedermanns Geschmack.

Doch auch **Holzoberflächen** können sich sehr unterscheiden – je nachdem, wie sie behandelt wurden:

- **Lackiert** ist eine Oberfläche, wenn sie eine glänzende oder seidige Lackschicht trägt. Poliert ist die Lackschicht, wenn sie hochglänzend ist.
- **Mattiert** ist eine Oberfläche, die mit einer matten Lackschicht überzogen ist.
- **Gebeizt** nennt sich eine Behandlung, bei der Pigmente oder chemische Substanzen aufgetragen wurden. Die Maserung bleibt gut sichtbar.
- **Gelaugt** ist ein Möbelstück, dessen Oberfläche mit Natronlauge verändert wurde.
- **Gebleicht** wird der Farbton durch eine chemische Behandlung.
- **Gewachst** ist eine Schutzbehandlung des Holzes, meist auf der Basis von Bienenwachs.
- **Geölt** ist ein Holz, wenn Öl aufgetragen wurde, das ins Holz eindringt.

Oberflächen von Möbeln und ihre „Eigenheiten"

Material	Eigenschaften	Pflege
Massiv-/Vollholz, Furnier	Je naturbelassener das Holz ist, umso empfindlicher ist es. Durch Umwelteinflüsse (Licht, Sonneneinstrahlung, Temperatur) verändert sich die Farbe der Oberfläche, besonders bei naturfarbenen oder farblos lackierten Holzoberflächen; bei Klimaschwankungen können Verzug, Haarrisse bei den Fugen, auf der Oberfläche oder bei zusammengesetzten Holzteilen auftreten. Das ist materialbedingt und beeinträchtigt die Funktion und Haltbarkeit des Möbels nicht.	Durch die Vielfalt der Materialien- und Oberflächentechniken, die bei Möbeln angewendet werden, ist es wichtig, sich grundsätzlich an die Pflegehinweise des Herstellers zu halten. Stellen Sie Dekorationsstücke immer wieder um. Achten Sie auf ausreichende Luftfeuchtigkeit (45–55%), damit das Holz nicht reißt oder sich verzieht.
Kunststoffoberfläche	Glatte oder porige Oberflächenstruktur, gleichmäßige Zeichnung, pflegefreundlich.	Wischen mit einem feuchten Tuch mit haushaltsüblichem Reiniger. Testen Sie das vorsichtshalber zunächst an einer verdeckten Stelle.
Lackflächen	Lacke schützen die Oberfläche und sind pflegefreundlich.	Pflege je nach Lackart. Am besten nur abstauben oder trocken polieren. Pflegemittel und Polituren nach Herstellerangaben verwenden. Frische Tropfen oder Flecken (v. a. säurehaltige wie Fruchtsäfte) gleich mit einem weichen Tuch aufsaugen, das evtl. feucht ist (nicht nass!); anschließend trocken nachwischen.
Metall	Metalle werden durch Galvanisieren, Einbrennlackieren und Wirbelsintern gegen Rosten (Korrosion) geschützt.	Oberfläche nur mit weichen Tüchern reinigen. Grundsätzlich nicht tropfnass reinigen, sonst kann das Metall an beschädigten Stellen doch korrodieren. Bei Flecken handwarme Seifenlauge, anschließend trocken nachpolieren.
Glas und Spiegel	Erweitern Räume optisch, hellen den Raum auf. Die Kanten sollten auf jeden Fall verdeckt oder sauber beschliffen sein.	Spiegel dürfen keinen Dauertemperaturen über 45 °C ausgesetzt sein. Achten Sie deshalb auf die Platzierung von Lichtquellen! Zur Fleckenbeseitigung nur weiche trockene Tücher oder in klarem Wasser ausgewrungene Fensterleder verwenden. Bei feuchtem Abreiben: Achten Sie darauf, dass am unteren Rand keine Tropfenrückstände bleiben.

Material	Eigenschaften	Pflege
Rattan- und Flechtwerk	Bei guter Verarbeitung (gezapft , gedübelt) sehr stabil, empfindlich bei Nässe.	Wegen der unterschiedlichen Verarbeitungsmethoden sollten Sie die Hinweise des Herstellers beachten. Staub können Sie mit dem Staubsauger entfernen (Bürstenaufsatz verwenden!). Auch ein angefeuchteter Lappen (nicht nass!) ist geeignet.
Acryl	Hochwertiger Kunststoff, meist gegossen. Häufig kratzempfindlich; kann sich elektrostatisch aufladen.	Keine Reinigungsmittel mit Scheuerwirkung, sondern nur ein weiches Tuch verwenden, das mit handwarmer Seifenlauge angefeuchtet ist (nicht nass!). Vorsichtig nachtrocknen.

(Zusätzliche Informationen zu einzelnen Materialien → *Material- und Warenkunde Seiten 184 ff.*)

Die neuen Medien im Wohnzimmer

Der alte Röhrenfernseher wird zunehmend von modernen Flachbildschirmgeräten mit Plasma- oder LCD-Technik verdrängt, und Videorekorder sind natürlich auch noch überall zu finden. Die Video-, CD- und DVD-Kollektionen werden immer umfangreicher, die Fernbedienungen müssen ebenfalls griffbereit liegen – und alles soll sich harmonisch ins Ambiente und Mobiliar einfügen.

Doch während man die alte Unterhaltungstechnik oft aus dem Blickfeld verbannte und in Möbeln regelrecht versteckte, zeigt man neue Geräte heute gerne. Hinzu kommen die zunehmende Vernetzung der Bild- und Tonmedien und der Einzug von Surround-Anlagen mit bis zu sechs Lautsprechern im Wohnzimmer. Technik gehört zum „Lifestyle" und die Architektur der Möbel wird den Geräten angepasst.

Da die Wohnräume meistens trotzdem keine „Mediensäle" sind, bevorzugen auch Technikfans kompakte Möbel, die auf kleinstem Raum möglichst viele Funktionen bieten. Steht im Zimmer beispielweise nur ein Platz für den Fernseher zur Verfügung, aber man möchte von unterschiedlichen Sitzen aus gleichermaßen gut fernsehen können, sind **drehbare Elemente** gut geeignet, um den Bildschirm jeweils optimal auszurichten.
Sollen Fernseher und Musikanlage Platz sparend in einer Regalwand integriert werden, sollte man darauf achten, dass das Möbelprogramm viele Planungsmöglichkeiten bietet: Unterschiedliche Tiefen, Schubkästen mit Einteilungen für CD-/DVD-

TIPP

Einkaufsliste für Medienmöbel

Fertigen Sie vor dem Kauf eine Liste an, welche Geräte in den neuen Möbeln untergebracht werden sollen, wie viele CDs, DVDs und Videokassetten bereits existieren (Platz für weitere mitbedenken!) und was eventuell noch angeschafft werden soll. Den Platzbedarf für die verschiedenen Geräte ausmessen, vor allem auch in der Tiefe. Elektronikgeräte brauchen Luft zum Kühlen! Achten Sie darauf, dass sich kein Wärmestau bilden kann, der im schlimmsten Fall sogar einen Brand auslösen könnte.
Wer noch einen Röhrenfernseher hat, sollte darauf achten, dass er nicht direkt auf einer lackierten Fläche oder auf Holz steht. Die Geräte können sich teilweise bis zu 70 °C erhitzen, was den Oberflächen massiv schadet.

Archive, Kabelmanagement, eventuell Schiebetüren. Ton- und Filmarchive sollten dabei immer in unmittelbarer Nähe der entsprechenden Geräte sein. Sie sollten außerdem leicht zugänglich sein, gute Halterungen bieten und möglichst erweiterbar sein.

Wichtig ist ein intelligentes **Kabelmanagement**, damit keine Stolperfallen entstehen. Außerdem sieht es schöner aus, wenn nicht überall Kabel zu sehen sind. Dafür sorgen Kabelkanäle und auch Steckdosen, die zum Beispiel an den Rückseiten von TV-Paneelen angebracht sind.

Um einen großen Flachbildschirm im Wohnzimmer unterzubringen, können **Wandpaneele** eine gute Lösung sein, die sich frei mit Fernseherhalterung und Funktionselementen für weitere Geräte bestücken lassen. Der Bildschirm lässt sich am Paneel leicht in der richtigen Augenhöhe platzieren, die Kabel laufen unauffällig hinter dem Paneel an der Wand entlang.

Komfort-Tipps (nicht nur) für Senioren

Wenn man beim Kauf der neuen Wohnzimmermöbel auf folgende Faktoren achtet, kann man sich den Alltag ein wenig erleichtern:

- Im Möbelhaus sollte man alle **Funktionen ausprobieren**, die man auch selbst haben möchte. Öffnen und schließen Sie das Barfach – geht das ganz leicht? Machen Sie das gleiche mit Türen und Schubläden. Funktioniert alles leichtgängig, sicher und leise? Große, schwere Schiebetüren sollten auf jeden Fall kugelgelagerte Führungen haben.
- Haben die **Schubläden** einen **Selbsteinzug**? Dann genügt ein kurzes Antippen, und die Schublade schließt selbsttätig ohne anzuschlagen. Das ist bei schwerem und zerbrechlichem Inhalt wichtig!
- Schubläden mit **Vollauszug** kann man komplett herausziehen, man hat dann freien Zugriff auf den Inhalt. Für einen Vollauszug müssen jedoch aufwändigere Beschläge verwendet werden, was oftmals den Preis erhöht.
- Hilfreich können **Türen** sein, die sich **mehr als 90° öffnen** lassen. So kommt man noch leichter an die verstauten Gegenstände, und auch das Einräumen wird leichter.
- Eine integrierte **Beleuchtung** erleichtert den Überblick.
- **Versteckte Kabelführungen** sind wichtig, damit man keine Stolperfallen durch herumliegende Kabelknäuel schafft.
- Bei den neuen Systemmöbeln erhält man nahezu maßgeschneiderte **Höhen**, was auch Rollstuhlfahrern einen besseren Zugriff in Schrankinhalte ermöglicht.

CHECKLISTE

Kastenmöbel

- ☐ Wollen Sie die Möbel variabel umstellen können? Dann sind **Möbelsysteme** zu empfehlen (Nachkaufgarantien beachten!)
- ☐ Sollen die Möbel besonders leicht **auf- und abzubauen** sein?
- ☐ Welches **Material** möchten Sie? Bedenken Sie die Eigenschaften und den Pflegeaufwand der angebotenen Materialien für Ihren Alltag.
- ☐ Legen Sie ein durchgängiges **Farbkonzept** fest.
- ☐ **Wie groß** darf das Möbelstück höchstens sein? Messen Sie den Platz aus und fertigen Sie eine Skizze an (mit Fenstern, Heizkörpern, Lichtschaltern, Steckdosen und Wandschrägen).
- ☐ Was wollen Sie **unterbringen**? Machen Sie sich am besten eine Liste.
- ☐ Wiegen Sie schwere Gegenstände ab (Geschirr, Bücher, Fernsehgerät etc.).
- ☐ Lassen sich Türen, Auszüge, Schubladen etc. leicht, sicher und leise **öffnen und schließen**? Liegen alle Fronten sauber an?
- ☐ Brauchen Sie besondere **Sicherungen**/Kindersicherungen? (Auszugstopp, Befestigungen)
- ☐ Werden die Maße besser vom Händler/Schreiner abgenommen? (Bei Einbauschränken und maßgeschneiderten Lösungen aus rechtlichen Gründen sinnvoll)

Polstermöbel

Polstermöbel werden im Durchschnitt vier Stunden pro Tag benutzt. Geht man von nur sechs Tagen pro Woche aus, an denen jemand auf dem Polstermöbel sitzt, kommt man zu folgender Nutzungszeit:
6 Tage × 52 Wochen = 312 Tage pro Jahr;
bei 4 Stunden täglicher Nutzung = 1248 Stunden Nutzung pro Jahr.
1248 Stunden × 5 Jahre = 6 240 Stunden.
Polstermöbel müssen diese „Besitz-Zeit" durchhalten. Man wünscht sich, dass das gute Stück möglichst dauerhaft sein schönes Aussehen behält. Bei dieser Rechnung wird deutlich, wie wichtig gute Qualität bei Polstermöbeln ist, vor allem, was die „inneren Werte" betrifft. Trotzdem werden Sofas und Sessel meist nach optischen Gesichtspunkten gekauft. Das muss man natürlich auf jeden Fall berücksichtigen. Doch es gibt noch ein paar andere wichtige Punkte, die man beim Kauf und bereits vor dem Besuch im Möbelhaus beachten sollte.

Die ersten Überlegungen

- **Größe und Maße:** Am besten misst man den Platz aus, da in der Ausstellung die Möbel oft kleiner wirken als in der Wohnung. Von diesem vorhandenen Platz sollte man bis fünf Zentimeter Spielraum abrechnen und diese Zahl dann als Höchstmaß im Möbelhaus angeben, da geringe Maßabweichungen beim hand-

TIPP

Farben und Muster

Wenn Sie eine Digitalkamera mit einem größeren Bildschirm haben, können Sie Schnappschüsse von wichtigen Elementen Ihrer Einrichtung machen und die Kamera für einen groben Vergleich beim Einkauf mitnehmen. Ist der Bildschirm sehr klein oder ungenau in der Farbwiedergabe, machen Sie ein paar Ausdrucke, die farblich mit Ihrer Einrichtung übereinstimmen, und nehmen diese mit zum Einkauf. Oder umgekehrt: Fotografieren Sie im Möbelhaus die Einrichtungsstücke, die Sie in der engeren Auswahl haben, und schauen Sie sich die Aufnahmen zu Hause noch einmal in aller Ruhe an.

gefertigten Produkt Polstermöbel üblich sind. Und: Beachten Sie, dass ein Funktionssofa oder -sessel nachher auch so viel Platz hat, dass man alle Funktionen gut bedienen kann (vom Verstellen eines Fußteils bis zum Ausziehen beim Verwandlungssofa)!

- **Design und Stil:** Am besten überlegt man sich bereits vorab, in welche Design- bzw. Stil-Richtung das Polstermöbel tendieren soll – sonst wird man in einem gut bestückten Möbelhaus von dem vielfältigen Angebot förmlich „erschlagen“. Und ein unbedachter Spontankauf kann schon nach kurzer Zeit dazu führen, dass man sich am neuen Polstermöbel satt gesehen hat.
- **Farben:** Wenn das Polstermöbel zu einer vorhandenen Einrichtung ergänzt werden soll, sollte man sich an den Farben orientieren, die schon im Raum sind. Am besten wäre es, wenn man vorhandene Farbmuster zusammenstellt, um sie in das Beratungsgespräch ins Möbelhaus mitzunehmen. Wenn man Stoffmuster von Vorhängen und Teppichboden auf ein Blatt Papier klebt, erkennt man anhand dieser Farbkollage viel leichter, welche Farben dazu passen oder nicht. Wenn man einen bestimmten Bezugsstoff oder ein Leder wählt, sollte man (vor allem bei gemusterten Varianten) darauf achten, ein Möbelstück zu sehen, das komplett mit diesem Stoff oder Leder bezogen ist. Ein kleines Stoffmuster wirkt oft ganz anders als eine größere Fläche des gleichen Bezugs.
- **Polsterung**: Sollen Sofa und Sessel geradlinig und aufgeräumt wirken (straffe Polsterung) oder eher lässig (legere Polsterung)? Durch Körperwärme, -feuchtigkeit und mechanische Bean-

spruchung bekommt jeder Bezug im Lauf der Zeit Wellen und Mulden, egal ob Stoff oder Leder. Bei den legeren Polsterungen sind Wellen oder Faltenwurf sogar ein Gestaltungselement. Nur straffe oder Stilmöbel behalten weitgehend ihr äußeres Erscheinungsbild. Wenn es also eher aufgeräumt aussehen soll, dann ist die Entscheidung für eine straffe Polsterung besser. Und: Je größer Sitz- und Rückenflächen sind und je länger ein Sitz beansprucht wird, umso mehr Wellen können entstehen.

- **Lose Rücken- und Sitzkissen:** Diese Kissen muss man immer wieder einmal aufschütteln und glatt streichen, und es sammeln sich Krümel, Haare und Staub darunter an, die man regelmäßig mit dem Staubsauger entfernen muss. Man sollte sich schon vor dem Kauf überlegen, ob man dazu bereit ist.
- **Der geeignete Aufstellort:** Wenn ein Polstermöbel am Fenster steht und direkte Sonneneinstrahlung abbekommt, verfärbt sich der Bezug schnell. Ebenso reagieren die Bezüge auf das Licht von Halogenstrahlern – also am besten einen Platz weg von Sonne und Strahlern wählen. Auch Heizungsluft ist nicht gut für Polstermöbel. Leder trocknet aus und kann brechen bzw. leichter reißen.

TIPP

Wohnen mit Kindern

Wenn kleine Kinder im Haushalt leben, sollte man besonders großen Wert auf ein stabiles Gestell legen und sich für pflegefreundliche, am besten abziehbare Bezüge entscheiden. Die teuersten sind übrigens nicht automatisch die besten! Sie sind zwar oftmals sehr hochwertig und/oder aufwändig verarbeitet, aber oft auch sehr empfindlich. Wenn Kinder das Sofa nutzen sollen, ohne ständig Ermahnungen hören zu müssen, sollte der Bezug strapazierfähig sein (zum Beispiel Velours) und eher dunkel oder gemustert – hier sind Flecken weniger schnell sichtbar. (→ *Bezüge, Seiten 100 ff.*)

Gute Qualität – wie erkenne ich sie?

Viele Qualitätsfaktoren stecken bei Polstermöbeln verborgen im Innenleben, dennoch kann man einige wichtige Qualitätskriterien im Möbelhaus überprüfen. Der wichtigste Test ist das **Probesitzen**.

CHECKLISTE

Funktionen und Nutzung von Polstermöbeln

- ☐ Wie wollen Sie das Polstermöbel **benutzen**? Möchten Sie gemütlich darauf liegen oder sogar schlafen können? Dann sollten Sie auf die Größe der Liegefläche und den Liegekomfort achten. Wenn es ein Funktionssofa zum Ausziehen sein soll, prüfen Sie im Geschäft, ob Sie es gut handhaben können.
- ☐ Soll **der Bezug** aus Stoff oder Leder sein? Hier müssen Sie eine Auswahl nach Ihren Wünschen und nach Ihrem Gefühl treffen.
- ☐ Haben Sie **Haustiere** mit Krallen oder Schnäbeln? Womöglich eine Katze? Hier hat kein Bezug eine Chance auf dauerhafte Schönheit. Ein teurer Bezug wäre im wahrsten Sinn des Wortes „für die Katz´“. Fragen Sie Ihr Möbelhaus in diesem Fall, ob es Polstermöbel auch neu bezieht – der Lichtblick für die Jahre danach.
- ☐ Tragen Sie gerne Jeans? Dann sollten Sie keine hellen Bezugsstoffe oder helles Leder wählen, weil **gefärbter Jeansstoff** fast immer Farbe abgibt. Das Gleiche gilt für farbige T-Shirts, vor allem, wenn sie verschwitzt sind. Schädlich für jeden Bezug sind außerdem Nieten und eingesteckte Geldbörsen oder Schlüssel in der Gesäßtasche sowie Klettbänder.

Ein Indikator für gute Qualität ist außerdem **die Verarbeitung**: Sind Nähte, Absteppungen etc. sauber gearbeitet, und machen sie einen haltbaren Eindruck? Wirkt etwas verzogen oder schief?

Bei Polstermöbeln wichtig, die frei im Raum stehen sollen: Ist **die Rückseite** genauso sorgfältig verarbeitet wie die anderen Seiten?

Auch an der **Unterseite** eines Sessels kann man fündig werden. Hier ist üblicherweise ein Spannstoff befestigt. Wurde auch hier sorgfältig gearbeitet? Ist der Spannstoff sauber umgelegt?

Im Möbelhaus: Probesitzen ist das A und O

Wichtiger als alles andere ist bei Polstermöbeln der Sitzkomfort, deshalb sollte man ausführlich und in aller Ruhe probesitzen. Jeder Mensch hat einen anderen Körperbau und ein anderes Körperempfinden. Optisch unterschiedlich hohe Polsterteile haben oft einen unterschiedlichen Sitzkomfort. Man sollte sich deswegen wirklich Zeit nehmen um zu testen, ob man sich auf einem Polstermöbel rundum wohlfühlt. Lümmeln Sie sich beim Probesitzen ruhig in allen Positionen, wie Sie es auch daheim tun. Lassen Sie sich dabei von den Blicken anderer Möbelhausbesucher nicht irritieren – schließlich geht es um Ihr Wohlbefinden in den nächsten Jahren! Dass das Sofa dabei nicht von Schuhen beschmutzt wird, ist ja selbstverständlich.

Es gibt verschiedene Faktoren, die man dabei auf jeden Fall prüfen sollte:

- Wird **das Becken gut abgestützt**? Das ist wichtig, damit sich die Wirbelsäule aufrichtet.
- Wird **der Rücken gut abgestützt**? Wenn man sich beim Sitzen entlastet (statt belastet) fühlt, ist die Rückenpolsterung gut.
- Ist die **Festigkeit der Polsterung** angenehm? Ob man sich gerne an eine feste Rückenlehne anlehnt oder sich lieber in ein Rückenkissen kuschelt, das den Rücken regelrecht umschließt, ist Geschmackssache.
- Ist die **Neigung der Rückenlehne** angenehm? Oder ist sie zu steil oder zu flach?
- Hat die **Rückenlehne die richtige Höhe**? Kann man den Kopf darauf legen, ohne den Hals zu überstrecken? Oder soll der Sitzplatz zum Fernsehen geeignet sein? Dann ist es besser, wenn die Rückenlehne hoch hinaufreicht und man den Kopf anlehnen kann.
- Passt die **Höhe der Sitzfläche**? Man sollte beim Sitzen bequem die Füße auf dem Boden abstellen können. Wenn jemand im Haushalt besonders groß ist, sollte man für seinen Sessel ein höheres Fußteil bestellen, wenn der Hersteller das anbietet.

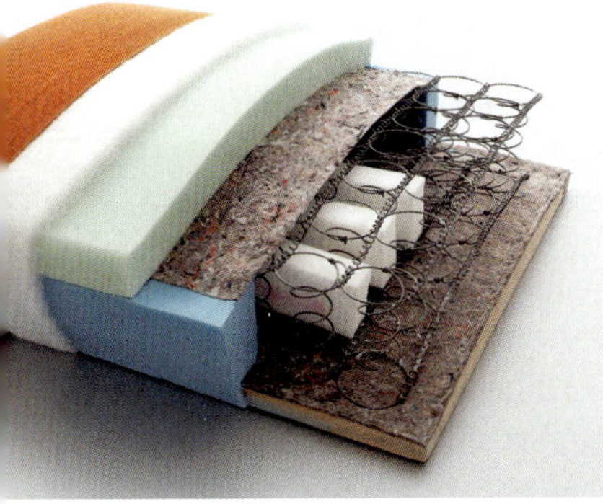

Ein Federkernsitz hat heute nicht mehr die wippende Federung wie früher.

TIPP

Tipps für Senioren

Manchen älteren Menschen fällt das Aufstehen aus Polstermöbeln zunehmend schwerer. Wenn Sie sich ein neues Sofa kaufen wollen, können einige Voraussetzungen das Aufstehen erleichtern:

- **Steile Rückenfläche:** Sie unterstützt die Wirbelsäule ergonomisch und man kann viele Tätigkeiten auch im Sitzen ausführen.
- **Feste Polsterung:** Dadurch kann man sich leichter setzen und wieder aufstehen; sie gibt außerdem mehr Halt, man fühlt sich sicherer.
- **Fast waagerechte Sitzfläche:** Dadurch kommt man leichter aus dem Sitzen hoch.
- Auch die **Armlehnen** sollten ein kräftiges Aufstützen aushalten.

- Ist **die Sitztiefe** in Ordnung? Wenn man so weit hinten sitzt, dass die Kniekehlen an die Vorderkante gepresst werden, braucht man ein Sofa mit weniger Sitztiefe. Auf Dauer beginnen sonst nämlich die Beine zu kribbeln.
- Sind **die Armlehnen** angenehm oder wird womöglich der Arm unnatürlich nach oben geschoben? Dann sollte man ein Sofa wählen, bei dem die Armlehnen tiefer angebracht bzw. flacher sind.

So sieht's innen aus

Gute (oder schlechte) Qualität steckt bei Polstermöbeln vorwiegend im Innenleben. Nun kann man ein Polstermöbel natürlich im Möbelhaus nicht aufschneiden um nachzusehen. Umso wichtiger ist es deshalb, sich den Aufbau und die verwendeten Materialien erklären zu lassen. Fordern Sie eine ausführliche Produktinformation über den Materialaufbau!

Das Gestell

Gestelle sind das „Rückgrat" des Polstermöbels. Sie können sich unsichtbar unter der Polsterung verbergen oder ein sichtbares Element des Möbelstücks sein. Bei guter Verarbeitung muss ein Gestell in jedem Fall stabil und solide sein.

Bei hochwertigen Möbeln werden an einem Rahmen Wellenfedern (eine in Wellen gebogene Drahtkonstruktion) befestigt. Diese Wellenfedern nehmen das Gewicht bei Belastung auf. Die straff gespannten Wellenfedern (auch **Nosag-Federn** genannt) bewirken einen ständigen Druck auf das Gestell. Die Stabilität des Gestells und die Federkraft der Wellenfedern müssen also zusammenpassen. Oft geben Hersteller in ihren Katalogen und Prospekten wichtige Hinweise dazu. Wenn man keine entsprechende Produktinformationen am Möbelstück selbst findet, sollte man den Verkäufer fragen.

Wenn man sich für Polstermöbel mit **sichtbaren Holzgestellen** entscheidet, sollte man darauf achten, dass das Holz zu den anderen Holzmöbeln passt, die sich im Wohnzimmer befinden. Außerdem sollte man die Angabe suchen, welches Holz beim Sichtgestell verwendet wird. Bei manchen Holzarten wie zum Beispiel Eiche können innerhalb eines einzigen Längsschnitts so unterschiedliche Strukturen und Farbabweichungen auftreten, dass die Gestellteile rechts und links ganz anders wirken. Wenn man auf eine einheitliche Farbgebung Wert legt, ist es besser, ein gebeiztes oder lackiertes Stück auszuwählen.

TIPP

Der Kissentest

Bleiben Sie beim Probesitzen so lange auf dem Polstermöbel sitzen, bis das Kissen Ihre Körperwärme angenommen hat, und schütteln Sie es dann wieder auf. So sehen Sie am besten, ob Sie mit dem Aufschütteln und eventuell bleibenden Wellen im Bezug leben können.

Unterfederungen

Die Unterfederung stützt vor allem die aufliegende Polsterung ab. Als Unterfederung können außer den Nosag-Federn zum Beispiel Elastikgurte dienen, die von einer Rahmenseite zur anderen gespannt sind. Im Gegensatz zu dieser einfachen Verspannung mit Gurten tragen Federholzleisten und Stahlwellenfedern (Nosag-Federn) oder Federkern weitaus besser zur Abfederung der Polsterung bei. Wichtiger als die Art der Unterfederung ist allerdings, dass Polsteraufbau und Unterfederung gut aufeinander abgestimmt sind. Deshalb heißt es auch hier wieder: ausgiebig probesitzen.

Federkern

Viele Hersteller werben mit „echt Federkern", und viele Verbraucher greifen gerne zu den altbekannten Sprungfedern – die jedoch aus Sofas keine Trampoline mehr machen, wie früher noch. Die Federn sind nach oben abgedeckt, der Federkern ist teilweise eingeschäumt (liegt also direkt in Schaum) oder wird als fertiger Federkernsitz eingearbeitet, so ist der Federweg weitaus geringer. Federkern ist heute nicht mehr automatisch besser als eine Polsterung mit Kaltschaum.

Die Abdeckung

Für die obere Abdeckung der Polsterung werden häufig **Polyestervliese** verwendet. Sie verhindern, dass das Bezugmaterial auf der Polsterung scheuern kann und geben dem Polsteraufbau die weiche Note. Polyestervlies ist atmungsaktiv, sorgt also für den richtigen Temperatur- und Feuchtigkeitsausgleich. Allerdings verlieren Polyestervliesstoffe durch die Benutzung an Volumen. Das ist einer der Gründe für die Faltenbildung bei Sofas.

Als Abdeckung zwischen Polsterung und Bezug dienen auch Matten. Sie sind häufig in Kammern abgenähte **Steppmatten** mit losem Füllmaterial (Schaumstoffstäbchen, Federn, Fasern). Die Steppnähte können sich im Lauf der Zeit durch den Bezug abzeichnen. Je intensiver man das Polstermöbel benützt, umso stärker wird das Abzeichnen sein.

Lose Kissen dienen ebenfalls als Abdeckung der Polsterung – vor allem Rückenkissen. Der Rücken des Polstermöbels ist dann meist mit einem Stoffbezug bespannt, auf dem die Kissen anlehnen oder festgenäht sind. Die Kissen sind meist mit Schaumstoffstäbchen (PUR-Schaumstoff), Federn, Fasern oder Mischungen gefüllt. Damit sich das Füllmaterial nicht zu stark verschieben kann, sind die Kissen meist in Kammern aufgeteilt. Auch hier können sich die Kammern abzeichnen. Das ist konstruktionsbedingt, denn beim Sitzen wird die Luft aus den Kissen herausgedrückt und beim Aufstehen wieder angesogen. Die bleibenden Sitzmulden können bei einem qualitativ hochwertigen Kissen nach der Benutzung schnell wieder ausgeglichen werden, wenn man das Kissen aufschüttelt, aufklopft und den Bezug glatt streicht.

TIPP

Achten Sie auf das Raumgewicht!

Gute Schäume sollten mindestens folgende Werte erfüllen:
Sitzfläche: 35 kg/m³
Arm- und Rückenlehnen: mindestens 24 kg/m³.
Manche Hersteller geben diese Werte in ihren Unterlagen an.

Formschaum oder Kaltschaum

Formschaum ist ein chemisch erzeugtes Produkt, das in die gewünschte Form gegossen wird (daher der Name) und so die größte Vielfalt an Gestaltungsmöglichkeiten bietet. Exakt nach den Abmessungen des Polstermöbels wird also ein einziges Schaumstück gegossen. Bei der „Sandwich-Bauweise" dagegen besteht die Polsterung aus einer Kombination mehrerer Schaumstoffschichten.

Wichtig ist in jedem Fall **das Raumgewicht** des Schaumes. Es definiert das Verhältnis von fester Masse zum gesamten Schaumstoffvolumen in Kilogramm pro Kubikmeter – man kann es auch kurz „Dichte" nennen. Je höher das Raumgewicht ist, desto höher sind Qualität und auch Preis. Schäume mit hohem Raumgewicht sind elastisch und zugleich länger formstabil. Sie können sich also, nachdem sie zusammengedrückt wurden, leichter wieder in die Ausgangsform zurückbilden. Kaltschaum hat die höchste Formstabilität. Bei schlechteren Schäumen können sich im Lauf der Zeit schnell Kuhlen bilden, vor allem auf den Lieblingsplätzen. Um der Kuhlenbildung entgegenzuwirken, sollte das Sofa also abwechselnd auf verschiedenen Plätzen besetzt werden.

Die Polsterwatte

Polsterwatte besteht aus mehreren Schichten Vlies übereinander. Diese Polsterwatte – die weitaus robuster ist als die bekannte Kosmetikwatte – wird auch als Faservlies, Wattevlies oder Textilwattevlies bezeichnet. Sie muss klimaausgleichend sein, also Körperwärme und -feuchtigkeit gut aufnehmen und wieder abgeben können. Sie leidet jedoch im Gebrauch stärker als die anderen Polstermaterialien.

Die Rückenkonstruktion

Im weniger stark belasteten Rücken halten meist Gummigurte die Polsterung. Sie sorgen gleichermaßen für Elastizität und Formbeständigkeit.

So sieht's außen aus: die Bezugmaterialien

Teure Bezüge sind nicht automatisch die besten, oder genauer: die strapazierfähigsten. Ein teurer Seidenstoff mag zwar wunderschön aussehen, ist aber ausgesprochen empfindlich. Oder naturbelassenes Leder: Es fühlt sich von allen Lederarten sicher am angenehmsten an, aber je nach Nutzungsintensität sieht man Gebrauchsspuren, die typische Lederpatina.

Textilbezüge

Bei textilen Bezügen unterscheidet man Natur- und Chemiefasern. Zu den **Naturfasern** gehören Baumwolle, Flachs, Leinen, Ramie (pflanzlich), Wolle, Mohair, Seide (tierisch). Zu den **Chemiefasern** zählen natürliche Polymere wie Viskose (Grundstoff: Holz) und synthetische Polymere wie Polyamid, Polyester und Polyacryl (Grundstoff: Öl).

Zu letzteren gehören Webvelours, Wirbelvliese oder Flockvelours – doch diese Begriffe findet man nur selten im Möbelhaus. Die Hersteller geben ihren Bezügen nämlich eigene Namen wie „Alcantara", „Lavado" usw. Deshalb sollte man am besten den Verkäufer danach fragen, um welchen Bezug es sich jeweils handelt.

Grundsätzlich ist ein Stoff aus synthetischen Fasern am strapazierfähigsten. Synthetische Fasern werden nicht so schnell abgerieben, sind haltbarer, stabiler, lichtechter und reißfester als natürliche Fasern. Naturfasern sind etwas empfindlicher, aber sie „atmen", können Feuchtigkeit aufnehmen und abgeben.

Textile Bezüge werden oftmals auch nach ihren **Oberflächen** bezeichnet:

- So sind Flachgewebe Stoffe mit geschlossener, glatter Oberfläche ohne Flor.
- Florgewebe-Velours sind Gewebe, deren Faserenden aufrecht stehen, sie werden auch als Polgewebe bezeichnet.
- Als Chenille-Möbelstoff wird ein Flachgewebe bezeichnet, das wie Velours aussieht. Es hat Hoch-Tief-Effekte und zählt zu den Velours. Das Chenille-Garn hat dichte Büschel, die seitlich vom Faden abstehen.
- Chintz ist ein glänzender Baumwollstoff.
- Epinglé hat nur Schlingen als Faserenden.

Die verschiedenen Textilbezüge

Material	Vorteile	Nachteile
Flachgewebe	Schöne Optik, weil alle Arten von Garnen und Farben ideal kombiniert werden können.	Nicht so haltbar wie Velours. Es gibt innerhalb der Flachgewebe gravierende Qualitätsunterschiede. Es kann zu Pillingbildung kommen.
Webvelours	Hohe bis sehr hohe Haltbarkeit, bei Synthetik auch hohe Strapazierfähigkeit. Pflegefreundlich.	Eingeschränkte Mustervielfalt; es treten Sitzspiegel auf (seidig glänzende Stellen). Changieren/Hell-dunkel-Effekt.
Flockvelours/Flockware (Lavado etc.) (Mikrofaserbezüge)	Sehr haltbar, pflegefreundlich, weich und warm, preiswert.	Empfindlich gegen Lösemittel aller Art; Sitzspiegel treten auf; kratzempfindlich.
Wirbelvlies/Mikrofaserstoffe (Alcantara, Belvetara, Amaretta etc.)	Edle Wildlederoptik, weicher Griff, strapazierfähig, pflegefreundlich.	Kann nach langem Gebrauch glänzende oder dunklere, aufgeraute Stellen bekommen.

Es gibt noch weitaus mehr Fachbegriffe, aber für die Qualitätsbestimmung sind andere Faktoren wie die Scheuertouren, die Licht- und die Farbechtheit wichtiger. Weitaus hilfreicher ist es, wenn man weiß, welche Eigenschaften die einzelnen Textilbezüge haben:

Qualitätsfaktoren bei Textilbezügen

Sobald man sich für Naturfasern oder chemische Fasern entschieden hat, kann man innerhalb der einzelnen Stoffarten Qualitätsunterschiede anhand durchgeführter Prüfungen erkennen. Zahlreiche Hersteller von Qualitätsmöbeln lassen ihre Möbelstoffe auf Lichtechtheit, Reibechtheit und Scheuerbeständigkeit prüfen – eine gute Orientierungshilfe bei der Entscheidung, welchen Bezug man schlussendlich möchte.

- Jeder Möbelstoff erlebt bei der Benutzung ein Scheuern, wenn man sich darauf setzt. Ob er dabei schneller oder langsamer verschleißt, sagen einige Zahlen: Hält ein Flachgewebe mindestens 10 000 oder ein Velours mindestens 20 000 **Scheuertouren** stand, ist es für normale Beanspruchung im Wohnbereich gut geeignet. Diese Zahl oder die Anforderungsklasse findet man in den Verkaufsunterlagen oder in den Herstellerkatalogen – wenn der Möbelhersteller Prüfungen durchführen ließ.
- Sonnenlicht und sogar das Licht von Halogenstrahlern bleichen die Farbe von Möbelstoffen aus, am stärksten bei Stoffen mit umweltfreundlichen Färbeverfahren. Als robuster erweisen sich hier wieder die Chemiefasern. Grundsätzlich erreichen

dunklere Farben höhere **Lichtechtheitswerte** (behalten also länger ihre Farbe) als brillante oder Pastellfarben. Hier helfen wieder Zahlen weiter: Ein Stoff mit dem Lichtechtheitswert Stufe 1 bleicht besonders schnell aus, einer mit Stufe 4–6 dagegen behält viel länger seine Farbe. Eine „absolute" Lichtechtheit gibt es nicht; die Sonne verändert im Lauf der Zeit alle Farbpigmente.

- Nicht nur Jeans oder T-Shirts färben auf Polstermöbel ab – es geht auch umgekehrt. Dabei färbt der Möbelstoff durch die Reibung auf den „Be-Sitzer" bzw. seine Textilien ab. Helle und brillante Farben haben höhere **Reibechtheiten** als dunkle Töne, färben also weniger ab. Die umweltfreundlichen Färbeverfahren müssen leider auch hier einen Minuspunkt einstecken: Ihre Reibechtheit ist oftmals nicht zufriedenstellend. Davon betroffen sind vorwiegend intensive Farben wie Dunkelrot, Dunkelblau oder Schwarz. Die Beurteilung der Reibechtheit erfolgt in 5 Stufen, auch **Echtheitszahlen** genannt. „Stufe 5" bedeutet eine sehr hohe Reibechtheit, „Stufe 1" eine sehr geringe. Bei Möbelstoffen kann maximal die Note 5 erreicht werden.
- Eine noch umfassendere Absicherung gibt das **RAL-Gütezeichen** für Möbel, das „Goldene M". Wenn ein Polstermöbel das Gütezeichen der Deutschen Gütegemeinschaft Möbel trägt, hat es sogar noch mehr Tests wie die Beständigkeit eines Stoffes gegen Zigarettenglut, das Berstverhalten (wann ein Stoff bei Dehnung regelrecht aufplatzt) und die Pillbildung (Knötchenbildung) bestanden.

Farbwanderung und Sitzspiegel

Verschiedenfarbige Stoffe innerhalb eines Polstermöbels bieten farblich interessante Kontraste, aber es kann – vor allem bei extremen Farbunterschieden – auch zu einer Farbmigration kommen, wenn der dunklere Stoff durch Reibung, Körperwärme und -feuchtigkeit auf den helleren Stoff abzufärben beginnt. Das kann noch schneller geschehen, wenn man sich zum Beispiel mit nassen Haaren auf das Sofa legt.
Glänzende Stellen auf dem Sofa, die sich im Lauf der Zeit bilden, werden Sitzspiegel genannt – ein typisches Verhalten von Florgeweben/Velours. Es handelt sich dabei um eine warentypische Eigenschaft, die auf den Gebrauch oder die Lebensdauer keinen Einfluss hat, aber je nach Geschmack störend wirken kann.

„Veredelte" Stoffe – muss das wirklich sein?

Manche Stoffe werden „veredelt" angeboten, man nennt sie auch „mit Ausrüstung". Das kann eine Behandlung sein, die den Möbelbezug schmutzunempfindlicher macht, die gegen Insektenbefall schützt oder flammhemmend wirkt. Alle Veredelungen werden durch Behandlung mit Chemie erreicht; dabei ist die **flammhemmende Ausrüstung** am bedenklichsten. Bei deutschen Möbeln ist sie nur in öffentlichen Einrichtungen, also in Kinos, Ämtern oder Büros zulässig. Manche Möbel aus dem Ausland (außerhalb der EU) können jedoch so eine Flammschutz-Ausrüstung aufweisen. Man sollte sich diesen Chemieschub in der eigenen Wohnung nicht antun.

Ob außerdem der **Insektenschutz** (meist bei Wolle oder Tierhaar verwendet) oder **schmutzabweisende** Behandlungen nötig sind, muss man selbst entscheiden. Wenn kleine Kinder im Haushalt sind, kann es eine große Erleichterung sein, wenn umgeschütteter Saft eine Zeitlang als Tropfen auf dem Bezug stehen bleibt, statt ins Gewebe einzudringen. Man kann die Flüssigkeit dann gut abtupfen und erspart sich so manche chemische Reinigung. Fast alle Bezugmaterialien sind mehr oder weniger stark ausgerüstet. Am besten fragt man den Verkäufer, ob der Bezug entsprechend behandelt ist, oder ob es ihn auch unbehandelt gibt.

Reinigung und Pflege von Textilbezügen

Am besten ist es, wenn man den Polstermöbeln von Anfang an regelmäßig ein wenig Pflege zukommen lässt. **Die regelmäßige Pflege** wirkt sich lebensverlängernd auf jeden Stoff aus. Staub, Sand und Brösel sorgen nämlich dafür, dass die Textilfasern so lange gescheuert werden, bis sie zerstört sind. Deshalb: Polstermöbel mindestens einmal pro Monat bei geringer Saugstärke mit einer Polsterdüse leicht absaugen oder mit einer weichen Bürste in Strichrichtung abbürsten.

Wenn man den Bezug selbst ein- bis zweimal pro Jahr mit einer **feuchten Reinigung** auffrischen möchte, reibt man den Stoff einfach mit einem feuchten (nicht tropfnassen) Fensterleder vorsichtig in Strichrichtung ab. Wenn man auf Reinigungsmittel nicht verzichten will, sollte man nur den lauwarmen Schaum von Feinwaschmitteln oder besser Natur- oder Neutralseife (parfüm-, öl- und alkalifrei) verwenden. Bei hellen, einfarbigen Bezügen sollte man auch nur destilliertes Wasser nehmen, um Kalkränder zu vermeiden. Nach dem Shampoonieren muss man mit einem feuchten Tuch die Waschmittelreste wieder vom Stoff aufnehmen.

Vor der Reinigung sollte man an einer verdeckten Stelle prüfen, ob der Stoff diese Behandlung verträgt. Warten Sie dabei immer ab, bis die Stelle wieder trocken ist. Nur dann kann man erkennen, ob eine Reinigung dem Stoff bzw. der Farbe schadet. Wenn man auf Nummer sicher gehen möchte, kann man diese Auffrischung auch einem Fachbetrieb überlassen.

Die Kunst der Fleckentfernung bei Textilien

- Grundsätzlich sollte man einen Fleck **so schnell wie möglich** entfernen – je schneller, umso größer ist die Chance, dass man ihn rückstandslos entfernen kann.
- Bei der Reinigung sollte man immer **vom Rand zur Mitte, von außen nach innen** arbeiten, um den Fleck nicht zu vergrößern und um Ränderbildung zu vermeiden. Dabei nicht mit hohem Kraftaufwand vorgehen!
- Hat man den Fleck entfernt, reibt man anschließend **die ganze Fläche** von Naht zu Naht ab, um Trockenränder zu vermeiden.

- Dann saugt man die Feuchtigkeit mit einem **trockenen Tuch** auf und bürstet den Flor auf.
- Bevor der Stoff wieder benutzt werden kann, muss er vollkommen trocken sein. Am besten zwei Tage bei normaler Raumluft **trocknen lassen** – im feuchten Zustand keinesfalls benutzen! Manche Stoffe kann man auch trocken föhnen; dazu schaltet man den Föhn auf die niedrigste Stufe und hält ihn mit großem Abstand zum Sofa.
- Nach dem Trocknen den Flor mit einer weichen Bürste noch einmal **aufbürsten**.

Bezüge aus Kunstleder

Lange Zeit verpönt, nimmt Kunstleder immer mehr Platz in den Möbelhäusern ein – Modetrends und Sparmaßnahmen machen es möglich. Kunstleder ist ein Sammelbegriff, unter dem lederähnliche Verbundstoffe zusammengefasst sind. „Kunstleder“, „Lederimitat“, „Textilleder“ und ähnliche Bezeichnungen sind im

Fleckenentfernung – allgemeine Hinweise

Wasserlösliche Flecken:	**Vorgehen:**
Blut, Ei, Urin, Kot	Mit kaltem Wasser oder mit einer Lösung aus Shampoo und Wasser behandeln. Kein heißes Wasser verwenden, da das enthaltene Eiweiß sonst gerinnt!
Erbrochenes, Kaffee mit Milch, Kakao, Kopierstift, Kugelschreiber, Milch, Parfüm, Sahne, Soßen, Suppen, Tinte	Mit lauwarmer Lösung aus Shampoo und Wasser behandeln. Ist der Fleck damit nicht zu beseitigen, kann man es nach dem Trocknen noch einmal versuchen oder gleich einen Fachbetrieb einschalten.
Bier, Cola-Getränke, Fruchtsäfte, Kaffee, Limonade, Spirituosen, Tee	Nicht eintrocknen lassen; sofort mit lauwarmer Lösung aus Naturseife und destilliertem Wasser behandeln.
Wasserunlösliche Flecken:	**Vorgehen:**
Bohnerwachs, Butter, Farbe (Lack), Fett, Gealtertes Blut, Harz, Kaugummi, Knetgummi, Kohle, Kopierstift, Lack, Öl, Rost, Schuhcreme (Ölware), Teer	Je nach Bezugsart vorsichtig behandeln, auf jeden Fall immer die Hinweise des Herstellers beachten.
Kerzenwachs	Nicht mit Bügeleisen arbeiten! Soweit wie möglich zerbröckeln und a) vorsichtig abheben, bei Velours besteht die Gefahr der Oberflächenbeschädigung! b) mit Waschbenzin – bei Bedarf mehrmals – nachbehandeln.

TIPP

Nicht alle Herstellerangaben sind „nur" Werbung

Achten Sie vor jedem Reinigungsversuch immer zuerst auf die Pflege- und Reinigungshinweise des Herstellers. Er hat die meiste Erfahrung mit dem Material und weiß, womit man ihm schadet. Warnhinweise des Herstellers sind deshalb immer sinnvoll und sollten unbedingt beachtet werden. Vor einer ersten Reinigung sollte man zunächst an einer nicht sichtbaren Stelle ausprobieren, ob eine Farbveränderung erfolgt.

Umlauf dafür. Das bekannteste Kunstleder für Koffer, Taschen, Geldbörsen etc. stammt aus den 60er Jahren und heißt noch heute „Skai". Kunstleder basiert auf zwei Grundmaterialien: PVC oder PUR (Polyurethan). PVC ist wesentlich unempfindlicher als PUR, das in der Herstellung mehr kostet. Gesundheitsschädliche Stoffe können „Billigkunstleder" enthalten. Kunstleder besteht in der Regel aus einer kompakten Deckschicht (auch Nutzschicht genannt), einer darunter liegenden Schaumschicht und einem textilen Trägermaterial. Die Beschichtung (also Deckschicht und Schaumschicht) kann aus unterschiedlichen Kunststoffen bestehen. Durch verschiedene Herstellungsverfahren von Kunstleder kann nahezu jede Optik hergestellt werden, egal, ob Leder-, Textiloptik oder technische Prägungen. Bei einem guten Kunstleder beträgt die Dicke von Deck- und Schaumschicht zusammen mindestens 0,5 mm bzw. die Gesamtdicke mindestens 1 mm.

Bei Kunstleder gibt es sehr große Qualitäts- und damit Preisunterschiede. Schlechte Beschichtungen können schnell ausbleichen, abfärben oder auf der Oberfläche brechen und reißen, weil die Scheuerbeständigkeit und die Flexibilität nicht gegeben sind. Hochwertige Qualitäten dagegen haben hohe Licht- und Reibechtheitswerte (→ *Seiten 101, 102*). Am besten fragt man den Verkäufer nach entsprechenden Testergebnissen.

Reinigung und Pflege von Kunstleder

Nur Wasser oder eine milde Naturseifenlösung sind die besten Mittel zur Reinigung. Bei hartnäckigen Verschmutzungen immer die Herstellerhinweise beachten und am besten den Fachmann zu Rate ziehen. Auf die Reinigung mit lösemittelhaltigen Produkten und Lederpflegemitteln sollte man auf jeden Fall verzichten, da die Materialoberfläche sonst stumpf wird und die Struktur verändert.

Echt Leder

Als Naturprodukt hat Leder einige Eigenschaften, die man einfach akzeptieren muss – oder man verzichtet darauf.

- Leder hat einen eigenen **Geruch**, je nach Gerbart, Färbung und Oberflächenbehandlung. Lederliebhaber mögen diesen Geruch, der im Lauf einiger Wochen abnimmt. So ist es normal und auch ungefährlich. Sollte der Geruch jedoch auch nach Wochen noch deutlich vorhanden sein, oder sollte es nicht typisch nach Leder riechen, muss man aufmerksam werden. Im schlimmsten Fall hat man ein Modell erhalten, das viel Lösemittel enthält. Mit ausgiebigem Lüften müsste aber auch dieses Problem bald behoben sein. Gesundheitlich bedenkliche Stoffe sind in einem

Qualitätsmöbel nicht enthalten, und das früher oft verwendete PCP (Pentachlorphenol) zur Haltbarmachung von Leder ist in Deutschland seit vielen Jahren verboten. Möbel aus anderen Ländern unterliegen allerdings den strengen Gesundheitsbestimmungen nicht, deshalb sollte man beim Möbelkauf fragen, wo das Möbelstück gefertigt wird und ob es möglicherweise Prüfergebnisse gibt, die die gesundheitliche Unbedenklichkeit bestätigen.

- **Wellen oder Mulden** entstehen im Lauf der Benutzung ganz natürlich bei Leder. Durch die Körperwärme und -feuchtigkeit dehnt sich das Leder ein wenig aus, und je nach Stärke, Weichheit und Art des Leders entstehen kleinere oder größere Wellen. Bei legeren Polstermöbeln entstehen mehr Wellen oder Mulden als bei straff gespannten Bezügen. Das ausgedehnte Leder wird durch Glattstreichen nicht wieder wie neu. Leder also grundsätzlich nicht punktuell belasten, zum Beispiel mit den Füßen darauf stellen. Diese Dehnung bleibt meist sichtbar!
- **Zusätzliche Nähte** sind bei Leder häufiger nötig als bei Stoff, da Lederhäute unterschiedlich groß sind und nicht wie Stoffballen in nahezu jeder Länge hergestellt werden können. Diese Teilungsnähte sind fest in den Zuschnittschablonen berücksichtigt. Das bedeutet: Ein Sofa mit Lederbezug hat in der Regel mehr Nähte als das gleiche Modell mit textilem Bezug.
- **Farbwanderung:** Bei Kombination von hellen und dunklen Ledern kann es zu Farbwanderungen, zum Abfärben (auch Migration genannt) kommen. Deshalb sollte man als Kombination zu Leder lieber Stoff wählen.

Die Lederherstellung

Die Häute für Ledermöbel stammen überwiegend von Rindern und kommen aus Schlachthöfen. Für Lederbezüge werden also nicht eigens Tiere geschlachtet.

Die Häute kommen in die Gerberei, werden dort gereinigt und anschließend geäschert, das heißt: die Haare werden entfernt. Beides wird chemisch gemacht. Nun wird die Rohhaut gespalten, dabei entsteht das weniger wertvolle **Spaltleder** (die Unterseite) und das qualitativ gute **Narbenleder** (die Oberseite). Für gutes Möbelleder wird die Oberseite verwendet. Nach einer erneuten Reinigung werden die Lederhäute im Fass gegerbt. Durch die **Gerbung** werden die Eiweißfasern der Haut haltbar gemacht, damit die Haut nicht faulen kann. Manche Leder werden mit pflanzlichen Stoffen gegerbt, die meisten jedoch mit mineralischen Chromsalzen. Früher wurde dazu das ungesunde Chrom-VI verwendet, heute nehmen Gerbereien das verträgliche Chrom-III.

Nach dem Gerben wird das Leder **gefärbt**, danach getrocknet und mechanisch gewalkt, um es weich und anschmiegsam zu machen. Je nach Lederart wird die gegerbte Haut anschließend weiterverarbeitet: Wird die Oberfläche angeschliffen oder aufgeraut, spricht man von **Nubukleder**. Leder, die hingegen mit einem Farbauftrag versehen sind, nennt man **pigmentierte** oder **gedeckte** Leder.

Die Natur macht sich bemerkbar

Die Tiere, deren Häute schließlich für Polstermöbel verwendet werden, haben unter ganz unterschiedlichen Bedingungen gelebt. Vor allem bei großflächigen Polstermöbeln kann man das Rinderleben verfolgen: Rangkämpfe, Parasiten, Stall- und Weideverletzungen, Dornen- und Heckenrisse, Brandzeichen und Mast- oder Halsfalten zeichnen sich manchmal auf dem Bezug ab. Je wilder das Tier gelebt hat (also draußen auf der Weide, statt nur im Stall), umso mehr Merkmale findet man. Deshalb unterscheidet man auch zwischen **Zahmware** (aus Stallhaltung) und **Wildware**. Diese Lebenszeichnungen beeinträchtigen die Haltbarkeit der Ledermöbel nicht.

Die unterschiedlichen Lederarten

- **Anilinleder** (naturbelassenes Leder) ist in der Regel ein Leder, dessen Narbenbild deutlich und vollständig zu erkennen ist, auch wenn es mit wasserlöslichen Farbstoffen durchgefärbt wurde. Auf dem Leder befinden sich keine Farbpigmente, deshalb sind alle natürlichen Schwankungen in Struktur und Farbe zu sehen. Die Atmungsaktivität ist gut – aber naturbelassenes Leder nimmt auch Schweiß, Körperfett, Kosmetika und Verschmutzungen leicht auf und bleicht leicht aus. Reinigung und Pflege sind regelmäßig notwendig.
- **Semi-Anilinleder** (leicht pigmentiertes Leder) ist mit löslichen Farbstoffen durchgefärbt, auf der Oberfläche befinden sich nach der Behandlung geringe Pigmentanteile, also Farbe. Die Naturmerkmale sind teilweise noch sichtbar, aber durch die leichte Farbschicht etwas geschönt. Dadurch erreicht man ein gleichmäßigeres Farbbild, der Bezug färbt nicht so schnell aus und der Abrieb der Farbe ist nicht so stark wie beim naturbelassenen Leder. Die Atmungsaktivität ist etwas eingeschränkt, dennoch fühlt sich dieses Leder angenehm an. Es ist weniger empfindlich als naturbelassenes Leder, aber immer noch pflegeaufwändig.

TIPP

Die Teuren sind die Empfindlichen

Bei Leder gilt ein ungewöhnlicher Grundsatz: Je hochwertiger und damit teurer ein Leder ist, umso empfindlicher ist es meist. Denn je mehr schützende Behandlung das Leder bei der Herstellung erfahren hat (zum Beispiel in Form einer Farbschicht), umso unempfindlicher wird es.
Am edelsten und teuersten sind naturbelassene Leder ohne Farbauftrag. Sie fühlen sich am angenehmsten an. Doch sie können schneller austrocknen, ausbleichen und ausfärben, man sieht an den häufig benutzten Stellen deutlich den Kontakt mit der Haut, Flecken sind schwieriger zu entfernen und dieses Leder braucht mehr Pflege als andere Lederarten. Naturbelassene Leder müssen deshalb vor direkter Sonnenbestrahlung oder Halogenlicht geschützt werden.

- **Pigmentiertes Leder** zeigt nach der Oberflächenbehandlung kein natürliches Narbenbild mehr, es weist eine gleichmäßige, in der Regel geprägte Oberfläche auf. Durch die aufgetragenen Farbschichten sind die Poren geschlossen. Flüssigkeiten können kaum noch eindringen, was die Fleckentfernung sehr erleichtert. Dieses Leder eignet sich für intensiven Gebrauch sehr gut. Allerdings ist die Atmungsaktivität stark reduziert, man schwitzt schneller auf pigmentiertem Leder.
- **Nubukleder** ist ein narbenseitig (also „außen") angeschliffenes Rauleder, das ähnliche Eigenschaften wie naturbelassenes Leder hat. Es ist weich, schnell warm und sehr empfindlich. Die Wachstums- und Naturmerkmale sind durch den Schliff etwas ausgeglichen; im Gebrauch bekommt Nubukleder relativ schnell eine typische Lederpatina und es bleicht aus.
- **Spaltvelours** ist ein Leder, dessen Oberfläche durch Schleifen eine samtige Oberfläche erhält. Es eignet sich nicht für Gebrauchsflächen. Wenn es auf Spannteilen oder im Korpusbereich verwendet wird, muss es deutlich als „Spaltleder" gekennzeichnet sein. Es ist ein billiges Leder.
- **Gedecktes Spaltleder** erhält eine Beschichtung (Farbe), die fast immer geprägt ist. Die Poren sind durch die Beschichtung geschlossen. Ein Temperaturausgleich findet kaum noch statt – also kein Komfort. Dies ist die billigste Glattlederart.
- **Blankleder** ist ein vollnarbiges Rindleder, bei dem die Narbenseite mit Wachsen bedeckt und dann poliert wird. Es wird vor allem für Sessel- und Stuhlbespannungen verwendet.
- **Sattelleder** ist ein neuer Modetrend. Es hat Eigenschaften wie Anilinleder: Flüssigkeiten können leicht in das Leder eindringen, und es bleicht sichtbar aus. Der Unterschied: Es ist dicker als die üblichen Ledersorten.

Welches Leder darf es sein?

Fleckschutz ab Werk – die Lösung bei empfindlichem Leder

Besonders die empfindlichen Lederarten wie naturbelassenes oder Nubukleder sind oft chemisch behandelt, damit sie etwas unempfindlicher werden: Nach einer **Hydro-** oder **Oleophobierung** können Flüssigkeiten und Öle nicht sofort in das Leder eindringen. Wenn man schnell ist, kann man die perlenden Tropfen abtupfen, und es bleibt kein sichtbarer Fleck zurück. Diese Imprägnierung lässt im Lauf der Zeit nach und muss gegebenenfalls nach einer Reinigung wiederholt werden.

Die Lederarten und ihre Eigenschaften

Lederart	Eigenschaften	Empfindlichkeit	Pflegeaufwand	Geeignet für
Anilinleder, naturbelassenes Leder, Sattelleder	Weich, warm, edel, anschmiegsam, atmungsaktiv, nimmt Körperwärme sehr schnell an; höchste Qualität	Bleicht aus, anfälliger für Verschmutzungen, kann im Lauf der Jahre eine Patina bekommen.	Regelmäßig pflegen (etwa 2-mal pro Jahr)	Hoher Komfort; sorgsame Nutzung
Semi-Anilinleder, leicht pigmentiertes Leder	Atmungsaktivität im Vergleich zu naturbelassenem Leder geringer; passt sich der Körper- und Raumtemperatur an	Bleicht nicht so schnell aus, reibechter und weniger empfindlich als naturbelassenes Leder	Relativ pflegeleicht (ca. 1–2-mal pro Jahr pflegen)	Normale Nutzung
Pigmentiertes Leder	Weniger atmungsaktiv, erwärmt sich langsamer, wirkt „kühl"; weniger anschmiegsam und weich	Weniger empfindlich	Gering (feucht abwischen), etwa 1-mal pro Jahr pflegen	Eignet sich gut für intensiveren Gebrauch; bei sachgemäßer Nutzung robust und unempfindlich
Nubuk-/ Rauleder	Weich, warm, anschmiegsam, nimmt Körperwärme sehr schnell an, sehr gute Qualität	Verschmutzungsempfindlich, bleicht aus, kann im Lauf der Jahre speckig werden (Patina)	Regelmäßig pflegen (2- bis 3- mal pro Jahr)	Sorgsame Nutzung
Spaltvelour	Weich, warm, atmungsaktiv, geringste Qualität	Nicht sehr reißfest; empfindlich, bleicht schnell aus; atmungsaktiv	Hoch (2- bis 3-mal pro Jahr)	Eignet sich wenig für Gebrauchsflächen; wenn es auf Spannteilen und im Korpusbereich verwendet wird, muss es als Spaltleder gekennzeichnet sein.
Gedecktes bzw. beschichtetes Spaltleder	Kaum atmungsaktiv, erwärmt sich langsam, wirkt kühl, weniger anschmiegsam und weich, geringste Qualität	Nicht sehr reiß- und abriebfest, kaum Temperaturausgleich – geringer Komfort	Gering (1-mal pro Jahr)	Eignet sich nicht für Gebrauchsflächen; wenn es auf Spannteilen oder im Korpusbereich verwendet wird, muss es deutlich als Spaltleder gekennzeichnet sein.
Blankleder	Gute Lichtbeständigkeit, erwärmt sich langsam, mittlere Atmungsaktivität	Weniger empfindlich	Nicht sehr hoch	Wird häufig als selbsttragendes Leder (ohne Polsterung) für Stuhl- und Sesselbespannungen eingesetzt.

Reinigung und Pflege von Lederbezügen

Leder braucht dringend regelmäßige Pflege, sonst wird es über kurz oder lang unansehnlich. Im schlimmsten Fall bricht das Leder und reißt sogar auf. Mit der Reinigung sollte man nicht warten, bis deutliche Spuren zu sehen sind, zum Beispiel an Stellen wie dem Kopfteil oder auf Armlehnen.

Doch jedes Leder braucht eine andere Pflege und Behandlung, deshalb sollte man auf jeden Fall die Hinweise des Herstellers beachten.

- **Glattleder:** Regelmäßig den Lederbezug vorsichtig absaugen bzw. mit einem leicht angefeuchteten Ledertuch (nicht tropfnass!) abreiben. Bei Bedarf großflächig mit neutraler Seife und destilliertem Wasser reinigen (gilt auch für die Fleckentfernung). Nach der Reinigung die Seife mit destilliertem Wasser entfernen, damit keine Rückstände im Leder bleiben und keine weißlichen Kalkränder sichtbar werden.
  Naturbelassene Glattleder brauchen mehr Pflege als pigmentierte Leder, sonst können sie hart, trocken, brüchig werden und ausbleichen. **Ledercreme oder -milch** gibt einen guten Schutz vor dem Austrocknen (nicht vor Ausbleichen!). Am besten ist es, wenn man das Sofa zweimal jährlich mit Ledermilch behandelt, vor und nach der Heizsaison: Zuerst den Bezug feucht reinigen und nach Vorschrift mit einem Lederreiniger (Cleaner-Flüssigkeit) behandeln. Wenn das Leder wieder trocken ist: Ledercreme (ohne Silikon) dünn und ohne

Fleckenentfernung aus Ledermöbeln

Lederreiniger oder Pflegemittel müssen immer ausgesprochene Mittel für Ledermöbel sein!

Lederart	So gehen Sie vor:
Glattleder, also alle Lederarten wie Anilinleder (naturbelassenes Leder) Semi-Anilinleder (leicht pigmentiertes Leder), pigmentierte Leder, gedeckte Spaltleder, Blankleder	Sofort mit saugfähigem Tuch oder Papier von der Lederoberfläche abnehmen. Nicht reiben! Restflecken mit Lederreiniger nachbehandeln (s. Herstellerhinweis!), mit Pflegemittel nachbehandeln und imprägnieren.
Rauleder Nubukleder Hunting	Sofort mit saugfähigem Tuch oder Papier von der Lederoberfläche abnehmen. Nicht reiben! Restflecken mit entsprechendem Lederreiniger nachreinigen, dann Fasern vorsichtig aufrauen, mit Pflegemittel/fettfreiem Spray nachbehandeln und imprägnieren.

TIPP

Raum für Funktionen

Verstellbare Ruhe- und Fernsehsessel brauchen nach vorne und nach hinten einigen freien Raum, um sich voll „entfalten“ zu können! Planen Sie grob eine **freie Stellfläche von mindestens 1,5 × 2 Meter ein**.
Achten Sie auch bei einem Ruhe-/Fernsehsessel darauf, dass er sich harmonisch in die restliche Einrichtung einfügt. Nehmen Sie vorhandene Stoff-, Teppich- oder Ledermuster zur Beratung ins Möbelhaus mit.

Druck einreiben. Die Ledercreme (farbneutral) muss danach vollständig einziehen, deshalb sollte das Möbelstück mindestens zwei Tage nicht benutzt werden, sonst entstehen Falten und Mulden. Durch die Behandlung wird das Leder weich und geschmeidig und die Farbe frischt wieder auf.

- **Rau- und Nubukleder:** Rau- und Nubukleder auf keinen Fall mit Lederreiniger oder Ledercreme bearbeiten! Für diese Leder gibt es spezielle fettfreie Sprays. Oberflächen abstauben oder vorsichtig absaugen. Stärker benutzte Stellen kann man mit einer Raulederbürste leicht aufrauen. Die Reinigung erfolgt großflächig mit alkalifreier Naturseife und destilliertem Wasser, sparsam verwenden! Die Seife mit destilliertem Wasser entfernen, damit keine Seifenrückstände im Leder bleiben.

Fernseh- und Relaxsessel

Ruhe- und Relaxsessel gibt es als Einzelstücke oder integriert in komplette Wohnlandschaften. Bei ihnen kann man Rücken- und Fußteil manuell, mit leichtem Körperdruck oder per Motor – auch mit Fernbedienung – verstellen, Armlehnen verändern oder sogar Massagefunktionen einstellen. Manche Sessel können eine oder mehrere Lieblings-Sitzpositionen speichern, so spart man sich das tägliche Einstellen.

Die **motorbetriebene Aufstehhilfe** ist vor allem für ältere Menschen, für Personen mit Osteoporose, Rheuma oder auch Rückenleiden eine große Erleichterung. Dabei wird der Sessel in eine so aufrechte Position gefahren, dass der Sitzende relativ leicht aufstehen kann – für manche Pflegebedürftigen ein kleines Stück mehr Freiheit, weil sie zumindest für das Aufstehen keine Pflegeperson brauchen.

Ruhe-, Relaxsessel oder Fernsehsessel mit Aufstehhilfe sollte man immer im Möbelhaus ausprobieren, damit man mit allen Funktionen gut umgehen kann. Außerdem sollte man die Belastbarkeitsgrenze des Sessels beachten, die üblicherweise bis maximal 150 kg reicht.

Das Beispiel zeigt das Schema, das für die Mitglieder der Deutschen Gütegemeinschaft Möbel entwickelt wurde, um über ihre Bezugstoffe zu informieren.

Produktinformation Nr. 323

Grundlage: Güte- und Prüfbestimmungen der Deutschen Gütegemeinschaft Möbel e.V. (DGM) RAL-RG 430/3

Gütezeichen RAL
Deutsche Gütegemeinschaft Möbel

Dieses Möbelprogramm ist mit dem Gütezeichen der DGM ausgezeichnet.

1. Produktbezeichnung: **Sofagruppe** 2. Modell/Typ: **L 598/599 ATLANTA**
3. Hergestellt: **in Deutschland**
4. Konstruktiver Aufbau, Materialien (ohne Bezugsmaterial):
   – massives dübelverleimtes und keilverzinktes Buchenholzgestell
   – Stahlwellenunterfederung, 4,0 mm stark, im Sitz
   – Polsterung mit Polyätherschaum
   Raumgewicht Sitzpolster 40 kg/m^3 mit 20 mm Softschaum-Auflage
   Raumgewicht Rückenlehne 28–30 kg/m^3
5. Modellvarianten / Maße / Gewicht: **siehe Katalog**
6. Art der Polsterung:
   Legere Polsterung mit angenehmem, etwas festerem Sitzkomfort. Paßt sich der Körperform an – ein gewisses Nachlassen der Sitzfestigkeit ist konzeptbedingt.
7. Bezugsmaterial:
   Material- und Gebrauchseigenschaften siehe Rückseite Stoffmuster
8. Reinigungs- und Pflegeanleitung: **Herstelleranleitung**
9. Schadstoffgeprüft nach RAL-RG 430/3: Prüf-Nr. 513 09 59
   Anforderungen für gesundes Wohnen erfüllt
10. Garantie: **5 Jahre, Bezugsmaterial Sonderregelung siehe Garantiepass**
11. Weitere Informationen:
   Unternehmen nach DIN ISO 9001 zertifiziert.
   Die individuelle Note erhält dieses Modell durch die M-förmige Linienführung von Armteilen und Sitzvorderkante. Die optimalen Bezugsmaterialien sind Leder und Uni oder dezent gemusterte Stoffe.

Kurt Winnig
DGM-Geschäftsführer

5980400

Qualität und Informationsbedarf bei Polstermöbeln

Bei Polstermöbeln ist die Qualität der nicht sichtbaren Polsterung ausschlaggebend für die Langlebigkeit, aber auch die Güte des Bezugsmaterials. Da jeder Hersteller von Polstermöbeln eine Vielzahl von Bezugmaterialien mit unterschiedlichen Eigenschaften anbietet, müssen diese Informationen jeweils direkt an den Stoff- und Ledermustern angebracht sein.

In einer guten Produktinformation sollten – zum Beispiel für Polstermöbel – folgende Informationen zu finden sein:

- Hersteller, Bevollmächtigter oder Importeur
- Produktbezeichnung / Modell / Typ
- Produktionsland
- Konstruktiver Aufbau
- Modellvarianten
- Art der Polsterung
- Bezugsmaterial
- Reinigungs- und Pflegeanleitung
- Umwelt- und Gesundheitsschutz
- Garantie.

Der Essbereich: Tische und Stühle

Wenn die Familie und auch Gäste schon bei der Nachspeise unruhig auf den Sitzen hin und her rutschen, ist es Zeit, an eine neue Essgruppe zu denken. Guter Sitzkomfort ist hier ganz besonders wichtig. Beim Kauf von Esstischen und -stühlen sollte man deshalb auf einige wichtige Punkte achten.

Vor dem Kauf

Zunächst sollte man die notwendige **Tischfläche** für die Personen festlegen, die täglich am Tisch sitzen. Damit jeder bequem essen kann, braucht er eine Breite von 60 Zentimetern und eine Tiefe von 40 Zentimetern. Schüsseln, Töpfe usw. brauchen noch einmal etwa 20 Zentimeter. Daraus ergibt sich eine Gesamtbreite von einem Meter und bei 4 Plätzen eine Länge von 1,20 Meter. Zusätzlich muss man für die Ermittlung der **Grundfläche** den Platz bedenken, den jede Person zum Aufstehen vom Tisch braucht. Um den Stuhl nach hinten zu schieben, muss man mindestens die Stuhltiefe + 30 cm Platz haben.

Dann sollte man überlegen, wie viele Personen maximal am Tisch Platz finden sollen und mit den genannten Zahlen nun die notwendige Grundfläche ermitteln. Passt so ein großer –

evtl. ausziehbarer – Tisch mit den Stühlen dann auch noch in den vorhandenen Raum?

Mit den ermittelten Maßen, den Wünschen zur Anzahl der Sitzplätze und am besten mit Farbmustern, kleinen Stücken des vorhandenen Teppichs, der Vorhänge etc. sollte man zur Beratung ins Möbelhaus gehen. So kann man gleich sehen, ob die gewünschte Essgruppe zu den vorhandenen Farben passt.

Der Esstisch

Die modernen Esstische sind in der Regel 74–76 Zentimeter hoch, die Sitzhöhe von Stühlen beträgt 45–47 Zentimeter.

Wenn ein großer Tisch im Essbereich im Alltag zu viel Platz wegnehmen würde, kann man eine **ausziehbare oder ausklappbare Variante** wählen. Die Mechanik sollte man unbedingt im Möbelhaus testen, um zu prüfen, ob man damit zurecht kommt und wie belastbar die Teile sind. Besteht die Gefahr, dass man sich beim Ausziehen, Ausklappen oder auch Einlegen einer zusätzlichen Tischplatte die Finger einklemmt oder sich aus anderen Gründen verletzen kann?

Nach dem Vergrößern des Tisches sollte man ruhig einmal eine **Wackelprobe** machen, indem man an einem Ende des Tisches an der Tischplatte rüttelt. Schlackert der Tisch stark oder schwingt er deutlich nach? Das sollte er nicht. Auch der Blick unter den ausgezogenen Tisch lohnt sich: Wird **der Beinraum** von Sitzplätzen auf Grund der Auszugsmechanik eingeschränkt? Sind nach dem Ausziehen Tischbeine oder Tischuntergestelle im Weg?

Zu einem Qualitätstisch gehört auch die saubere Verarbeitung von Tischplatten-Umleimern, Ecken und Kanten. Tischverlängerungsplatten oder Auszüge sollten im Tisch untergebracht sein.

TIPP

Aufstellung von ausziehbaren Tischen

Ausziehbare Tische müssen waagerecht ausgerichtet stehen, sonst kann sich das Material im Lauf der Zeit verziehen, so dass die Funktionen etwas klemmen können. Dicke Wollteppiche sind also zum Beispiel kein idealer Untergrund für Ausziehtische.

Kulissentische können bis zu 4 Meter lang werden beziehungsweise Platz für 16 Personen bieten. Wenn man sie auszieht, bewegt sich das Gestell oder bewegen sich Teile davon mit. Bei der Wackelprobe darf der Tisch bei voller Auszugslänge in der Mitte ein klein wenig mitschwingen. Das Schwingen darf aber nicht so intensiv sein, dass dies als störend empfunden wird.

Auch das Ausziehen eines Kulissentisches sollte man im Möbelhaus ausprobieren. Hakt die Mechanik, geht es schwer? Dann lieber Finger weg. Wenn der Tisch Metallschienen hat, sollten diese kugelgelagert sein.

Schränken die Tischfüße das Sitzen bei den einzelnen Plätzen ein?

Stimmt die Stabilität auch im ausgezogenen Zustand?

Die Materialien

Natürlich ist die Wahl des Materials vorwiegend Geschmackssache bzw. hängt von der bereits vorhandenen Einrichtung ab. Dennoch sollte man zuvor die verschiedenen Eigenschaften des jeweiligen Materials abwägen:

- **Holz** ist wohl das beliebteste Material bei Tischen. Wenn die Oberfläche mit Zweikomponentenlack, DD-Lack oder Acryllack versiegelt wurde, ist sie gut geschützt. Nasse Stellen und vor allem verschütteten Rotwein sollte man aber trotzdem sofort entfernen. Der Hitze von Töpfen, Pfannen oder Auflaufformen hält allerdings der Lack nicht stand, deshalb sollte man immer hitzefeste Unterlagen verwenden.
  Wenn das Holz gewachst, gelaugt oder geölt ist, sieht man über kurz oder lang die Spuren des Alltags darauf. Solche Tische kann man runderneuern, indem man sie abschmirgelt (nur bei massiven Möbeln) und neu wachst oder ölt. Achtung: Massivholz benötigt ausreichend Luftfeuchtigkeit (45–55%), sonst kann sich der Tisch verziehen; Rissbildung, Schwund oder Verwerfungen des Holzes können auftreten, vor allem in den Wintermonaten und wenn eine Fußbodenheizung in Betrieb ist. Unebenheiten bei Massivholzplatten sind auch warentypisch.
- **Glasplatten** wirken – vor allem in Kombination mit einem Metallgestell – leicht und grazil, doch sie sind kratzeranfällig, auch wenn es sich um **gehärtetes Glas** handelt. Die Glasplatte sollte mindestens 12 Millimeter stark sein und auf weichen Auflagepunkten liegen oder fest verklebt sein. Schmelzglasplatten sind übrigens weniger empfindlich. Bei gesäuerten (milchig trüben) oder beschichteten Glasplatten sieht man Abdrücke oder Schmierer nicht so deutlich.
- **Naturstein** ist ein Schwergewicht. Das sollte man bedenken, wenn man den Tisch im Alltag öfters einmal verrutschen möchte, um den Boden zu saugen oder zu wischen. Das ist bei einem Natursteintisch meist nicht so leicht machbar, da müssen schon zwei Leute zupacken.
  Marmor ist sehr fleckempfindlich, deshalb sollte er unbedingt lackiert sein. Natürlich können sich auch im Lack Kratzer und Schleifspuren abbilden. Eine Oberflächenversiegelung braucht auch der poröse Naturstein **Travertin**, der zu den Kalkgesteinen gehört. **Granit** ist unlackiert von Natur aus sehr kratzfest. Die Oberfläche ist porös und wie alle Naturmaterialien etwas lichtempfindlich. Für alle unbehandelten Natursteine gilt: Verschüttete Flüssigkeiten schnell aufwischen.

TIPP

Pflege von Natursteinen

Alle Natursteine sind mehr oder weniger porös. Durch die feinen Poren können in Wasser gelöste Farbstoffe in den Naturstein eindringen. Deshalb besonders farbige Flüssigkeiten wie Rotwein immer möglichst schnell mit einem saugfähigen Tuch abnehmen! Naturstein ohne Oberflächenbehandlung wird im Allgemeinen einfach mit einem feuchten Tuch gereinigt. Scharfe Reinigungsmittel, aber auch Essig- und Zitrusreiniger sind tabu.

TIPP

Stühle und Tische im Einklang

Die Sitzflächen sollten 45 bis 47 cm hoch sein. Das Verhältnis Sitzhöhe zu Tischhöhe stimmt, wenn man

- den Unterarm waagerecht angewinkelt auf den Tisch legen kann und
- den Stuhl unter den Tisch rücken kann, während man darauf sitzt, ohne sich zu stoßen.

Die passenden Stühle zum Esstisch

Die Höhe von 45–47 Zentimetern sollte bei Essstühlen obligatorisch sein. Wenn man unsicher ist, ob die Höhe stimmt: Nachmessen!

Am bequemsten sind Stühle, deren Rückenlehne leicht nach hinten geneigt ist, und Stühle mit Armlehnen. Die vordere Kante der Sitzfläche sollte gut abgerundet sein, am besten gepolstert (mindestens 4 Zentimeter), damit sie nicht drückt. Wird auch noch die Lendenwirbelsäule durch die Stuhlform oder auch durch ein Kissen oder eine Polsterung abgestützt, steht auch längeren Gelagen nichts mehr im Weg.

Am wichtigsten ist aber ein ausgiebiges Probesitzen – ohne Jacke oder Mantel. Dabei sollte man auch ausprobieren, ob **Stühle mit Armlehnen** unter den Tisch passen – wenn nicht, kann man sich beim Rutschen unter den Tisch verletzen, außerdem werden die Armlehnen dabei zerkratzt. Bleibt unter dem Tisch ausreichend **Bewegungsraum**, dass man die Beine überschlagen kann? Schmerzhaft kann es werden, wenn ein Tischbein im Weg ist; auch darauf sollte man achten. Bleibt der Stuhl auch dann standsicher, wenn man nur auf der vorderen Kante oder seitlich sitzt?

TIPP

Kinder am Esstisch

Höhenverstellbare Tische (in einer Höhe von 70–97 cm) lassen sich den stattfindenden Tätigkeiten (essen, Schularbeiten machen, basteln, Arbeiten im Stehen) und den Körpergrößen ideal anpassen. Abgerundete Ecken und Kanten reduzieren die Verletzungsgefahr – besonders für Kinder.
Wenn der Esstisch eine ausziehbare Schublade (zum Beispiel für Besteck) hat, achten Sie darauf, dass es eine Auszugsicherung gibt!

Ess- und Eckbänke

Hat man wenig Platz, ist eine Eckbank eine gute Variante, weil man mindestens die 30 Zentimeter einspart, die bei Stühlen für das Aufstehen erforderlich wären. Klarer Nachteil von Eckbänken

CHECKLISTE

Essplätze

- Sollen Tisch, Stühle und/oder Eckbank in eine bestehende Einrichtung integriert werden? Sind dadurch **Farben oder Materialien** vorgegeben? Nehmen Sie Teppich-, Stoff- und andere Materialmuster (oder farbechte Fotos davon) möglichst mit ins Möbelhaus.
- Brauchen Sie robuste **Oberflächen**? Dann sind zum Beispiel Oberflächenversiegelungen mit DD-, Zweikomponenten- und Acryllack oder Granit (nicht lackiert) empfehlenswert.
- Wieviel **Platz** haben Sie für den Tisch und die Stühle/Eckbank? Denken Sie an das Zurückziehen von Stühlen beim Aufstehen (Stuhltiefe + 30 cm).
- Wie viele **Personen** sollen am Esstisch bequem Platz finden?
- Brauchen Sie einen **Ausziehtisch**? Für wie viele Personen?
- Prüfen: Ist der Tisch ausgezogen immer noch **stabil**?
- Wie **schwer** ist der Tisch? Möchten Sie ihn leicht verschieben können?
- Können Sie den **Stuhl** (mit Armlehne) leicht unter die Tischplatte rücken?
- Stoßen Sie sich in irgendeiner Sitzposition Knie und Beine an?
- Möchten Sie unter der Sitzfläche einer **Eckbank** etwas verstauen? Wie schwer wird der Inhalt?

ist, dass man bei voller Besetzung Schwierigkeiten hat, die inneren Plätze zu verlassen.

Ein weiterer Vorteil: Unter einer aufklappbaren Sitzfläche befindet sich oft wertvoller **Stauraum**. Im Möbelhaus sollte man fragen, welches Gewicht der Boden dieses „Verstecks" aushält.

Die Anforderungen beim Probesitzen gelten für Ess- und Eckbänke genauso wie bei den Stühlen: Die Sitzhöhe muss stimmen, der Rücken – besonders auch der untere Lendenwirbelbereich – sollte in seiner natürlichen Form unterstützt sein (wenn nicht durch die Form des Materials, dann zumindest durch Polsterungen oder Kissen), und die Beine müssen unter dem Tisch bequem Platz haben.

Bad und WC

Früher war das Bad ein „Waschraum", heute ist man bemüht, auch aus kleinen Bädern noch regelrechte Wohlfühltempel zu gestalten. Doch um wirklich entspannt baden, duschen und relaxen zu können, sollte man von vorneherein auf eines achten: Nur ausgesprochene Badmöbel in den Raum der Körperpflege stellen. Alle anderen Möbel sind für die hohe Feuchtigkeit und das Spritzwasser im Bad einfach nicht geeignet, sie bekommen hässliche Oberflächen und gehen nach kurzer Zeit aus dem Leim. Nach einem ausgiebigen Dampfbad sollen Badmöbel trockengewischt werden.

Planung vor dem Kauf

Vor dem Kauf sollte man sich auch bei Badmöbeln ein paar Gedanken – und Notizen – machen, mit denen man die Auswahl im Möbelhaus sehr erleichtern kann:

- Wie groß dürfen die Möbel höchstens sein? Eine **Skizze** mit den Maßen des Raumes und den genauen Positionen aller Wasser- und Stromanschlüsse ist im Möbelhaus sehr hilfreich.
- **Wie viele Personen** nutzen das Bad? Ist womöglich ein zweiter Waschplatz günstig?
- Von Handtüchern und Bademänteln über Pflegeprodukte und Elektrogeräte wie Rasierer oder Fön bis zum Toilettenpapier: Was soll alles in den Badmöbeln untergebracht werden? **Der Stauraum** ist meist nach kurzer Zeit das größte Problem, deshalb sollte man den Bedarf lieber großzügig planen.
- Sollen die Badmöbel in eine **bestehende Einrichtung** integriert werden? Gibt es Farbmuster, die man mitnehmen kann? Welche Möbel gibt es schon, welche braucht man noch?

TIPP

Pflege von Badmöbeln

- Aggressive Mittel wie Dauerwell- oder Tönungsflüssigkeiten sofort abwischen bzw. nachspülen.
- Auch reine Wasserflecken so schnell wie möglich abwischen, damit keine Kalkflecken entstehen.
- Waschtische aus Marmor und Keramik nicht mit Scheuermitteln behandeln.
- Spiegel am besten nur mit einem feuchten (Leder-) Tuch reinigen; Wasser an den Kanten sofort wegwischen, weil es sonst zwischen dem Glas und der spiegelnden Beschichtung eindringen kann.

CHECKLISTE

Badmöbel

- Sind Holz-, Aluminium- und/oder Schichtstoffplatten-Elemente rundum **versiegelt** bzw. lackiert?
- Ist an der Kante einer Spanplatte eine Lücke in der Oberflächenbeschichtung zu sehen? Schauen Sie sich auch die Fachböden und die Scharniere von Schrankmöbeln an! Dann Finger weg! Die offene Spanplatte nimmt Feuchtigkeit auf und quillt auf.
- Bei **Metallen**: Haben galvanisierte oder verchromte Oberflächen eine zusätzliche Versiegelung?
- Sind die Kanten bei **Spiegel** und Spiegelschrank versiegelt?
- Wo endet im Waschbereich der Spiegel? Wenn die Unterkante auf der Auflage aufsitzt, können Wasserschäden am Spiegel entstehen.
- Hat der Waschbecken-Unterschrank in der Rückwand **Aussparungen** für die Anschlüsse?
- An den Türen von Badmöbeln dürfen **keine Staubleisten** angebracht sein, sonst kann die Luft nicht zirkulieren und die Feuchtigkeit setzt sich zum Beispiel in den aufbewahrten Handtüchern fest (Schimmelbildung!)
- Haben die Schränke verstellbare **Aufhängevorrichtungen**?
- Wird passendes Befestigungsmaterial mitgeliefert oder zumindest vom Hersteller angeboten?
- Entsprechen die eingebauten **Elektrogeräte** den geltenden VDE-Vorschriften?

Zusätzliche Komfort-Kriterien:

- Sind die **Sockel** austauschbar oder höhenverstellbar?
- Ist der **Wäschekorb** herausnehmbar?
- Sind eingebaute **Spiegel** austauschbar?
- Sind **Beleuchtungsmittel** problemlos austauschbar?
- Bietet die Möbelserie passendes **Zubehör** wie Föhnhalter, Ordnungseinteilungen in Schränken etc.?

Für Kinder: Sicher ist sicher!

- Kleine Kinder sind sehr erfinderisch, deshalb: Lassen Sie kleine Kinder **nicht unbeaufsichtigt** im Bad! Die Möglichkeiten, elektrischen Strom und Wasser zusammenzubringen, sind sehr vielfältig und die Konsequenzen einfach zu gefährlich.
- Manche Möbelhersteller bieten **kindersichere Fächer** für Medikamente an. Man kann auch einen abschließbaren Medikamentenschrank an die Wand hängen.
- Wenn Sie Putzmittel im Bad lagern: Stellen Sie diese am besten in absperrbare Putzmittelauszüge.
- Bewahren Sie auch spitze oder scharfe Gegenstände wie Rasierklingen, Scheren, Feilen etc. für Kinder unerreichbar auf.
- Verschließen Sie **Steckdosen** mit Kindersicherungen.

Materialien für Badmöbel

Wenn auf einer Fläche stundenlang Wasser steht, womöglich vermischt mit Chemikalien, verträgt das fast kein Werkstoff. Am empfindlichsten ist Holz, auch wenn Holzmöbel im Bad wieder „in" sind. Doch über kurz oder lang sieht man bei ihnen trotz Lackierung die Spuren der Feuchtigkeit. Wassertropfen oder -lachen sollten natürlich immer sofort weggewischt werden, dennoch können sich helle Flecken bilden, für die übrigens kein Hersteller regresspflichtig gemacht werden kann (Gebrauchsspuren).

Möbel mit glatten Oberflächen, zum Beispiel folienbeschichtet oder aus Kunststoffen, sind leichter zu reinigen und bei guter Qualität auch „härter im Nehmen". Das ist oft die pflegefreundlichste und robusteste Wahl.

Das Heimbüro

Die rasante Entwicklung der Telekommunikationstechnologien wirkt sich spürbar auf die Einrichtung aus. Immer mehr Haushalte haben einen PC mit Internetanschluss, dazu einen Drucker, eventuell Lautsprecher, externes Modem, Scanner usw. Zugleich sorgen flexible Arbeitszeitmodelle und mutige Ich-AGs dafür, dass immer öfter ein vollwertiger Arbeitsplatz zu Hause nötig ist. Dazu kommen Lehrer, Freiberufler und Handelsvertreter oder auch Handwerker, die für das Schreiben von Rechnungen, Kostenvoranschlägen oder für die Buchhaltung einen Schreibtisch und viel Platz für Akten und Unterlagen brauchen. Erfahrungsgemäß wächst der Berg an Prospektmaterial, Rechnungen, Unterlagen für das Finanzamt oder neuen Geräten stetig, das sollte man von vornherein bedenken. Hier sind erweiterbare Möbelprogramme sehr hilfreich. Mit ihnen kann man den Arbeitsplatz individuell gestalten und erreicht größtmögliche Funktionsvielfalt. Zugleich gewährleisten solche **Modulsysteme** eine durchgehende optische Linie, auch wenn sich das Büro „ausdehnt".

Einige Überlegungen vorab

Bevor man einen Arbeitsplatz einrichtet, sollte man ein paar Punkte durchgehen – auch wenn es sich „nur" um einen Bildschirmarbeitsplatz handelt. Auch hierfür braucht man eine gewisse Fläche, die im Lauf der Zeit durchaus größer werden kann.

- Nicht immer steht für den Arbeitsplatz ein eigener Raum zur Verfügung. Wenn er zum Beispiel im Wohnzimmer untergebracht werden muss, können **Raumteiler** für eine dezente Tren-

Stauraum und Bewegungsfreiheit sind im Heimbüro wichtig.

nung der Bereiche sorgen. So bietet ein von beiden Seiten offenes Regal doppelten Nutzen: Im Büro erlaubt es den schnellen Zugriff auf Aktenordner und Fachliteratur, auf der gegenüberliegenden Seite kann die private Bücher- oder CD-Sammlung ihren Platz finden. Eine andere Option ist das *„Büro im Schrank"* → *unten*.

- Die **benötigte Grundfläche**: Die Verkehrswege, während man am Schreibtisch sitzt bzw. mit dem Stuhl herumrollt, sollten 80 cm breit und nicht mit dem Papierkorb oder Sonstigem zugestellt sein. Damit die Beinfreiheit erhalten bleibt, sollten Rollcontainer nicht unter den Tischwinkel oder den Schreibtisch gestellt werden, sondern daneben – das sollte man vorab ausmessen. Die Container können dann auch als zusätzliche Ablagefläche dienen.
- Der **Arbeitsflächenbedarf** hängt nicht nur von der Menge der regelmäßig benötigten Akten und Unterlagen ab, sondern auch von der technischen Ausrüstung. Wer neben dem Computer noch Drucker, Telefon, Fax, Modem, Scanner und eventuell einen Kopierer unterbringen muss, dem reicht ein kleiner Schreibtisch in der Zimmerecke bald nicht mehr. Am besten macht man sich vor dem Besuch im Möbelhaus eine **Liste der Geräte**, die man unterbringen will.
- Mit zunehmender Technik tauchen stets Kabelstränge auf, die zur Stolperfalle werden können und nicht besonders schön aussehen. Hierfür gibt es Möbel, die das Kabelgewirr vollständig in **Kabelkanälen** oder hinter Blenden verbergen. Auch die Geräte selbst kann man bei manchen Möbeln hinter dekorativen Schranktüren verschwinden lassen.
- Für größtmögliche Flexibilität sorgt ein **mobiles Büro**: Wenn Schreibtisch, Regale und Bürocontainer mit Rollen ausgestattet sind, können sie bei Bedarf auch schnell ihren Standort wechseln. Steht das Heimbüro zum Beispiel der Familienfeier im Weg, kann es kurzerhand in die Ecke oder in einen anderen Raum geschoben werden.

CHECKLISTE

Regale, Schränke, Container

- Haben die **Regalflächen** mindestens 33 cm Höhe und 30 cm Tiefe?
- Gibt es genügend **Aufbewahrungsmöglichkeiten** für Kleinteile?
- Sind **Ablagefächer** für Papiere, Disketten- und/oder CD-Fächer im Regalsystem integriert?
- Haben die Schubladen **Vollauszüge**?
- Brauchen Sie **Schubladeneinteilungen** für CDs, DVDs, Karteikasten, Hängeregistratur, DIN-Formate für Papier/Broschüren?
- Sind Schränke, Regale und Container **kippsicher**? Auch wenn eine beladene Schublade geöffnet ist?
- Sind Ecken und Kanten abgerundet?
- Ist der Container mit **Rollen** versehen?

Das wegschließbare Schrank-Büro

Wenn der Arbeitsplatz im Wohnzimmer oder in einer Einraumwohnung untergebracht ist, kann ein „Büro im Schrank" die Lösung sein. Schließt man die Türen des Schrankes, ist das Büro verschwunden,

CHECKLISTE

„Büro im Schrank“ (Multifunktions-Center)

- Bietet der Schrank genügend **Platz** für PC, Tastatur, Drucker und weitere Geräte?
- Genügt Ihnen der **Stauraum**? Oder wollen Sie zum Beispiel noch andere Geräte anschaffen?
- Ist die **Auflagefläche** für den Monitor höhenverstellbar?
- Gibt es eine ausziehbare **Tastaturablage**?
- Gibt es **Ordnungssysteme** für Ordner, CDs, Disketten etc.?
- Genügt Ihnen die gebotene **Beinfreiheit**? Die vorhandene **Tischfläche**?
- Gibt es eine integrierte **Beleuchtung**?
- Sind **Steckdose(n)** und Zuleitung(en) eingebaut?
- Gute **Belüftung** ist notwendig, damit die Geräte nicht überhitzen und Möbel zu schaden kommen.

was sehr zum wohnlichen Charakter des Raumes beitragen kann. Als Dauerlösung ist es aber nicht gut geeignet. Das beginnt bereits bei der Tischfläche, die mindestens 120 × 80 cm, besser sogar 160 × 80 cm betragen sollte, und endet beim Thema „Stauraum“, der schon bald zu wenig wird. Doch als Laptop-Arbeitsplatz und Mini-Büro ist so ein Multifunktions-Center durchaus eine Überlegung wert.

Stehpult und Schreibtisch

Wer zu Hause nur ab und zu einmal einen Brief schreiben oder einen Termin eintragen will, ist eventuell mit einem Stehpult gut bedient. Wichtige Unterlagen verschwinden in den integrierten Fächern, auf der Arbeitsfläche liegt neben Telefon und Notizblock alles bereit, was schnell zur Hand sein soll. Der eindeutige Vorteil des Stehpults: Es benötigt weniger Platz als eine Schreibtisch-Stuhl-Kombination. Und ein weiterer, nicht sofort sichtbarer Vorteil: Das Stehpult ist – wenn man es nicht allzu lange benutzt – rückenfreundlich. Gerade ein häufigeres Wechseln zwischen Sitzen und Stehen ist weitaus gesünder als stundenlanges Sitzen vor dem Bildschirm auf einem Stuhl. Manche Arbeitstischplatten lassen sich heute deshalb auch schon bis auf Brusthöhe „hochfahren“, damit man zeitweilig im Stehen arbeiten kann.

Messen, Ausprobieren, Probesitzen

Ergonomisches Sitzen hat viel mit den richtigen Maßen zu tun. So sollte ein Schreibtisch eine Breite von 160 cm und eine Tiefe von 80 cm haben. Man kann auch bis 120 cm Breite heruntergehen, aber bei der Tiefe sollte man die 80 cm beibehalten.

Eine Grundvoraussetzung für reibungsloses Arbeiten ist ein **stabiler Schreibtisch**. Im Möbelhaus sollte man ausprobieren, ob der Tisch wacklig oder standhaft ist: Wenn man eine Hand auf den Tisch legt und rüttelt, darf der Tisch nicht nachschwingen. Sonst hat man beim Schreiben mit der Hand das gleiche Problem. Bei Schreibtischen mit GS-Zeichen wird übrigens neben den Sicherheitsaspekten auch die Eigenvibration des Tisches geprüft, eine gute Orientierungshilfe also.

Am besten ist ein **höhenverstellbarer Schreibtisch**, damit man ihn auf die eigene Körpergröße anpassen kann. Diese Variabilität ist für kleine oder große Menschen besonders wichtig, um die optimale Sitz- und Arbeitshöhe zu bekommen. Dabei müssen die Höhe des Arbeitstisches und die Sitzhöhe des Stuhles aufeinander abgestimmt sein. **Richtige Sitzhöhe** bedeutet: Die Beine sollten etwa 90 Grad oder ein wenig mehr im Kniegelenk abgewinkelt sein, wenn die Füße ganz auf dem Boden stehen. Derselbe Winkel gilt für das Ellenbogengelenk, wenn die Unterarme waagerecht auf der Arbeitsfläche liegen. Kann die Arbeitsfläche nicht niedriger gestellt werden, hilft eine Fußstütze. Knie und Oberschenkel sollten aber auch nicht an die Unterseite des Tisches stoßen.

Beim **Probesitzen am Arbeitstisch** sollte man außerdem auf folgende Punkte achten:

- Stoßen die Knie/Beine an den Tischbeinen, Kanten oder an einem Container an?
- Befindet sich eine scharfkantige Schiene unter der Tischplatte?
- Stehen (Schubladen-)Schlüssel hervor, an denen man sich verletzen kann?
- Sind die Kanten abgerundet/gesoftet?
- Hat man mindestens 58 cm Breite für die Beinfreiheit? Bei einem engeren Fußraum wird es auf Dauer ungemütlich.

CHECKLISTE

PC-Tische

- Ist der PC-Tisch 58–68 cm hoch?
- Sind Bildschirm und Tastatur auf zwei unterschiedlich hohen **Ebenen**?
- Ist das **Bildschirm-Tablar** stabil und sicher zu befestigen?
- Ist die **Stellfläche** auch für schwere Computer tragfähig genug?
- Können Sie einen **Mindestsehabstand** von 45 cm zum Bildschirm einhalten?

Computer, Tastaturen und PC-Tische

Gute PC-Tischhöhen liegen zwischen 58 und 68 cm.

Grundsätzlich steht **der Bildschirm** am besten so, dass die Blickrichtung des PC-Nutzers parallel zu einem Fenster und zur Beleuchtung verläuft. Die Entfernung der Augen vom flimmerfreien Monitor soll 50 bis 70 Zentimeter betragen. Dabei sollte

CHECKLISTE

Schreibtische

- **Wie viel Zeit** verbringen Sie voraussichtlich am Schreibtisch/PC und auf dem Bürostuhl? Je länger, umso wichtiger wird der Sitzkomfort!
- Ist der Schreibtisch **stabil** und vibriert bei Belastung nicht?
- Hat die **Tischfläche** mindestens eine Größe von 120 × 80 cm? Besser sind 160 × 80 cm.
- Ist die **Tischplatte** zu dunkel? Spiegelt die Tischplatte? Schlecht.
- Bei höhenverstellbaren Schreibtischen: Reicht die **Höhenverstellung** der Arbeitsplatte von 68 bis 76 cm?
- Bei einem nicht-höhenverstellbaren Schreibtisch: Ist die Höhe 72 cm?
- Testen Sie beim **Probesitzen**: Stoßen Ihre Knie/Beine/Füße an Kanten, Tischbeinen oder einem Container an?
- Gewährt der Schreibtisch 58 cm Beinfreiheit?
- Sind alle Kanten abgerundet?
- Stehen Schlüssel heraus, an denen Sie sich verletzen können?
- Ist eine scharfkantige Schiene unter der Tischplatte?
- Sind im Tisch **Kabelführungen** integriert?
- Welche Geräte können Sie aus Kostengründen mit einem **Hauptschalter** abschalten?
- Brauchen Sie ein **abschließbares** Schrankteil, eine Schublade?

TIPP

Für die Augen

Wenn man helles Papier auf einer dunklen Platte ansieht (und umgekehrt), ist der Helligkeitskontrast auf Dauer so stark, dass die Augen dadurch schneller ermüden. Glänzende Tischplatten sind für die Augen ebenfalls anstrengend, da solche Oberflächen störende Spiegelungen verursachen.
Am besten also **helle, matte Oberflächen** für die Arbeitsfläche bevorzugen. Ansonsten kann man sich auch mit einer größeren Schreibunterlage behelfen.

der Bildschirm auf einer höheren Ebene stehen als die Tastatur oder über einen höhenverstellbaren Fuß verfügen. Während der Arbeit sollte der Kopf in natürlicher Haltung leicht nach vorn geneigt sein.

Stuhl, Tastatur/Maus und Bildschirm sollen **in gerader Linie** ausgerichtet sein. Eine schlechte Arbeitshaltung nimmt man automatisch ein, wenn Tastatur und Bildschirm seitlich versetzt sind, also nicht gerade vor einem aufgestellt sind. Die ungünstige Fixierung der Blickrichtung nach links oder rechts führt zu Verspannungen im Kopf- und Nackenbereich.
Ein extra für den PC-Einsatz konstruierter Arbeitstisch bietet unter anderem auch eine ausziehbare Ablagefläche für die Tastatur. So kann man nach dem Arbeiten **die Tastatur** unter der PC-Tischplatte verschwinden lassen.

Die Tastatur sollte in der mittleren Tastaturreihe eine Höhe von höchstens 30 mm haben. Dies ist in der Regel durch Einklappen der Aufstellpunkte leicht zu erreichen. Vor der Tastatur muss ein Raum von 5 bis 10 cm als **Handballenauflage** frei bleiben.

Der Arbeitsstuhl

Ein richtiger Bürostuhl ist für einen Arbeitsplatz unerlässlich. Spätestens dann, wenn man mehrere Stunden täglich am Schreibtisch sitzt, sollte der normale Stuhl der gesünderen Ausführung weichen.

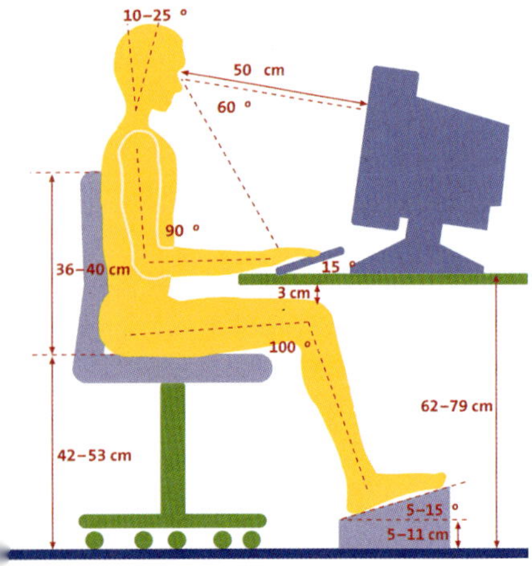

Bei der Auswahl des Bürostuhls sollte man sich vorab bewusst machen, wie man auf dem Stuhl sitzen möchte. Wird häufig zwischen verschiedenen Sitzhaltungen gewechselt, muss **die Bewegungsmechanik** des Stuhles dafür geeignet sein. In der hinteren Sitzposition sollte man dann auf eine komfortable Polsterung und eine gut einstellbare Rückenlehne achten.

Wer eine Tätigkeit ausübt, die durch langes Sitzen mit wenig oder gar keinen Unterbrechungen gekennzeichnet ist, sollte großen Wert darauf legen, dass der Bürostuhl Bewegungen nicht nur zulässt, sondern auch fördert. Es gibt heute „aktive“ Arbeitsstühle, bei denen die Sitzfläche nicht mehr fest, sondern „kippelig“ auf einem Gelenk befestigt ist, was aktives Sitzen begünstigt.

Unser Körper ist nicht für zwei, vier oder sechs verschiedene Sitzhaltungen geschaffen. Zwischen der zurückgelehnten passiven Ruheposition und der nach vorn geneigten aktiven Position liegt eine unbegrenzte Zahl guter Sitzhaltungen. Das Ziel sollte **dynamisches Sitzen** sein, wobei der aufrechten Sitzposition über dem Balancepunkt des Stuhles besondere Aufmerksamkeit zukommt. Wenn der Schwerpunkt des Benutzers mit dem Balancepunkt des Stuhles übereinstimmt, folgt der Stuhl jeder kleinen und größeren Bewegung des Benutzers. In der Balance zu sitzen heißt, den Muskeln, die die Wirbelsäule umgeben, die Möglichkeit zu bieten, zwischen Arbeit und Ruhe abzuwechseln.

Die Problematik des Sitzens liegt auch darin, dass das Becken beim Übergang vom Stehen zum Sitzen die Tendenz aufweist, nach hinten zu drehen. Diese **Beckenrotation** bewirkt, dass aus der natürlichen S-Form der Wirbelsäule eine „Rundrückenhaltung“ wird, die besonders die Bandscheiben der Lendenwirbelsäule belastet. Sehr stark ist die Beckenrotation, wenn der Winkel zwischen Oberkörper und Oberschenkel ein rechter Winkel ist (90°), wenn also die Oberschenkel waagerecht und der Oberkörper senkrecht stehen. Diese Sitzform, die häufig fälschlich als die perfekte Sitzhaltung beschrieben wird, belastet besonders die Lendenwirbelsäule. Viel besser ist ein „offener Sitzwinkel“, der deutlich größer als 90° ist.

Als Folge dieses offenen Sitzwinkels bleibt die natürliche Krümmung der Wirbelsäule weitgehend erhalten, der Oberkörper ist aufgerichtet und der entspannte Bauchraum bietet ausreichend Platz für die inneren Organe und eine tiefe Atmung. Um den offenen Sitzwinkel einnehmen zu können, muss der Stuhl ein nach **vorne neigbares Sitzpolster** haben.

Die **Bildschirmarbeitsverordnung** verlangt einen ergonomisch gestalteten Stuhl. Mindestanforderungen nach DIN 4550, 4551 und DIN EN 1335 sind:

- Sitztiefe mindestens 380 mm
- Sitzbreite mindestens 400 mm
- Breite der Rückenlehne mindestens 360 mm
- Die Sitzhöhe soll stufenlos von 400 mm bis 510 mm verstellbar sein, ebenso die Rückenlehne in einem Bereich von 170 mm bis 220 mm.

Probesitzen

Probesitzen ist beim Bürostuhl absolutes Muss! Dabei kann man die **richtige Sitzhaltung** in etwa austaxieren, wenn Ober- und Unterschenkel einen 90°-Winkel bilden, ebenso Ober- und Unterarme, wobei der Winkel ruhig auch etwas größer sein darf. Stimmt die Haltung der Arme und Beine, kann man aber die Füße nicht mehr ganzflächig aufstellen, sollte in erster Linie der Tisch in der Höhe verstellt werden. Ist dies nicht möglich, kann man mit einer Fußstütze ausgleichen.

CHECKLISTE

Arbeitsstühle

- Der Bürostuhl soll **Sitzpolster** haben, die nicht zu weich sind.
- **Die Sitzfläche** muss beweglich sein, und diese Beweglichkeit muss gewichtsabhängig einstellbar sein, um fließende Bewegungsübergänge zwischen den verschiedenen Sitzpositionen (vorne, mittig, hinten) zu ermöglichen. Sie sollten das erwünschte Wippen des Stuhles leicht durch Bewegungen Ihrer Füße und Beine steuern können.
- Ist die Sitzfläche an die Körperkonturen angepasst?
- Gibt es eine Sitzneigeverstellung?
- Die Sitztiefe sollte um mindestens 100 mm verstellbar sein, damit die Sitzfläche auf die jeweilige Oberschenkellänge eingestellt werden kann.
- Die Sitzfläche soll gerade sein und darf auf keinen Fall nach hinten hochgezogen sein, um den so genannten Rutschbahneffekt zu vermeiden.
- Die Sitzvorderkante muss abgerundet und nachgiebig sein.
- **Die Rückenlehne** muss höhenverstellbar sein, nach dem Baukastenprinzip sollten unterschiedliche Höhen beim gleichen Modell zur Auswahl stehen.
- Hat der Stuhl eine höhenverstellbare Lumbalstütze?
- **Armlehnen** müssen, sofern sie verwendet werden, immer höhenverstellbar sein, damit je nach Oberarmlänge der Schultergürtel immer waagerecht bleibt.
- Ist der Drehstuhl mit dem GS-Zeichen für **Sicherheit** gekennzeichnet?
- Ist der Stuhl mit einer Sicherheits-Gasdruckfeder ausgestattet?
- Lässt sich die Höhe des Stuhles leicht einstellen und arretieren?
- Hat der Stuhl fünf Fußstreben?
- Sind **die Rollen** für Ihren Zimmerboden geeignet?
- Haben die Rollen einen Wegrollwiderstand?

Guten Sitzkomfort bekommt man zunächst durch **die Sitzfläche**: Eine Sitzfläche, die gemäß der Körperkonturen ausgearbeitet ist, ist besser als eine völlig ebene Sitzfläche. Mit einer höhenverstellbaren **Lumbalstütze** kann man den Lendenwirbelbereich zusätzlich abstützen. Und mit einer **Sitzneigeverstellung** findet man den individuell richtigen Sitzkomfort beim Arbeiten heraus. **Die Rückenlehne** sollte ebenfalls regulierbar sein, ebenso wie sich **die Höhe des Stuhls** leicht einstellen und arretieren lassen muss (42–53 cm Sitzhöhe). Bei besonders hochwertigen Modellen passt sich der Stuhl den Bewegungen des Menschen an.

Sicherheit ist bei Bürostühlen ein besonders wichtiger Faktor, deshalb sollte der Stuhl grundsätzlich ein GS-Zeichen für „Geprüfte Sicherheit" tragen. Hat der Bürodrehstuhl **fünf Fußstreben** mit komfortablen und stabilen Rollen? Wie sieht es mit dem Wegrollwiderstand aus? Beim Aufstehen schiebt man den Drehstuhl automatisch ein wenig nach hinten weg. Rollt der Stuhl dann gleich einen Meter weit weg, kann das schlimme Folgen haben, wenn man sich – ohne hinzuschauen – wieder setzen will. Deshalb sollte man darauf achten, dass der Stuhl mit **lastabhängig gebremsten Rollen** versehen ist.

Die Rollen selbst sollte man je nach Bodenbelag wählen. Hierfür gibt es eine einfache Grundregel: Harter Boden – weiche Rollen, weicher Boden – harte Rollen. Bei PVC-Boden nimmt man zum Beispiel die weichen Rollen (erkennbar an dem meist grauen Gummirand), bei Teppichböden die harten.

Ist der Durchmesser des Rollengestells größer als 36,5 cm? Sonst kann es leicht Unfälle beim Rollen geben. Der Stuhl muss auch dann kippsicher sein, wenn die Rückenlehne stark belastet ist.

Ob man einen Stuhl mit oder ohne **Armlehnen** wählt, ist dagegen reine Geschmackssache. Manche Menschen fühlen sich durch Armlehnen behindert, wenn sie viel am PC schreiben müssen. Passt der Stuhl mit Armlehnen noch unter die Tischplatte? Am besten probiert man auch dies beim Probesitzen aus.

Kinder und ihr erstes „Home Office"

Der PC hält immer öfter Einzug im Kinderzimmer und damit wird die Anschaffung eines PC-Tisches oder Schreibtisches und eines Schreibtischstuhls nötig.

Grundsätzlich gelten für Kinder die gleichen ergonomischen Anforderungen an ihr „Home Office" wie für Erwachsene, doch bei Kindern muss man noch zwei Faktoren mitberücksichtigen: Ihr Wachstum und ihre noch im Wachsen befindliche und emp-

findliche Wirbelsäule, die besonders sorgfältige Behandlung bekommen sollte. Höhenverstellbare Stühle und Tische, in der Neigung verstellbare Tischplatten, die richtigen Maße beim Sitzen, aber auch zum Bildschirm sind besonders wichtig!

Nähere Informationen zu *Kindermöbeln → Seiten 28 ff.*

Platz für Unterlagen und Material

Auch wenn anfangs noch ein Ordner und eine Kiste für Stifte genügen – im Lauf der Zeit wird die Sammlung an Papier, Geräten, Arbeitsmaterial und CDs einfach umfangreicher. Gut, wenn man mit entsprechend großzügigem Stauraum vorgesorgt hat.

Vielseitig einsetzbare Büromöbel sind **Regalsysteme**. Wenn man hier Ordner unterbringen will, sollten die Regale eine Fachhöhe von mindestens 33 cm und eine Tiefe von mindestens 30 cm haben.

Doch neben offenen Regalen braucht man auch geschlossene Unterbringungsmöglichkeiten für den ganzen Kleinkram, der sich ansammelt. Ähnlich wie in modernen Küchen gibt es auch bei Büromöbeln intelligente Lösungen zum Aufbewahren und schnellen Wiederfinden. Bei solchen **Organisationselementen** ist der Inhalt – also die Einteilungen und Unterteilungen – oft frei wählbar.

Besonders angenehm ist der schnelle Zugriff in einen **Container**, der unter oder besser neben dem Schreibtisch steht. Bei ihm wie auch bei allen anderen Büromöbeln ist die Stabilität sehr wichtig. Kippt der Container, wenn er vollbeladen ist und eine Schublade offen steht? Die Belastbarkeit, Stand- und Kippsicherheit sollte man beim Beratungsgespräch auf jeden Fall klären.

Die Kanten eines Containers sollten abgerundet sein, um Verletzungen zu vermeiden. Bei scharfkantigen Abschlüssen kann man sich sonst die Füße verletzen oder die Schuhe ruinieren.

Vorteilhaft bei engen Platzverhältnissen ist es, wenn der Container wie auch die anderen Möbel auf Rollen stehen. So kann man sie leicht in die Ecke oder ein anderes Zimmer schieben, wenn man den Raum für andere Zwecke nutzen will.

Möbel für Balkon und Terrasse

In unseren Breitengraden sind wir froh um jeden Sonnenstrahl, deshalb sitzen die meisten Menschen am liebsten im Freien, sobald die Sonne scheint. Balkon oder Terrasse sind oft ein „Zusatzzimmer", wo man fröhliche Grillabende mit Freunden feiert oder gemütlich unterm Sonnenschirm ein Buch schmökert. Deshalb locken Einrichtungshäuser, Möbel- und sogar Baumärkte im Frühjahr besonders aufdringlich mit den „günstigsten Schnäppchenangeboten". Damit das Sommervergnügen später nicht durch Ärger über die Möblierung getrübt wird, sollte man vor der Einkaufstour ein paar Überlegungen anstellen.

Fehlkäufe vermeiden – Messen und planen!

Wenn man einen großen Garten hat, kann man Möbel in nahezu beliebiger Menge kaufen. Balkone dagegen sind meist sehr eng und schmal geschnitten – da muss schon genau überlegen und ausmessen, was man auf die vorhandene Fläche stellen möchte.

Hier auch ganz wichtig: Müssen die Möbel regelmäßig transportiert werden, zum Beispiel im Herbst in den Keller und im Frühling wieder rauf? Wie viel Lagerplatz steht zur Verfügung? Kurz: Ist es wichtig, dass die Gartenmöbel leicht sind und sich **zusammenklappen** lassen?

Ob Klappmöbel oder nicht: Man sollte auf jeden Fall auf die Außenmaße achten, damit man die Möbel problemlos durch **die Balkontür** bekommt, die meist schmaler als eine normale Zimmertür ist.

Ein Tisch und Stühle stehen auf der Wunschliste meist ganz oben. Dabei sollte man einen **Tisch** mit mindestens einem Meter Durchmesser nehmen, damit man beim Essen genügend Platz hat. Viele Hersteller bieten Tische mit integrierten Sonnenschirmhalterungen an – dies ist durchaus eine Überlegung wert, denn den eingesparten Platz kann man gut zum Beispiel für ein Beistelltischchen oder für den Grill brauchen.

Bei engen Balkonen muss man vorab den Stellplatz der Möbel berechnen.

Für die **Stühle** muss man pro Sitz eine Stellfläche von ca. 50 × 65 cm rechen, dazu 20 bis 30 cm, die man zum Wegschieben des Stuhles beim Aufstehen braucht. Dazu kommt noch etwas Bewegungsfreiheit nach hinten, wenn man am Tisch sitzt, von noch einmal ca. 20 cm pro Stuhl.

Im Optimalfall hat man noch 50 cm Platz um Tisch und Stühle herum, damit man bequem vorbeigehen kann.

Will man **eine Bank** am Tisch aufstellen, braucht man bei einer Dreisitzer-Bank rund 150 cm × 50 cm, dazu noch etwas Fläche zum Aufstehen und für die Bewegungsfreiheit am Tisch. Platz sparend ist ein Set aus Biergartenbänken und -tisch ... Aber sehr viel Sitzkomfort darf man dabei nicht erwarten.

Soll **eine Liege** dazu kommen, braucht man noch einmal 2 × 1 Meter Platz – und mindestens 30 × 30 cm Fläche für einen **Sonnenschirmständer** sollten möglichst auch noch frei sein.

Wenn man bei diesen Berechnungen schon merkt, dass der Balkon oder die Terrasse für all die gewünschten Möbel zu klein ist, greift man am besten zu Klappmöbeln.

Die Farbe ist nicht egal

Früher waren weiße Kunststoffmöbel Standard. Gerade deshalb greifen viele, die sich an Weiß satt gesehen haben, zu Blau oder Rot oder gleich zu schwarz lackiertem Gusseisen – doch Vorsicht!

Je dunkler die Farbe der Gartenmöbel ist, umso **heißer** werden die Möbel bei Sonneneinstrahlung. Besonders gut nehmen Kunststoff- und Metallmöbel die Hitze auf. Während Möbel in hellen Farben bis ca. 40 °C warm werden können, erreichen dunkle

Oberflächen 70 bis 80 °C! Das kann schmerzhaft werden, wenn man sich darauf setzt. Deshalb besorgt man beim Kauf der Möbel am besten auch gleich **helle Polster.** Sie sollten Sitz und Rücken von Stühlen, Bänken und Liegen ganz abdecken. Die Farbe bzw. Lackierung kann auch wegen des Bodenbelags eine wichtige Rolle spielen: Wenn man einen hellen und möglicherweise empfindlichen Natursteinbelag hat, können farbige Holzlasuren Spuren hinterlassen, vor allem bei Regen.

Testen und ausprobieren

Was im Prospekt hervorragend aussieht, muss noch lange keine gute Qualität sein. Balkonmöbel sollte man selbst ausprobieren, dann merkt man ganz schnell, wie **stabil** das Möbel ist. Manche Kunststoff-Rückenlehnen biegen sich beim Sitzen nach hinten durch oder Armlehnen lassen sich zur Seite wegdrücken. Im schlimmsten Fall geben sogar die Tisch- und Stuhlbeine bei Belastung nach. Dabei sollte auch ein Schwergewicht sicher auf den Gartenmöbeln sitzen können, Tische sollten nicht wackeln oder womöglich wegkippen, wenn man sich kurz darauf abstützt. Dazu sollte man alle **Funktionen** ausprobieren, damit man zu Hause damit auch zurecht kommt. Und man sollte darauf achten, ob die Möbel das GS-Zeichen tragen. Diese Möbel sind auf Standsicherheit, Stabilität, Tragfähigkeit und mögliche Klemmstellen (wichtig bei Klappmöbeln!) überprüft.

Material und Verarbeitung – das A und O

Ausschlagend für die Qualität von Gartenmöbeln sind das verwendete Material und dessen Verarbeitung. Den Komfort bestimmen das Gewicht und die Pflegeleichtigkeit der Möbel. Daneben sollten aber auch die Haltbarkeit und ökologische Gesichtspunkte ein Kaufkriterium sein.

Holzmöbel

Bei den Hölzern sind einheimische Arten wie Buche, Eiche, Lärche oder Kiefer durchaus für den Gartenbetrieb geeignet, wenn ihre Oberfläche mit Hartöl gegen die Witterung geschützt ist. Gartenmöbel aus **Kiefer** sind eine preiswerte Alternative zu den anderen Holzarten, müssen aber regelmäßig imprägniert werden bzw. eine neue Lasur erhalten. Bei drohendem Regen sollten man sie lieber ins Trockene bringen.

Beliebt ist die **deutsche Robinie**. Das Holz ist fäulnisresistent und kommt ohne jede Oberflächenbehandlung aus. Daher wird die Robinie als Teak-Ersatz gehandelt. Als ebenso witterungsbeständig gelten die kanadische Wacholderart **„Western Red Cedar“** und die **gelbe Zeder**.

Besonders beliebt unter den wetterbeständigen Hölzern ist massives **Teakholz**. Bei guten Qualitäten bekommt man auf die Möbelstücke teilweise eine Garantiezeit von zehn Jahren. Da es sich bei Teak um ein Tropenholz handelt, kann seine Herkunft problematisch sein. Mit dem ökologisch vertretbaren Teak aus Plantagenanbau wird inzwischen viel geworben. Nur hat der Kunde normalerweise nicht die Möglichkeit, diese Aussage nachzuprüfen. Plantagen-Teak aus Java ist zum Beispiel meist preisgünstiger als das dunklere Teakholz aus Burma. Während auf Java tatsächlich Teakholz auf Plantagen angebaut wird, stammt Burma-Teak beinahe ausschließlich aus dem bis dahin unberührten tropischen Regenwald. Fatalerweise handelt es sich bei in Deutschland verkauftem Teakholz zu über 90 % um Burma-Teak.

Da man selbst ja nicht überprüfen kann, ob das Holz wirklich aus Plantagenaufzucht stammt, sollte man danach fragen, ob die Möbel das **FSC-Siegel** tragen. Das Forest Stewardship Council (FSC) vergibt sein Siegel an Möbel, die aus umwelt- und sozialverträglicher Forstwirtschaft stammen. Nach Vorwürfen gegenüber dem FSC, dass nicht die gesamte Holzproduktion lückenlos überwacht werde, besserte die Organisation das Überprüfungssystem nach. Natürlich hat man noch immer keine 100-prozentige Gewähr, aber das Siegel ist das einzige, mit dem man die Chance hat, den Regenwald zu schützen und Tropenholz aus unbedenklicher und relativ umweltverträglicher Plantagenzucht zu erhalten.

TIPP

Lange Freude an Gartenmöbeln aus Holz

- Der ideale Standort für Holzmöbel sind zum Beispiel befestigte Terrassenböden, die Regenwasser schnell abführen.
- Holzmöbel nie zu lange auf feuchtem Rasen stehen lassen! Die Feuchtigkeit zieht von unten in die Beine, und sogar widerstandsfähiges Holz beginnt irgendwann zu faulen.
- Gartenmöbel aus Holz haben zum Teil auch Gummikappen an den Beinenden, die gegen aufsteigende Feuchtigkeit schützen.
- Gelenk- und Verbindungsteile sollten nicht aus Eisen, sondern aus Edelstahl oder Messing sein.
- Holzmöbel sind schwer. Wenn man die Gartenmöbel regelmäßig transportieren muss, sollten sie klappbar sein.

Leichtgewichte: Rattan-, Flechtmöbel oder Loom

Im Gegensatz zu den schweren Holzmöbeln sind **Rattan- und Flechtmöbel** richtige „Leichtgewichte“. Man kann sie einfach ins Haus tragen – und das muss man auch, wenn sich Feuchtigkeit ankündigt, denn diese Möbel vertragen weder Regen noch den Morgentau.

Es gibt zwar Rattan- und Flechtmöbel, die speziell als Garten- oder Außenmöbel gekennzeichnet sind: Sie sind mit einer speziellen Oberflächenbehandlung ausgerüstet und eignen sich damit als Sommermöbel. Aber wintertauglich sind auch diese gekennzeichneten Rattanmöbel nicht.

Deshalb wurde **Loom** entwickelt: Es sieht aus wie Flechtmöbel, wird aber aus Polypropylen oder -ethylen hergestellt. Ein Alugestell dient dabei als Rahmen, die Füllung des Rahmens, das so genannte „Loom", besteht aus gezwirbeltem und verleimtem Spezialpapier, dessen Kettfäden mit Draht verstärkt sind. Eine Lackierung macht das Möbel wasserabweisend und witterungsbeständig. Es splittert und bricht nicht und gibt bei guter Verarbeitung des Gestells keine knirschenden Geräusche von sich.

Metallmöbel

Ob nostalgische Gartenbank aus Gusseisen oder moderne Möbel aus Aluminium oder Edelstahl – die „Metaller" sind beliebt.

Aluminiummöbel sind deutlich leichter als Holz. **Eisenmöbel** sind ebenfalls eine gute Alternative, wenn die Oberflächen mit Lacken witterungsbeständig bearbeitet wurden. Eine Feuerverzinkung oder eine Einbrennlackierung bietet ebenfalls ausreichenden Schutz gegen Witterungseinflüsse.

Ein Nachteil aller Metallmöbel kann sein, dass sie sich in der Sonne kräftig **aufheizen**. Deshalb sollte man von vornherein eine Polsterung für Sitz- und Rückenflächen besorgen.

Kunststoffmöbel

Bei Kunststoffmöbeln wird heute von deutschen Herstellern vorwiegend Polypropylen verwendet, abgekürzt **PP**. Es ist zwar ein Erdölprodukt, in der Entsorgung aber umweltfreundlicher als das früher eingesetzte PVC (Polyvinylchlorid). Um das Material nachzuprüfen, sollte man auf die Unter- oder Rückseite des Stuhles sehen. Dort müsste man einen Eindruck, einen Aufkleber oder eine Prägung mit „PP" finden.

Polypropylenmöbel sollten eine **Oberflächenlackierung** haben. Einfache Gartenmöbel haben diese Schutzschicht nicht – die Folge: Verschmutzte Stellen kann man auf Dauer nur schwer reinigen, sie werden grau. Wenn man mit einem Scheuermittel daran geht, werden die Möbel zunächst wieder sauber, aber die relativ weiche Kunststoffoberfläche bekommt durch die Behandlung kleine Kratzer. Dort setzt sich der Schmutz anschließend noch schneller und hartnäckiger fest. Bei Möbeln mit einer beständigen Lackversie-

TIPP

Gartenmöbel aus Kunststoff

Achten Sie bei Kunststoffmöbeln darauf, dass sie durchgefärbt sind; das müsste in den Herstellerunterlagen stehen. Wenn die Möbel doch einmal eine Schramme abbekommen, ist sie bei durchgefärbtem Material nicht gleich sichtbar.

gelung dagegen lässt sich Schmutz schneller und einfacher entfernen, die Möbel behalten länger ihre schöne Optik. Reinigen muss man Kunststoffmöbel immer wieder, denn sie können sich elektrostatisch aufladen und ziehen dadurch erst recht Staub an. Achten sollte man auch auf die Belastbarkeit, vor allem bei Stapelstühlen.

Was tun im Winter?

Gartenmöbel, die man bedenkenlos auch im Winter im Freien stehen lassen kann, gibt es nicht. Selbst bei Kunststoffmöbeln können Minustemperaturen die Weichmacher angreifen, wodurch das Material spröde wird und brechen kann. Auf Dauer werden auch robuste Hölzer wie Teak (Nässe zieht in die Beine) und gut verarbeitete Metalle von der Feuchtigkeit geschädigt. Deshalb sollte man alle Gartenmöbel im Winter **ins Trockene** (Gartenschuppen, Keller) bringen.

Wer sie dennoch draußen lassen muss, sollte eine **Abdeckplane** über die Möbel legen und diese festzurren. Wenn ein Vogel seinen „Ballast" direkt über dem Tisch abwirft oder Herbstlaub aufliegt, können sonst hartnäckige Verfärbungen entstehen.

Die **Polsterungen** sollte man immer trocken und warm aufbewahren und nur nach draußen mitnehmen, wenn man sie benutzt, auch im Sommer. Kein Gewebe und keine Füllung verträgt es auf Dauer, immer wieder durchnässt zu werden.

CHECKLISTE

Gartenmöbel

Gartenmöbel müssen

- wetterfest; UV-beständig; pflegeleicht; formstabil; farbecht; stoß- und abriebfest sein.
- Terrassen und Balkone sind häufig uneben; damit der Tisch nicht wackelt, sollte mindestens ein Tischbein höhenverstellbar sein.
- Bei **stoffbespannten** Liegen müssen die Nähte stabil und reißfest sein.
- **Polster** müssen waschbar oder wenigstens reinigungsfähig sein.
- Lassen sich die Polster einfach und rutschfest an den Sitzmöbeln befestigen?
- **Klappmöbel** sollten das GS-Siegel tragen. Testen Sie den Klappmechanismus und die Standsicherheit (bei Stühlen) bzw. Belastbarkeit (bei Tischen)!
- Scharniere und Schrauben sollten aus rostfreiem Edelstahl sein.
- Nicht klappbare Stühle sollten zumindest **stapelbar** sein, damit sie Platz sparend gelagert werden können.
- Sessel sollten sich in mehreren Abstufungen verstellen lassen.
- **Teakholz** (und andere Tropenhölzer) sollten aus Plantagenanbau stammen – am besten, sie tragen das FSC-Siegel.
- Fragen Sie nach einer Produktinformation oder anderen Hinweisen des Herstellers zu Funktionalität und Belastbarkeit der Möbel.
- Die vom Hersteller gewährte **Garantiezeit** für Balkonmöbel ist ein guter Hinweis auf ihre Haltbarkeit.

Ihre Rechte beim Möbelkauf

Der Kauf neuer Möbel wird nur allzu häufig für den Kunden zu einem Hindernislauf. Die Hauptprobleme – lange Lieferfristen und fehlerhafte Ware – treten so häufig auf, dass in den Verbraucherzentralen mitunter eine Flut von Beschwerden eingeht. Wer Ärger vermeiden will, sollte daher schon vor Abschluss des Kaufvertrags seine Rechte kennen.

Werbung und Wahrheit

Oft beginnen die Probleme schon vor dem Kauf: Da lockt der neue Prospekt mit so tollen Angeboten und Billigpreisen, dass gleich die ganze Familie hinaus fährt ins Möbelhaus am Stadtrand – aber dann ist ausgerechnet das bereits ausgesuchte Superschnäppchen schon ausverkauft. Was hilft's, wenn der Verkäufer guten Rat weiß und ein ähnliches Stück anpreist, das sofort zu haben wäre, allerdings zu einem „etwas" höheren Preis?

Sonderangebot ausverkauft

Gegen so eine Bauernfängerei sind Verbraucher im Grunde machtlos. Zwar schreibt das Gesetz gegen den unlauteren Wettbewerb unmissverständlich vor, dass Angebotsware für einen angemessenen Zeitraum vorrätig sein muss. Und als angemessen gilt nach dem Gesetz „im Regelfall ein Vorrat für zwei Tage, es sei denn, der Unternehmer weist Gründe nach, die eine geringere Bevorratung rechtfertigen".

Doch viele Unternehmen verstoßen regelmäßig und systematisch gegen diese Vorschrift. Denn sie wissen: Der genasführte Kunde kann dagegen nicht vor Gericht ziehen. Es handelt sich nämlich um einen **Wettbewerbsverstoß**. Und das bedeutet: Nur Konkurrenten, also andere Händler, können auf Unterlassung klagen, außerdem einige Verbände wie die Wettbewerbszentrale oder die Verbraucherzentralen, die eine sogenannte Verbandsklagebefugnis haben.

Die betroffenen Verbraucher haben dagegen keinerlei Ansprüche. Auch wenn ihnen dadurch Anfahrtskosten entstanden sind oder ein preisgünstigeres Angebot der Konkurrenz entgangen ist, bleiben Schadenersatzansprüche eher theoretischer Natur.

Alles, was Sie in einem solchen Fall tun können, ist also, sich an die nächste Verbraucherzentrale (→ *Seite 219*) zu wenden. Die wird den Händler abmahnen und in einer „strafbewehrten Unterlassungserklärung" auffordern, solch irreführende Werbung künftig zu unterlassen und bei Verstoß gegen diese Verpflichtung eine Vertragsstrafe zu zahlen, die meist mehrere zigtausend Euro beträgt.

Das Problem daran ist nur: Eine solche Unterlassungserklärung gilt nur für die abgemahnte Fallkonstellation. Bewirbt der Händler beim nächsten Mal ein anderes Produkt, ohne es ausreichend vorrätig zu halten, gilt die alte Unterlassungserklärung dafür im Regelfall nicht.

Deshalb: Wer es konkret auf ein bestimmtes Möbelstück abgesehen hat, sollte vorher sicherheitshalber im Geschäft anrufen, ob es tatsächlich auf Lager ist oder wann es geliefert werden kann, und sich das Teil reservieren lassen.

Werbeversprechen

Bei Werbeversprechen müssen Kunden vorsichtig sein. Fantastische Anpreisungen wie „erstklassige Materialien" oder „hochwertige Verarbeitung" klingen zwar gut, sagen aber konkret nichts aus. Sich später auf solche allgemeinen Aussagen zu berufen, ist schwierig, da sie allzu subjektive Wertungen enthalten. Was als „erstklassig" oder „hochwertig" gelten darf, ist in der Praxis oft nur schwer zu qualifizieren und muss wohl auch in Verbindung mit dem Preis gewertet werden. Da ist es besser, der Kunde lässt sich konkrete Eigenschaften zusichern: Büffelleder, Massivholz, reine Seide und so weiter.

Denn wenn die Werbung **konkrete Eigenschaften** anpreist, ist die Sache eindeutig. Klar definierbare, objektive Versprechen müssen auch stimmen. Seit 2002 ist gesetzlich vorgeschrieben, dass alle öffentlichen Aussagen eines Verkäufers oder Herstellers Bestandteile des Kaufvertrags sind und zur Beschaffenheit der

Sache gehören. Das heißt: Der Kunde darf sich auf alles berufen, was die Werbung in Anzeigen, Radio- oder Fernsehspots anpreist. Treffen diese Eigenschaften nicht zu, kann er **Nacherfüllung** verlangen: Wird ein Sofabezug als „abwaschbar" und sogar „rotweinresistent" angepriesen, muss er ein umgekipptes Glas schadlos überstehen. Und ein als „rückenschonend" beworbener Bürostuhl muss sich an dieser Stelle tatsächlich von durchschnittlicher Massenware unterscheiden.

Das gilt aber nicht für eindeutige und offensichtliche Werbeübertreibungen, auch wenn sie noch so konkret sind: Niemand kann auf Rückabwicklung des Kaufvertrags oder gar Nacherfüllung bestehen, wenn ein bestimmter Fitnessdrink nach dem Genuss dann doch keine „Flügel verleiht".

Für den Kunden spielt es keine Rolle, wer die Werbeversprechen abgegeben hat. So kann der Händler sich nicht damit herausreden, dass solche Anpreisungen in seinem Hausprospekt nicht zu lesen waren und er dies also gar nicht versprochen hat, sondern lediglich die bundesweiten Fernsehspots des Herstellers, und dass deshalb der Hersteller haften müsse. Liegt ein Mangel vor, kann der Kunde sich an den halten, bei dem er die Ware gekauft hat, an den Händler also. Der kann nur aus der Sache wieder heraus, wenn er die Werbung nicht kennen musste, beispielsweise wenn sein Laden in Hamburg ist und die Werbung nur im Lokalradio in Oberbayern lief. Oder wenn die unzutreffende Werbeaussage im gleichen Medium berichtigt wurde, in dem sie ursprünglich lief.

Der Kaufvertrag

Ganz einfach ist es **bei Abholmöbeln**, die Sie direkt im Laden kaufen und gleich mit nach Hause nehmen. Da läuft es beim Möbelkauf wie im Supermarkt: Der Kunde sucht die Ware aus, geht damit zur Kasse und zahlt. Damit ist der Kaufvertrag abgeschlossen, obwohl nichts schriftlich festgelegt wurde. Rechtlich bindend ist auch das, denn grundsätzlich gilt: Macht die eine Seite ein Vertragsangebot und die andere Seite stimmt zu, ist der Vertrag perfekt.

Wenn Sie also im Möbelhaus sagen „Den Schrank will ich" und der Verkäufer antwortet „In Ordnung" – dann wurde ein rechtsverbindlicher Kaufvertrag abgeschlossen, der beide Seiten verpflichtet: Der Händler muss den Schrank liefern, der Kunde muss zahlen. Sie sehen: Kaufverträge können durchaus mündlich zustande kommen – genau genommen läuft das sogar in den meisten Fällen so.

Es ist übrigens nicht so, dass das **Preisschild an den Möbeln** verbindlich ist. Der Händler ist nicht verpflichtet, Ihnen das Stück zu diesem Preis zu verkaufen. Vielmehr ist es juristisch gesehen so, dass der Kunde in dem Moment, wo er die Ware zur Kasse bringt, ein Vertragsangebot abgibt: „Ich möchte diesen Schrank zum genannten Preis kaufen." Der Händler oder sein Angestellter – meist die Kassiererin – darf dann darauf hinweisen, dass der Preis falsch ausgezeichnet war und das Möbelstück leider nur zu einem (meist) höheren Preis verkauft werden kann. Der Kunde hat dann die Wahl, den Schrank zum höheren Preis zu kaufen oder es zu lassen.

DER FALL

Ein Ehepaar hatte eine Schlafcouch bestellt, die nach einigen Tagen geliefert wurde. Schon beim ersten Versuch, die Couch auszuklappen, zeigte sich, dass die Liegefläche nicht eben war, sondern zwischen Kopf- und Fußteil fünf Zentimeter Höhendifferenz aufwies.
Im Laden, wo bei der Besichtigung nur ein ähnliches Modell mit ebener Liegefläche stand, hatte die Verkäuferin ausdrücklich erklärt, sie werde genau die gewünschte Ausführung bestellen. Diese Zusage hielt das Amtsgericht Frankfurt/Main für verbindlich und durch die Zeugenaussage der Ehefrau für bewiesen (Az. 30 C 1466/95-71).

Der schriftliche Kaufvertrag

So lange Sie im Abholmarkt sind, ist ein mündlicher Vertragsabschluss nicht weiter problematisch, denn da können Sie die Möbel vorher besichtigen und prüfen. Doch oft hat der Händler die gewünschte Ware gar nicht auf Lager, sondern muss sie erst bestellen. Oder Sie möchten Möbel, die extra für Sie angefertigt werden, beispielsweise eine Einbauküche. Dann sollten Sie unbedingt alles Wesentliche schriftlich festhalten, also einen förmlichen Kaufvertrag abschließen.

Und da heißt es aufpassen. Es gibt nämlich keine genauen **Formvorschriften** darüber, wie ein Kaufvertrag auszusehen hat. Vielmehr sind beide Seiten frei, sich darüber zu einigen, was sie wie regeln möchten.

Wichtig: Der eigentliche Grund, einen Vertrag schriftlich abzuschließen ist, dass er die Beweisführung bei späteren Streitfällen erleichtert. Von diesem Vorteil haben Sie aber nur etwas, wenn auch wirklich alle mündlichen Zusagen schriftlich festgehalten werden. Es hilft Ihnen später nichts, wenn der Verkäufer versprochen hat: „Keine Sorge, das regeln wir schon", diese Einzelheiten dann aber nicht im Vertrag stehen, weil es bei der Unterschrift hieß: „Lassen Sie mal, das ist unser Standardformular, **handschriftliche Zusätze** machen wir da nie."

Wenn Ihnen das passiert, bleiben nur zwei Möglichkeiten: Entweder, Sie sehen alle Versprechungen des Verkäufers von vornherein als wertlos an, oder Sie bauen auf glaubwürdige Zeugen, mit denen Sie die Aussagen des Verkäufers bei einem eventuellen Streit vor Gericht nachweisen können. Lassen Sie sich nicht davon

CHECKLISTE

Vertragsangaben

- **Artikel- oder Seriennummer:** Die allein reicht aber nicht, denn oft fassen Möbelhäuser unter einer Nummer mehrere verschiedene Ausführungen zusammen.
- **Genaue Bezeichnung** des Möbelstücks, beispielsweise „Schrankwand Barock, Typ Gelsenkirchen".
- **Aussehen:** Farbe, Bezugsstoffe, Holzart (Typ, Farbton, massiv, furniert, Echtholz, zum Beispiel „Buche, hell, massiv").
- **Exakte Maße:** Das ist vor allem wichtig, wenn das Möbelstück genau passen soll, zum Beispiel Einbauteile oder nachgekaufte Stücke, die bündig mit den bereits vorhandenen abschließen sollen.
- **Sonderwünsche:** Wird Ihr Sofa nach Ihrem Wunsch bezogen, sollte der Musterstoff genau im Vertrag bezeichnet werden. Dasselbe gilt für vom Ausstellungsstück abweichende Griffe oder höhere Arbeitsplatten.
- **Lieferumfang:** Bei Abholware muss in der Regel der Kunde die Möbel selbst transportieren und zu Hause zusammenbauen. Soll dies der Händler übernehmen, sollte im Vertrag der Hinweis stehen: „Kostenlose Lieferung und Montage inklusive". Steht dies im Katalog, ist auch das rechtsverbindlich.
- **Bei Einbaumöbeln:** Mitunter sind zusätzliche Arbeiten erforderlich, bei Küchen beispielsweise müssen eventuell elektrische Leitungen und Anschlüsse neu gelegt werden oder es sind Klempnerarbeiten erforderlich. Dies sollte vertraglich geregelt werden.
- **Nachkauf:** Wenn Sie Wert darauf legen, später weitere Stücke derselben Serie kaufen zu können, sollte eine Nachkaufgarantie schriftlich mit Termin festgelegt werden.
- **Schadstoffe:** Die Möbel sollten das RAL-Umweltzeichen, den Blauen Engel oder das RAL-Gütezeichen für Möbel tragen. Dann halten sie bestimmte Grenzwerte für Schadstoffe ein, und das Holz kommt aus nachhaltig bewirtschafteten einheimischen Wäldern, eventuell verarbeitetes Tropenholz aus entsprechend bewirtschafteten Plantagen.
- **Einzelpreise auflisten:** Wenn es um mehrere Möbelstücke geht, sollte der Vertrag nach Möglichkeit den Preis jedes einzelnen nennen. Das macht es leichter, bei späteren Reklamationen eine Preisminderung zu berechnen.
- **Skonto:** Der Händler muss Ihnen zwar keinen Preisnachlass gewähren, wenn Sie zügig zahlen, doch es lohnt sich, danach zu fragen. Zwei Prozent sind üblich, nach mehr zu fragen, ist aber auch nicht verboten.
- **Ratenkauf:** Davon raten wir ab, denn es ist günstiger, zuerst das Geld für den geplanten Kauf anzusparen, statt Schulden zu machen und Zinsen zu zahlen. Wollen Sie die Möbel dennoch „abstottern", sind einige Mindestangaben zwingend vorgeschrieben (→ *Seite 146 ff.*).
- **Liefertermin:** Geben Sie sich keinesfalls mit einer unverbindlichen Angabe („in den nächsten Wochen") zufrieden. Bestehen Sie darauf, dass zumindest eine Kalenderwoche genannt wird („spätestens in der soundsovielten Kalenderwoche").
- **Anzahlung:** Leisten Sie am besten keine Anzahlung. Wo sie ausdrücklich verlangt wird, sollten Sie keinesfalls mehr als 5 bis 10 Prozent der Gesamtsumme zahlen und lieber auf den geplanten Kauf verzichten. Das Risiko, dass der Anbieter zwischenzeitlich pleite geht, ist im Möbelhandel sehr hoch. Bei Maßanfertigungen oder Bestellungen von individuell zu produzierenden Möbeln gelten Anzahlungen bis zu 25 Prozent der Gesamtsumme noch als angemessen.
- **Das Kleingedruckte:** Die „Allgemeinen Geschäftsbedingungen" (AGB) sind zwar mühsam zu lesen, können aber einige Fallen enthalten (→ *Seiten 140–142*).

abschrecken, wenn im Kleingedruckten steht, nur schriftliche Zusagen seien Vertragsbestandteil. Diese Klausel ist ungültig, die mündlichen Absprachen gelten auch dann. Das Gesetz gibt individuellen Abmachungen sogar Vorrang vor schriftlichen.

Vorsicht Falle: Das Kleingedruckte

Wie gesagt: Was Händler und Kunde in den Kaufvertrag schreiben, ist ihre Sache, es herrscht **Vertragsfreiheit**. Doch im täglichen Geschäft wird natürlich kein Kaufvertrag individuell mit dem Kunden ausgehandelt und dann mühsam zu Papier gebracht. Vielmehr legt man Ihnen ein Formular vor, das standardmäßig für alle Verkäufe verwendet wird. Meist stehen auf der Rückseite so viele klein gedruckte, oft kaum verständliche Regelungen, dass man sich das Lesen lieber erspart.

So lange die Möbel in Ordnung sind, ist das auch nicht weiter problematisch. Doch erfahrungsgemäß werden diese **„Allgemeinen Geschäftsbedingungen"** (AGB) immer dann wichtig, wenn der Kunde später etwas zu bemängeln hat. Nur leider: In der Praxis hat wohl kein Kunde eine realistische Möglichkeit, auf die Formulierung der AGB Einfluss zu nehmen. Wollen Sie einzelne Klauseln ganz streichen, wird der Händler Ihnen das gewünschte Möbelstück vielleicht nicht verkaufen.

Dennoch müssen Sie nicht alles schlucken, was man Ihnen vorsetzt. Das Bürgerliche Gesetzbuch schützt Kunden vor Übervorteilung durch allzu clevere Händler. Dort werden strenge Maßstäbe festgelegt – so strenge, dass sehr viele AGB-Klauseln unwirksam sind. Das gilt auch, wenn Sie die Klauseln bereits unterschrieben haben. Denn **unwirksame Klauseln** werden nicht dadurch wirksam, dass der Kunde sie unterzeichnet. Lassen Sie sich also nicht mit dem Hinweis abwimmeln: „Aber Sie haben das doch unterschrieben."

Ein Händler, der sich Allgemeine Geschäftsbedingungen ausdenkt, tut das natürlich, um seine eigene Rechtsposition zu stärken – also die seiner Kunden zu schwächen. Deshalb ist es meist vorteilhaft, wenn die AGB gar nicht erst wirksam vereinbart wurden. Und das kommt durchaus vor: Zum Beispiel, wenn Ihnen die Klauseln bei Vertragsabschluss gar nicht bekannt waren. Der Händler muss sie schon bei Vertragsabschluss vorlegen, nicht erst hinterher. Der Kunde hat Anspruch darauf, dass er die

AGB bei Vertragsabschluss **„in zumutbarer Weise“** zur Kenntnis nehmen kann.

Unzumutbar wäre zum Beispiel, wenn er extra in die Hauptniederlassung fahren muss, weil in der Zweigstelle die Formulare ausgegangen sind. Oder wenn das Kleingedruckte wirklich so klein und eng gedruckt ist, dass das Lesen schwer fällt. Klar ist der Fall auch, wenn es heißt: „Unterschreiben Sie hier, unsere Geschäftsbedingungen schicken wir Ihnen mit der Rechnung zu.“ Dann werden die AGB nicht Vertragsbestandteil, weil sie bei der Unterschrift nicht vorlagen. Stehen die Klauseln auf der Rückseite des Vertrags, gelten sie nur, wenn auf der Vorderseite ein unübersehbarer, also keineswegs versteckter, Hinweis darauf steht. Der Verkäufer muss Ihnen die AGB aber nicht mit nach Hause geben, vielmehr reicht es, wenn es im Laden eine Gelegenheit gibt, sie in Ruhe durchzulesen.

Werden im Text aber jede Menge Gesetzesparagrafen zitiert, müssen Sie als juristischer Laie, der das ja nicht alles auswendig kennt, nicht in die nächste Buchhandlung laufen und sich die entsprechenden Gesetzbücher kaufen um nachzusehen, was gemeint ist. So viel Aufwand wäre unzumutbar, die betreffenden AGB-Klauseln sind dann nichtig.

Grundgedanke der gesetzlichen Regelungen über AGB ist, dass individuelle Regelungen Vorrang haben vor den Allgemeinen Geschäftsbedingungen. Mündliche Versprechen gelten also – man muss sie nur beweisen können. Unwirksam sind daher Klauseln wie „Alle mündlichen Nebenabreden sind ungültig.“ oder „Mündliche Nebenabreden gelten nur, wenn sie schriftlich festgelegt wurden.“ (OLG Oldenburg, Az. 1 U 179/91).

Außerdem wird der Verbraucher vor Überraschungen und unangemessenen Benachteiligungen geschützt: **Versteckte Regelungen**, mit denen an dieser Stelle niemand rechnen muss, sind unwirksam. So gilt zum Beispiel ein Preiserhöhungsvorbehalt („Nach Ablauf von vier Monaten können wir die Preise anpassen.“) nicht, wenn er im Kleingedruckten zwischen den Regelungen über die Lieferfristen untergeht.

Und noch ein Clou: Finden sich im Vertrag **widersprüchliche Klauseln**, gilt immer diejenige, die für den Kunden am besten ist. Dasselbe gilt bei unklaren Formulierungen: Es gilt immer das, was der Durchschnittsverbraucher vernünftigerweise darunter verstehen durfte – auch wenn das zum Nachteil des Händlers ist, denn natürlich darf der Kunde beim Kauf auf seinen persönlichen Vorteil bedacht sein.

TIPP

Handschriftliche Klauseln in Kaufverträgen

Einige Möbelhäuser versuchen, die gesetzlichen Vorschriften zu umgehen, indem sie einige Klauseln handschriftlich in den Vertrag einfügen und dann argumentieren, es handle sich nicht um Allgemeine Geschäftsbedingungen, sondern um individuell ausgehandelte Regelungen. Das lassen die Gerichte aber kaum noch durchgehen, seit der Bundesgerichtshof handschriftliche Einträge in vorformulierte Vertragsformulare als Allgemeine Geschäftsbedingungen wertete (Az. VIII ZR 204/98).

Eine für den Möbelhandel typische AGB-Klausel lautet: „Der Kunde ist zwei Wochen an die Bestellung gebunden. Der Vertrag gilt als abgeschlossen, wenn unser Möbelhaus die Bestellung innerhalb dieser Frist bestätigt." Bei einer Variante dieser Klausel soll der Vertrag automatisch gültig sein, wenn das Möbelhaus innerhalb der Frist keine Absage geschickt hat. Hintergrund dieser Klausel: Nicht der Verkäufer ist Ihr Vertragspartner, sondern das Möbelhaus. Der Verkäufer hat also gar keine Vollmacht, einen Vertrag mit Ihnen abzuschließen. Vielmehr will sich die Geschäftsführung die Möglichkeit sichern vorher zu prüfen, ob die gewünschte Ware rechtzeitig geliefert werden kann oder – bei Ratenkäufen – ob der Kunde kreditwürdig ist.

Solche Klauseln sind zwar für den Kunden lästig, aber erlaubt. Allerdings darf die Bestätigungsfrist nicht zu lang sein – wie viele Tage genau, hängt vom Einzelfall ab: Zwei Wochen sind meist in Ordnung, drei Wochen hat der Bundesgerichtshof als zu lang verurteilt (Az. VIII ZR 34/00).

Wenn Sie im Vertrag Klauseln finden, die offensichtlich rechtswidrig, unwirksam oder unzumutbar sind, ist es sinnvoll, sie vor

TIPP

Schriftliche Bestätigung

Wenn der Händler sich auch zwei Wochen nach Ihrer Unterschrift noch nicht gemeldet hat, sollten Sie um eine schriftliche Bestätigung bitten, dass er liefern wird.

CHECKLISTE

Unzulässige AGB-Klauseln

- **Rechenfehler:** „Für den Fall eines Rechenfehlers oder einer Preisverwechslung steht dem Verkäufer ein Rücktrittsrecht zu." Das ist eine unangemessene Benachteiligung des Kunden. Denn Kalkulationsfehler gehen regelmäßig zu Lasten des Händlers – es sei denn, es handelt sich um einen offensichtlichen Fehler, den jeder Kunde bemerken musste.
- **Gleiche Farbe:** „Keine Gewähr für gleiche Holzstruktur und Tönung bei Ergänzungsstücken sowie nach Vorlage von Holzproben". Dies ist ein unzulässiger Ausschluss der gesetzlich verankerten Gewährleistung. Dasselbe gilt für die Klausel „Bei Ergänzungsstücken sind unwesentliche Abweichungen vertragsgemäß."
- **Abweichungen:** „Unwesentliche Abweichungen von Form und Maßen sind vertragsgemäß". Zwar muss der Kunde unwesentliche Mängel hinnehmen, die den Gebrauchswert der Möbel nicht beeinträchtigen. Doch diese Klausel würde auch dann greifen, wenn er ausdrücklich 100-prozentige Passgenauigkeit verlangt hat.
- **Lieferfrist:** „Kein Schadenersatz bei Störungen im Geschäftsbetrieb wegen Streiks oder höherer Gewalt, durch die sich die Lieferung verzögert." Zwar kann höhere Gewalt Schadenersatzansprüche ausschließen, doch diese Klausel würde auch bei Störungen greifen, die der Unternehmer selbst verschuldet hat.
- **Teillieferung:** „Die Firma ist zu Teillieferungen berechtigt." Das Gesetz (§ 266 BGB) verbietet Teillieferungen. Nur in begründeten Ausnahmefällen dürfen sie individuell ausgehandelt werden, keinesfalls also formularmäßig in Allgemeinen Geschäftsbedingungen. Sonst könnte der Händler beispielsweise über Tage hinweg die einzelnen Teile einer Sitzgruppe anliefern, was eine erhebliche Beeinträchtigung für den Kunden wäre.

DER FALL

Bestellung stimmt

Ein Ehepaar, das bald umziehen wollte, hatte für knapp 30 000 Euro eine Küche und ein Schlafzimmer als Sonderanfertigungen bestellt. Doch als kurz darauf der Mann starb, entschloss sich die Witwe, in der alten Wohnung zu bleiben und stornierte die Bestellung. Obwohl die Möbel bereits zum großen Teil fertig gestellt waren, kürzte das Gericht den Kaufpreis um die ersparten Aufwendungen (Montage beim Kunden, Arbeitszeit, Anfahrt, anteiliges Material). Zudem bestätigte ein Sachverständiger, dass Küche und Schlafzimmer mit einem Preisnachlass von 50 bzw. 35 Prozent an andere Interessenten zu verkaufen waren (OLG Hamm, Az. 26 U 114/91).

der Unterschrift durchzustreichen. Lässt der Verkäufer sich aber darauf nicht ein, müssen Sie nicht lange mit ihm diskutieren. Sie können das Kleingedruckte auch einfach unterschreiben, denn unwirksame Klauseln werden auch durch Ihre ausdrückliche Unterschrift nicht rechtswirksam.

Rücktritt vom Vertrag?

Ist der Kaufvertrag erst einmal unterschrieben, sind Sie daran gebunden – auch wenn Sie es sich später gern doch wieder anders überlegen möchten. Ein Rücktritt kommt allenfalls in Betracht, wenn das Möbelhaus sich in einer Vertragsabschlussklausel vorbehalten hat, den Kaufwunsch innerhalb einer Frist von meist ein bis zwei Wochen zu bestätigen und diese Bestätigung ausbleibt.

Ansonsten kostet eine **Stornierung** Geld. Die Firma darf allerdings nicht den vollen Kaufpreis verlangen, sondern nur den kalkulierten Gewinn. Sie muss also vom Kaufpreis ihre ersparten Kosten abziehen. Das gilt auch dann, wenn es um Möbel geht, die individuell für den Besteller angefertigt werden, zum Beispiel eine nach Maß eingepasste Einbauküche: Die Firma darf nur ihre Kosten in Rechnung stellen. Kann die individuell maßgeschneiderte Küche mit Preisnachlass anderweitig verkauft werden, muss dieser Erlös dem Kunden gutgeschrieben werden.

Gleichwohl darf die Firma, wenn sie dem Kunden ein Stornorecht einräumt, im Kleingedruckten auch einen pauschalierten Schadenersatz festlegen. So gab das Amtsgericht München einem Händler Recht, der fürs Storno 25 Prozent des Gesamtpreises verlangt hatte. Schon drei Tage nach dem Kauf hatte der Kunde eine Küche für 6 800 Euro storniert, weil sein Vermieter nicht mit dem Einbau einverstanden war. Dafür musste er 1700 Euro zahlen. Die Vereinbarung eines pauschalierten Schadenersatzes in den allgemeinen Geschäftsbedingungen sei grundsätzlich möglich und wirksam, entschied das Gericht, wenn dem Käufer die Möglichkeit eingeräumt wird nachzuweisen, dass im konkreten Fall ein geringerer Schaden entstanden sei (Az. 264 C 32516/07).

Versandhandel: Kauf per Katalog

Wenn Sie Ihre Möbel nicht im Laden kaufen, sondern im Versandhandel bestellen, gilt das **Fernabsatzrecht**. Weil Kunden bei Bestellungen per Katalog, Telefon, Internet oder Fax sich die Möbel gar nicht vor Ort anschauen können, räumt das Gesetz ihnen ein

14-tägiges Widerrufsrecht ein. Das greift aber nicht, wenn Sie im Laden ein Muster besichtigen können, aber keine Lieferstücke vorrätig sind, sondern erst bestellt werden müssen. Das gilt nicht als Fernabsatz, weil der Kunde sich im Laden ein Bild von der Ware machen konnte. Und: Ausgenommen von diesem Widerrufsrecht sind Waren, die speziell für den Kunden angefertigt wurden.

Für einen solchen Widerruf muss der Kunde **keine Gründe** nennen. Er kann also jeden Kauf innerhalb von zwei Wochen widerrufen, wobei die Frist mit Eintreffen der Ware beginnt. Die Kosten der Rücksendung trägt das Versandunternehmen. Nur wenn der Warenwert unter 40 Euro liegt, darf es diese Kosten dem Kunden auferlegen. Allerdings muss dann schon beim Kauf eine entsprechende Klausel in den Vertragsbestimmungen stehen.

Für die Wahrung der Zwei-Wochen-Frist reicht es, wenn der Widerruf **rechtzeitig abgeschickt** wurde. Es kommt nicht auf den Poststempel an. Wer per Brief widerruft, kann also das Schreiben am letzten Tag der Frist kurz vor Mitternacht in den Briefkasten werfen. Aus Beweisgründen sollte er dann aber einen zuverlässigen Zeugen mitnehmen.

TIPP

Das 14-tägige Widerrufsrecht gilt oft länger

Wenn die Widerrufsbelehrung fehlerhaft ist, nicht eindeutig oder wenn sie ganz fehlt, beginnt die Frist überhaupt nicht zu laufen. Der Kunde kann dann auch noch Jahre später vom Kauf zurücktreten. So bekam ein Ehepaar vor dem Oberlandesgericht Oldenburg Recht, das von einem fast sieben Jahre alten Vertrag zurücktreten wollte. In der Widerrufsbelehrung hatte gestanden: „Zur Fristwahrung genügt die rechtzeitige Absendung des Widerrufs (Datum des Poststempels).“ Denn diese Formulierung weicht vom Gesetz ab: Die Widerrufsfrist endet um 24 Uhr des Ablauftags. Ein Poststempel auf dem Umschlag ist nicht nötig. (Oberlandesgericht Oldenburg, Az. 1 U 134/05).

Die Rechnung bezahlen

Die Möbel ausgesucht, Qualität okay, Preis in Ordnung? Dann geht es ans Bezahlen. Am liebsten hätte der Händler natürlich, wenn Sie den gesamten Betrag gleich bar auf den Tisch blättern. Doch wenn es nicht um Abholmöbel geht, sondern die Lieferung erst später erfolgt, halten Sie als Kunde es lieber mit dem alten Grundsatz: „Erst die Ware, dann das Geld.“

Anzahlen: Am besten gar nicht

Nach der Bestellung werden Sie an der Kasse bestimmt die Standardfrage hören: „Wie viel möchten Sie denn anzahlen?“. Wer jetzt „gar nichts“ antwortet, erntet nur ein Kopfschütteln. Anzahlungen sind in der Möbelbranche selbstverständlich – horrende Beträge leider auch. Für den Kunden bergen Anzahlungen ein hohes Risiko. Nach Angaben des Statistischen Bundesamts mussten allein im Jahr 2008 deutschlandweit mehr als 190 Möbelhändler wegen **Insolvenz** ihre Türen schließen. Da ist es schon auffällig, dass ausgerechnet in dieser Branche traditionell hohe Anzahlungen verlangt werden.

Von der Anzahlung bis zur Lieferung der Möbel vergehen oft Monate. Acht bis zwölf Wochen Lieferfrist sind keine Seltenheit.

Wenn das Möbelhaus in dieser Zeit in Konkurs geht, schauen die Kunden in die Röhre: Ihre Anzahlungen gelten als nachrangige Forderung. Die Aussichten, das Geld je wieder zurück zu bekommen, sind dann gleich Null. Vorrangig werden nämlich ausstehende Löhne sowie Forderungen der Krankenkassen aus dem Restvermögen bezahlt. Und oft ist das Kapital der Firma so gering, dass nicht einmal ein Konkursverfahren eröffnet wird.

Einen Rechtsanspruch auf Anzahlung hat der Händler nicht, im Gegenteil: Im Gesetz heißt es: Zahlung bei Lieferung. In der Praxis ist es sehr oft möglich, die geforderte Anzahlung herunter zu handeln. Und das sollten Sie auch tun. Eine Anzahlung von 5 bis 10 Prozent ist völlig ausreichend, um den Kunden finanziell an seinen Auftrag zu binden. Höhere Beträge lassen sich nicht vernünftig begründen – es sei denn, der Händler versteht das Geld als einen zinsfreien Vorschuss des Kunden. Verlangt das Unternehmen eine Anzahlung von mehr als 25 Prozent, sollten Sie lieber gar nichts zahlen – erst recht nicht, wenn es Sie mit besonderen Preisnachlässen überreden will. Diese Methoden sind ein untrügliches Zeichen für mangelnde Liquidität der Firma, was im schlimmsten Fall zum Konkurs führen kann.

Unser Rat: Leisten Sie nach Möglichkeit keine Anzahlung. Wo sich dies nicht vermeiden lässt, sollte sie 5 bis 10 Prozent der Gesamtsumme nicht übersteigen. Stehen im Kleingedruckten überhöhte Summen, ist dies oft nichtig, wie verschiedene Gerichte geurteilt haben. Sie brauchen dann überhaupt keine Anzahlung zu leisten.

So hat das Potsdamer Landgericht eine 50-prozentige Anzahlung für übertrieben erklärt (Az. 80 627/94). Das Oberlandesgericht Dresden hat nicht einmal eine 20-prozentige Anzahlung akzeptiert: Mit einer so hohen Summe werde das **Zurückbehaltungsrecht** des Kunden – falls die Möbel nicht in Ordnung sind oder zu spät geliefert werden – unangemessen eingeschränkt. Denn § 320 BGB gibt ihm ausdrücklich das Recht, die Kaufsumme zurückzuhalten, um so Druck auf den Händler auszuüben, wenn die bestellte Ware Fehler aufweist oder wenn beispielsweise eine Einbauküche nur unvollständig montiert wurde (Az. 21 U 3679/97).

Eine **Vorleistungsklausel** in einem Werklieferungsvertrag über eine zu montierende Einbauküche, wonach der komplette Kaufpreis bereits bei Anlieferung – also noch vor der Montage – fällig sein soll, ist unwirksam (OLG Köln, Az. 11 U 39/01).

Eine höhere Anzahlung kann allenfalls erlaubt sein, wenn es sich um Einzelstücke handelt, die individuell extra für den Kun-

den angefertigt werden und eventuell längere Zeit bis auf Abruf eingelagert werden müssen. Als Gegenleistung sollte der Kunde dann aber versuchen, einen Rabatt auf die Kaufsumme auszuhandeln.

Wenn Sie eine **zu hohe Anzahlung** bereits geleistet haben, kann es vor allem bei langen Lieferzeiten sinnvoll sein, einen Teil der Anzahlung zurückzuverlangen, um bei einem eventuellen Konkurs des Möbelhauses nicht das Nachsehen zu haben.

Getrost streichen können Sie die Klausel „**Restzahlung vor Lieferung**", auch wenn sie handschriftlich im Vertrag steht (BGH, Az. VIII ZR 204/98). Das gilt auch für Einbauküchen: Die Klausel, wonach der Gesamtbetrag bereits bei Anlieferung und noch vor Montagebeginn fällig sein sollte, verwarf das Landgericht Frankfurt/Main (Az. 2/23 O 400/98).

Möbel auf Pump

Viele Kunden kaufen ihre neuen Möbel auf Raten. Dabei ist gerade das besonders teuer. Wer zum Beispiel eine 10 000 Euro teure Einbauküche auf Pump kauft und vier Jahre lang abstottert, zahlt bei 7,5 Prozent Effektivzins eine Monatsrate von 241 Euro. Nach vier Jahren hat er insgesamt 11 568 Euro bezahlt. Hätte er zuerst vier Jahre gespart und dann gekauft, hätte er als Barzahler zwei Prozent Skonto aushandeln können. Die Küche hätte dann nur 9 800 Euro gekostet.

Hinzu kommt der Zinsertrag: Während des Ansparens hat er auch noch 381 Euro Zinsen eingestrichen (bei 2 Prozent effektivem Sparzins). Die Küche kostet ihn also nur 9 419 Euro. Das sind satte 2 149 Euro Ersparnis – die Belohnung fürs Warten.

Damit ist dieselbe Küche für den Sparer knapp 20 Prozent billiger als für den Ratenkäufer. Und der Sparer hat noch einen Vorteil: Er muss in den vier Jahren nur 200 Euro Monatsrate aufbringen, 41 Euro weniger als der Ratenkäufer. Wer ein echter Sparfuchs ist, macht also einen Bogen um den Kauf auf Pump.

Um Verbraucher vor einem übereilten Ratenkauf zu schützen, ist für alle Ratenkredite über 200 Euro mit mehr als drei Monaten Laufzeit die **Schriftform** vorgeschrieben. Im Vertrag muss stehen:

- **Barzahlungspreis:** Was die Ware bei Barzahlung kosten würde.
- **Teilzahlungspreis:** Gesamtbetrag aus Anzahlung, Raten, Zinsen und sonstigen Kosten wie etwa Bearbeitungsgebühren
- Höhe der **Raten**, ihre Zahl, Termin der Fälligkeit
- **Effektiver Jahreszins**
- Kosten für eine **Restschuldversicherung**, falls sie verlangt wird.

Fehlt eine dieser Angaben, ist der Vertrag nichtig, solange Sie die Möbel noch nicht bekommen haben. Wurden sie schon geliefert, bleibt der Vertrag bestehen, doch zu veränderten Bedingungen. Und das kann für Sie von Vorteil sein: Bei fehlendem Effektivzins wird dann der gesetzliche Zins angewendet. Er liegt immer 5 Prozent über dem Basiszinssatz. Und der wiederum wird in unregelmäßigen Abständen – je nach Lage am Kapitalmarkt – von der Bundesbank festgesetzt. Im Januar 2006 lag er bei 1,37 Prozent, sodass der **gesetzliche Zinssatz** 6,37 Prozent betrug.

Wichtig: Lassen Sie sich den schriftlichen Vertrag aushändigen. Vergleichen Sie den verlangten effektiven Zinssatz mit Angeboten mehrerer Banken und Sparkassen.

Wenn alles unterschrieben ist, Ihnen dann zu Hause aber doch Bedenken kommen, ist noch nicht alles verloren. Bei Ratenkreditverträgen haben Sie das Recht, innerhalb von 14 Tagen zurückzutreten – vom Kauf und vom Kreditvertrag (→ *Musterbrief 2, Seite 166*). Für die Zeit, in der Sie sie in Gebrauch hatten, müssen Sie dann allerdings eine Nutzungsentschädigung sowie Wertminderung zahlen (BGH, Az. VIII ZR 73/84). Auf dieses **Widerrufsrecht** muss der Vertrag ausdrücklich hinweisen. Die Widerrufsfrist beginnt erst, wenn Sie über das Widerrufsrecht informiert wurden und eine Abschrift der Vertragsurkunde erhalten haben.

Wurde das Darlehen bereits ausgezahlt, müssen Sie es innerhalb von zwei Wochen nach Erklärung des Widerrufs oder nach Auszahlung des Geldes zurückzahlen.

Wenn Sie den Darlehensvertrag gleich im Möbelhaus oder unter Mitwirkung des Händlers abgeschlossen haben, bedeutet der Widerruf des Darlehensvertrags gleichzeitig auch den Rücktritt vom Kaufvertrag. Aber Achtung: Wurde vertraglich das Recht eingeräumt, vom Kaufvertrag zurückzutreten, sollten Sie auch den Kaufvertrag zusätzlich widerrufen.

Anders ist das, wenn Sie, völlig losgelöst vom Möbelkauf, einen **Ratenkredit bei Ihrer Hausbank** aufnehmen. Dann bedeutet der Rücktritt vom Kreditvertrag nicht gleichzeitig auch den Rücktritt vom Möbelkauf.

Falls Sie mit den **Darlehensraten in Verzug** kommen, darf der Händler den Vertrag nur kündigen und die Darlehenssumme insgesamt fordern, wenn Sie mit mindestens zwei aufeinander folgenden Raten in Verzug sind und der Händler zuvor erfolglos eine zweiwöchige Frist zur Zahlung des rückständigen Betrags gesetzt hat. Dabei muss er darauf hinweisen, dass er bei Nichtzahlung die gesamte Restschuld verlangen wird.

DER FALL

Noch während er seine Wohnung renovierte, bestellte ein Kunde zwei Schränke, ein Bett, einen Nachttisch und eine Tischlampe bei einem Möbelhaus und zahlte 4785 Euro an. Doch als die Wohnung fertig war, ließen die Möbel immer noch auf sich warten. Dann teilte der Laden mit, sie würden in der ersten Juniwoche geliefert, doch selbst Ende Juni wurden sie nicht geliefert. Daraufhin lehnte der Kunde eine weitere Lieferung ab und verlangte sein Geld zurück.
Die Antwort des Möbelhauses: Der Schrank werde in der letzten Septemberwoche kommen, das Bett in der zweiten Dezemberwoche. Damit kam es jedoch vorm Amtsgericht München nicht durch. Zwar liege eine Lieferzeit von etwa drei Monaten bei Markenmöbeln nach allgemeiner Lebenserfahrung noch im marktüblichen Bereich. Doch hier waren schon 15 Wochen und 5 Tage verstrichen, und eine weitere Wartezeit von insgesamt sieben Monaten zu drei Monaten und 9,5 Monaten für das Bett angekündigt. Auf so lange Fristen hätte der Händler von Anfang an deutlich hinweisen müssen (Az. 275 C 34636/05).

Warten auf die Lieferung

Eines der häufigsten Probleme beim Möbelkauf ist die Lieferfrist. Mehrere Wochen Wartezeit sind die Regel, oft vergehen sogar Monate, bis die Möbel endlich da sind – stellen Sie sich besser von vornherein darauf ein. Nichts gibt beim Möbelkauf so viel Anlass zu Beschwerden wie verspätete Lieferungen.
In der Praxis haben Sie kaum Möglichkeiten, sich dagegen zu wehren. Doch wer beim Kaufvertrag aufpasst, kann wenigstens klare rechtliche Verhältnisse schaffen.

Der wichtigste Rat: Halten Sie **schriftlich ein möglichst präzises Datum** fest. Da reicht nicht die Formulierung „Lieferung baldmöglichst" oder „Lieferung in den nächsten Wochen". Statt dessen sollte der Händler sich zumindest auf eine Kalenderwoche festlegen, besser noch auf ein taggenau bestimmtes Datum. Überzieht er diesen Termin, haben Sie zwei Möglichkeiten: auf Vertragserfüllung bestehen oder vom Vertrag zurücktreten.

Steht im Kaufvertrag kein exaktes Datum (zum Beispiel „Lieferung innerhalb von drei Wochen nach Abruf" oder „ca. Liefertermin bis 17. Kalenderwoche"), müssen Sie zunächst warten, bis diese nicht präzise berechenbare Frist abgelaufen ist. Wenn im Vertrag eine noch ungenauere Lieferfrist steht, wird es schwierig. Einen Orientierungspunkt liefert ein Urteil des Oberlandesgerichts Nürnberg, das die Zusicherung, „baldigst" zu liefern, als eine Frist von 6 bis 8 Wochen interpretierte (Az. 8 U 1237/80).

Wenn überhaupt nicht absehbar ist, wann die Möbel geliefert werden und Sie keine Lust auf einen langen Rechtsstreit haben, bleibt Ihnen die Möglichkeit, vom Vertrag zurückzutreten. Sinnvoll ist das zum Beispiel, wenn die gewünschten Möbel in gleicher Art und Güte bei einem anderen Händler sofort zu haben wären. Für so einen **Rücktritt vom Vertrag** müssen bestimmte Formalitäten eingehalten werden.

Wurde die Frist präzise definiert, können Sie nach Ablauf vom Vertrag zurücktreten. Dann ist die Firma automatisch „in Verzug", wie die Juristen sagen. Bei einer nicht präzise definierten Frist sollten Sie zunächst die Lieferung beim Händler anmahnen und ihm dort eine **Nachfrist** von zum Beispiel zwei Wochen setzen (→ *Musterbrief 3, Seite 166*), aus Beweisgründen am besten per **Einschreiben mit Rückschein**.

Wie lang die Nachfrist sein muss, kommt auf den Einzelfall an. Sie darf wesentlich kürzer sein als die ursprünglich vereinbarte Lieferzeit. Betrug diese beispielsweise nur vier Wochen, wird eine Woche Nachfrist reichen. Mit zwei Wochen dürften Sie in den weitaus meisten Fällen auf der sicheren Seite sein. Die vier Wochen, die ein Möbelhaus sich generell im Kleingedruckten vorbehalten hatte, hat der Bundesgerichtshof ausdrücklich für zu lang erklärt (Az. VIII ZR 226/83).

Daran ändert auch ein Hinweis im Kleingedruckten nichts, nach dem der Kunde auch bei Verzug des Händlers nur vom Vertrag zurücktreten kann, wenn er zuvor eine Nachfrist von sechs Wochen gesetzt hat. Ganz abgesehen davon, dass Kunden, die eine solche Klausel in den AGB finden, besser woanders kaufen sollten, da diese Firma sich mit dem Liefern offenbar ganz besonders viel Zeit lässt, ist die Klausel juristisch unwirksam, weil sie den Kunden unangemessen benachteiligt. Nur in ganz besonderen Einzelfällen können so lange Fristen möglich sein, doch das muss dann individuell vereinbart werden – also nicht mit einem Formularvertrag (OLG Oldenburg, Az. 1 U 179/91).

Darüber hinaus können Sie **Schadenersatz** fordern, zum Beispiel wenn das Möbelstück bei einem anderen Händler sofort zu haben ist, jedoch nur zu einem höheren Preis. Sie können es dann dort kaufen und die Preisdifferenz als Schadenersatz einfordern. Doch Vorsicht: Das gibt Ihnen nicht das Recht, jeden Preis zu zahlen und die Differenz einzuklagen. Vielmehr müssen Sie im Rahmen Ihrer Schadenminderungspflicht auch beim Kauf in einem anderen Geschäft auf einen günstigen Preis achten. Auch Telefon- und Portokosten müssen Ihnen ersetzt werden.

Ersetzt werden nur materielle Schäden, die sich in Euro und Cent messen lassen, nicht der Ärger, den Sie die ganze Zeit über hatten. Denkbar wäre beispielsweise, dass notwendige Möbel wie eine Küche oder Betten fürs Schlafzimmer nicht geliefert wurden und daher für die Zwischenzeit Ersatz beschafft werden musste.

Beim **Ersatz für die entgangene Nutzungsmöglichkeit** gibt es keine klare Linie. Nur wenige Gerichte sprechen dem Kunden Geld zu. Beispiele: Das Landgericht Osnabrück gewährte dem Käufer einer unbrauchbaren Einbauküche Anspruch auf rund 2,50 Euro pro Tag (Az. 7 O 161/98). Das Landgericht Tübingen setzte die Entschädigung für eine um drei Wochen verspätete Lieferung einer Einbauküche sogar immerhin auf rund 250 Euro fest (Az. 1 S 145/88).

Wenn alle drei Voraussetzungen – Mahnung, Nachfrist, Ablehnungsandrohung – vorliegen und die Möbel innerhalb der Nachfrist nicht kommen, können Sie **vom Vertrag zurücktreten**.

Teillieferungen

Vor allem bei größeren Bestellungen oder individuell gefertigten Möbeln kommt es vor, dass die Männer vom Lieferservice nur mit einem Teil der Ware vorfahren. Erlaubt ist das nicht, denn § 266 des Bürgerlichen Gesetzbuchs sagt unmissverständlich: „Der Schuldner ist zu Teilleistungen nicht berechtigt." Und das gilt selbst dann, wenn sich das Möbelhaus in den Allgemeinen Geschäftsbedingungen solche Teillieferungen vorbehält.

Eine Ausnahme kann allenfalls gerechtfertigt sein, wenn zum Beispiel ein **Versehen** vorliegt: Hat der Händler bei der Lieferung eines Schlafzimmers die beiden Nachttischlampen vergessen, wäre es unter Abwägung der gegenseitigen Interessen nicht gerechtfertigt, die komplette Lieferung abzulehnen. Sie müssen dann aber auch nur einen angemessenen Teilbetrag zahlen.

Im Übrigen bleiben dem Kunden die gleichen Rechte wie bei verspäteter Lieferung: Er kann den Händler wegen des fehlenden Teils unter Verzug setzen, mit Nachfrist und Ablehnungsandrohung. Kommen die Teile auch dann nicht, kann er vom gesamten Vertrag zurücktreten oder auf Vertragserfüllung klagen.

Dasselbe gilt, wenn **der vorgesehene Lieferumfang** nicht eingehalten wird. Fehlt zum Beispiel im Jugendzimmer ein Regal, weil es angeblich nicht mehr produziert wird, können Sie vom gesamten Vertrag zurücktreten. Denn Sie haben eine zusammengehörige Sache bestellt, von der kein Teil fehlen darf.

Achtung: Anders ist das natürlich, wenn Sie bei ein und derselben Firma verschiedene Möbel bestellt haben, die nicht zusammengehören. Wenn beispielsweise die Sitzgruppe für die Küche geliefert wird, nicht aber der Schuhschrank für den Flur, können Sie nicht die Abnahme aller Sachen verweigern. Falls es Ihnen wichtig ist, dass alle Möbel auch wirklich zusammen kommen, sollten Sie das im Vertrag festhalten und sich das Recht auf Abnahmeverweigerung auch für diesen Fall schriftlich vorbehalten.

DER FALL

Die Treppenhausfalle

Bei der Lieferung eines Bettes stellte sich heraus, dass es hätte zerlegt werden müssen, um durchs Treppenhaus zu passen. Die Firma verlangte für diese zusätzlichen Arbeiten rund 350 Euro extra, holte sich vor Gericht jedoch eine Abfuhr: Allein durch seine Bestellung habe der Kunde keine Gewähr dafür übernommen, dass die Anlieferung möglich ist, meinten die Richter (LG Nürnberg-Fürth, Az. 13 S 8764/93). **Wichtig:** Dies gilt natürlich nur, so lange keine besonderen Umstände vorliegen, zum Beispiel ein ungewöhnlich enges Treppenhaus.

Lieferung frei Haus

In der Regel wird die Ware „frei Haus“ geliefert. Das bedeutet aber nicht, dass die Möbelpacker die Sachen einfach auf den Gehweg vorm Haus abladen dürfen. Vielmehr beinhaltet dieser Passus, dass die Möbel **bis in die Wohnung** gebracht werden.

Das gilt auch, wenn im Kleingedruckten die Klausel steht: „Als Lieferung frei Haus gilt ein Transport bis ins dritte Stockwerk einschließlich, bei höheren Stockwerken gilt ein angemessener Zuschlag als vereinbart, sofern die Benutzung eines Aufzugs unmöglich ist.“

Uhrzeit der Lieferung

Besonders ärgerlich ist für den angeblichen „König Kunde“, wenn ihm nur ein Liefertag, nicht aber eine Lieferzeit genannt wird. Oder wenn die angekündigte Uhrzeit um Stunden überzogen wird. Dieses Verfahren ist zwar üblich, aber dennoch unzumutbar. Kein Händler kann kurzerhand davon ausgehen, der Kunde habe den ganzen Tag Zeit und nichts Besseres zu tun, als ununterbrochen auf der Lauer zu liegen, bis der Lieferservice endlich eintrifft – oder am Ende dann doch nicht. Sie können vom Händler die **Angabe einer ungefähren Uhrzeit** verlangen, also etwa „zwischen 9 und 11 Uhr“, oder „bis 14 Uhr“.

Wenn zum Beispiel ein großzügig bemessener Zeitraum vereinbart wurde wie „Lieferung bis 11 Uhr“, dürfen Sie auch Großzügigkeit von der anderen Seite erwarten. Sie können also durchaus kurzzeitig das Haus verlassen, um beispielsweise Frühstücksbrötchen zu kaufen. Hinterlassen Sie aber eine Nachricht am Klingelknopf oder informieren Sie einen Nachbarn. Die Lieferanten sind dann verpflichtet, 10 bis 15 Minuten zu warten.

Haben Sie einen Liefertermin aus eigener Schuld verpasst, darf der Händler natürlich für die zweite Fahrt ein Entgelt nehmen. Das muss aber angemessen sein. Scheint Ihnen der Betrag zu hoch, sollten Sie eine Kostenaufstellung verlangen.

Ware einwandfrei erhalten?

Haben die Möbelpacker die Ware ordnungsgemäß ins Haus getragen, können sie **Barzahlung** verlangen. Halten Sie also ausreichend Geld bereit. Falls Sie per Überweisung oder Scheck bezahlen möchten, sollten Sie das gleich bei Abschluss des Kaufvertrags klären.

DER FALL

In Verzug ohne Mahnung

Wer Rechnungen gern auf die lange Bank schiebt, kann nicht darauf vertrauen, rechtzeitig eine Mahnung zu erhalten. Denn das „Gesetz zur Beschleunigung fälliger Zahlungen" sieht generell eine **Zahlungsfrist von 30 Tagen** vor. Der Schuldner braucht keine Mahnung mehr zu schicken, vielmehr werden ab dem 31. Tag Verzugszinsen fällig, und zwar nicht zu knapp: immer 5 Prozent über dem Basiszinssatz der Europäischen Zentralbank. Liegt der bei 4 Prozent, erhöht sich die Rechnung pro Jahr um 9 Prozent Verzugszins – pro Monat Zahlungsverzug also um 0,75 Prozent.
Das gilt nicht nur beim Möbelkauf, sondern in allen Wirtschaftsbereichen, egal ob Arzt, Handwerker oder Versandhaus. Die Zahlungsfrist beginnt mit Zugang der Rechnung.

Wichtig: Wenn die Möbel Macken haben, oder wenn nur ein Teil der Bestellung gebracht wurde, können Sie einen **Teil des Kaufpreises einbehalten**. Die Gerichte gestehen dem Kunden in der Regel das Dreifache der Mängelbeseitigungskosten als „Druckzuschlag" zu, um den Händler zu einer baldigen Beseitigung des Schadens zu veranlassen. Für Werkverträge (wenn nicht einfach nur eine Ware gekauft, sondern extra hergestellt wird, zum Beispiel eine Einbauküche) ist dieser Druckzuschlag sogar gesetzlich festgeschrieben.

Um spätere Reklamationen zu erschweren, wenden einige Möbelhäuser einen unschönen Trick an: Sie verlangen eine Bestätigung über den Erhalt der Ware. Doch statt des Passus „Ware erhalten", steht dort „Ware in einwandfreiem Zustand erhalten". Der Käufer quittiert damit nicht einfach den Empfang der Möbel, sondern soll zugleich bestätigen, dass sie fehlerfrei sind. **Unser Rat:** Streichen Sie die drei überflüssigen Worte.

Überflüssig sind sie deshalb, weil sie ohnehin juristisch unwirksam sind: Kein Laie kann bei nur oberflächlicher Betrachtung – und mehr ist während des Lieferchaos meist gar nicht möglich – gründlich beurteilen, ob wirklich alles in Ordnung ist. Verdeckte Mängel könnten sich erst nach einiger Zeit zeigen, und dann hätte – wäre die Klausel rechtswirksam – der Kunde im Streitfall größere Mühe, seine Gewährleistungsrechte durchzusetzen, denn der Verkäufer würde ihm natürlich die unterschriebene Klausel vorhalten. Deshalb sehen die Gerichte die Klausel als wertlos an, auch wenn der Kunde sie unterschrieben hat (OLG Koblenz, Az. 2 U 620/94).

Das ist auch bei offensichtlichen Mängeln so: Eine Klausel, nach der im Falle offensichtlicher Mängel Gewährleistungsrechte nicht mehr durchsetzbar sind, falls sie nicht binnen 14-tägiger Frist gerügt werden, ist unwirksam, entschied das Amtsgericht Erfurt (Az. 5 C 3126/05).

Dasselbe gilt, wenn der Kunde **Abholmöbel**, die er direkt vom Möbelhaus mitnimmt, gleich bei der Übernahme prüfen soll mit dem Hinweis: „Spätere Reklamationen sind ausgeschlossen". Weil auch diese Bedingung ihm die Möglichkeit nimmt, verdeckte Mängel zu reklamieren, die er erst später bemerkt, ist die komplette Klausel unwirksam. Kleinere Kratzer, Farbabweichungen, Abplatzungen von Lack oder Glas können Sie also durchaus auch später noch reklamieren, selbst wenn Sie diese Klausel unterschrieben haben (Landgericht Berlin, Az. 26 O 257/99).

Wenn die Möbel Macken haben

Neben langen Lieferfristen ist das zweite große Problem beim Möbelkauf die Qualität. Wenn Sie mangelhafte Ware bekommen, können Sie wählen. Möchten Sie

- das Möbelstück repariert haben (**Nachbesserung**),
- es zurückgeben und stattdessen ein anderes, neues erhalten (**Ersatzlieferung**),
- einen Teil des Kaufpreises erstattet bekommen (**Minderung**)
- oder den ganzen Kauf rückgängig machen und Ihr Geld zurückerhalten (**Rücktritt**).

Doch diese Wahlfreiheit ist eingeschränkt. Denn das Gesetz legt auch fest, dass die Entscheidung verhältnismäßig sein muss. In der Praxis bedeutet das: Wenn für den Verkäufer eine Reparatur wirtschaftlich vernünftiger ist, muss der Kunde das akzeptieren. Im Alltag läuft es daher oft auf eine Reparatur hinaus. Der Händler darf sich aber nur zwei Nachbesserungsversuche leisten. Gibt es danach immer noch Mängel oder geht das Teil noch einmal kaputt, können Sie unter den verbliebenen drei Möglichkeiten wählen: Ersatz durch ein gleiches Stück, Rücktritt vom Kauf oder Preisminderung.

Wie lange die Reparatur dauern darf, kommt auf den Einzelfall an. Es gibt keine verbindliche Frist für die **Nachbesserung**. **Tipp:** Wenn Sie schon länger warten, setzen Sie schriftlich eine

DER FALL

Kostenübernahme bei der Nacherfüllung

Die Kunden hatten für 1 760 Euro eine Couch-Garnitur im Möbel-Abholmarkt gekauft und sie selbst nach Hause transportiert. Wegen des engen Treppenhauses mussten sie einen Hubwagen kommen lassen, der die Möbel über den Balkon in die Wohnung im ersten Stock brachte. Nachdem diverse Mängel an der Garnitur auftauchten und der Kundendienst zweimal vergeblich versucht hatte, sie vor Ort zu reparieren, einigte man sich auf Ersatzlieferung einer neuen Garnitur.

Die musste das Möbelhaus dann auf eigene Kosten – inklusive Hubwagen – in die Wohnung der Kunden bringen, entschied das Amtsgericht Menden (Az. 4 C 26/03): Der Händler musste die Kosten des Transports tragen. Denn der Käufer soll durch die notwendige Nacherfüllung nicht weiter belastet werden. Würde man ihm den Rücktransport aufbürden, hätte er zusätzliche Arbeit, müsste sich ein Auto mieten und das Risiko von Beschädigungen während des Rücktransports tragen. Ein Sachverständiger hatte die Kosten des Transports zwischen 543,46 und 637,42 Euro geschätzt.

Unter Juristen gilt als Faustregel: Wenn die Nacherfüllungskosten – hier der Transport – bis zu 100 Prozent des Werts der mangelfreien Sache betragen, sind sie dem Verkäufer zumutbar.

Frist (zum Beispiel eine Woche), innerhalb der er reparieren muss. Kündigen Sie an, danach rechtliche Schritte einzuleiten und die Kosten als Verzugsschaden zu berechnen. Das könnte die Sache beschleunigen.

Wenn klar ist, dass Sie dringend auf die Ware angewiesen sind, können Sie auch schon nach einem gescheiterten Versuch die Reißleine ziehen. Dann sollten Sie sich aber vorher bei einer Verbraucherzentrale Rat holen.

Wenn weder Reparatur noch Ersatzlieferung klappen oder wenn der Händler von vornherein beides ablehnt, können Sie den Kauf rückgängig machen: Sie geben die Ware zurück und der Händler das Geld. Das bedeutet, dass Sie so gestellt werden müssen, als hätten Sie den Vertrag nie abgeschlossen. Konkret: Nicht der Kunde muss eine bereits gelieferte Schrankwand ins Möbelhaus tragen oder auf seine Kosten dorthin transportieren lassen, sondern der Händler. Denn „Erfüllungsort" des Vertrags ist der Ort, an dem der Käufer die Schrankwand aufstellen will – Ihr Zuhause also.

Es reicht, wenn Sie die Möbel dem Händler dort zur Abholung zur Verfügung stellen. Die Firma trägt alle Kosten für die Rückabwicklung des Vertrags, also auch für Transport und Montage. Da spielt es keine Rolle, wenn Sie in der Zwischenzeit die Transportverpackung in den Müll geworfen haben: Das Argument „Unverpackte Ware nehmen wir nicht zurück" ist ein unzulässiger – und juristisch unwirksamer – Versuch, das gesetzliche Gewährleistungsrecht zu beschneiden.

Diese Rechte gelten auch, wenn der Händler sie gern einschränken möchte. Selbst wenn im Vertrag die Klausel steht

„Wandelung oder Minderung sind ausgeschlossen, der Käufer hat nur ein Recht auf Nachbesserung", können Sie bei wesentlichen Mängeln den Kauf rückgängig machen oder eine Minderung des Kaufpreises verlangen (BGH, Az. VIII ZR 245/89).

In der Praxis ist es jedoch meist schwierig, den Minderungsbetrag festzulegen. Eine praktische Orientierungshilfe geben die Reparaturkosten, die nötig wären, um einen einwandfreien Zustand herzustellen. Tipps können auch die Industrie- und Handelskammern geben. Sinnvoll dürfte eine Minderung wohl nur bei relativ geringfügigen Mängeln sein, mit denen Sie auf Dauer leben können (*Musterbrief 1, Seite 165*).

Außerdem können Sie eventuell Schadenersatz verlangen. Das greift dann, wenn wegen des Mangels weitere Schäden entstanden sind, zum Beispiel wenn der Sofabezug auf ein teures Kleid abgefärbt hat. **Schadenersatz** können Sie aber auch geltend machen, wenn Sie zum Beispiel eine Schrankwand, die der Händler wieder zurücknehmen muss, ohne eine gleiche nachliefern zu können, bei einem anderen Händler bekommen, dort aber ein höherer Preis verlangt wird. Die Preisdifferenz muss Ihnen erstattet werden. Allerdings sind Schadenersatzansprüche in der Praxis schwierig durchzusetzen. Lassen Sie sich daher vorher in einer Verbraucherzentrale beraten.

Nur „wesentliche" Mängel zählen

Nur bei gravierenden Fehlern können Sie auf Ihre Gewährleistungsrechte pochen. Bei Kleinigkeiten kommt das nicht in Betracht, **unwesentliche Mängel** müssen Sie hinnehmen. Beispiele:

- Scharfe Kanten an einer Tischumrandung, die materialtypisch und ungefährlich sind und auch der Optik des Möbelstückes nicht abträglich sind. Ebenso kaum sichtbare Löcher nach Art von Stecknadelstichen in der Innenseite von Schubkästen (OLG Kob-lenz, Az. 12 U 76/05).
- kleine Kratzer, die mit ein wenig Politur beseitigt werden können,
- geringe Farbreste auf der Rückseite einer Schrankwand,
- knackende Geräusche beim Umlegen eines Sessels, die das Muster im Laden nicht hatte (LG Braunschweig, Az. 4 O 437/92),
- kleine strich- und fleckenförmige Stellen auf einem Lederbezug, die auf Hautunregelmäßigkeiten des Naturprodukts Leder zurückzuführen sind (LG Paderborn, Az. 3 O 495/92).
- Ausstellungsstück: Grundsätzlich gilt die Bestellung des Kunden natürlich für neue Möbel. Das muss aber nicht originalverpackte, fabrikneue Ware sein, vielmehr kann der Händler auch

ein Ausstellungsstück liefern. Denn die Gerichte sehen ein Serienprodukt auch dann noch als fabrikneu an, wenn es einige Zeit im Lager oder im Verkaufsraum stand, ohne dabei Schaden zu nehmen (OLG Düsseldorf, Az. 22 U 33/91). Anders als beispielsweise bei Elektrogeräten spielt es keine Rolle, ob das Modell zum Zeitpunkt des Verkaufs noch unverändert hergestellt wird.

Beispiele für **wesentliche Mängel**:

- Sitzmulden auf einem teuren Sofa, die sich schon nach kurzer Zeit bilden (LG Düsseldorf, Az. 44 C 97/94),
- ein Ledersofa, das stark abfärbt (OLG Hamm, Az. 19 U 44/94),
- Flecken im Leder von ungewöhnlicher Größe, zum Beispiel 24 × 15 cm, auch wenn sie ledertypisch sind (LG Berlin, Az. 2 O 458/92),
- ein 4 Zentimeter langer Riss auf der Unterseite einer hochklappbaren Sitzfläche eines Sessels (Amtsgericht Münster, Az. 5 C 504/94).
- Formaldehyd: Kommt es zu gesundheitlichen Beschwerden, sollten diese unbedingt von einem Arzt attestiert werden. Im Zweifelsfall sollte rasch ein Sachverständiger eingeschaltet werden. Stellt auch der eine zu hohe Luftbelastung fest, liegt ein wesentlicher Mangel vor (OLG Stuttgart, Az. 12 U 268/90).
- Schwierig wird es, wenn das Möbelstück stark riechende Ausdünstungen hat, die auch nach vier Wochen noch anhalten. Solche Ausgasungen gelten als Mangel, wenn sie durch giftige Stoffe verursacht werden. In solchen Fällen sollten Kunden zunächst versuchen, beim Händler um Abhilfe oder Umtausch zu bitten. Weigert er sich, muss der Kunde nachweisen, dass die Ware fehlerhaft ist. Letzten Endes müsste dafür ein Gutachten her, das von einem anerkannten Sachverständigen oder Schadstoffmessinstitut erstellt wurde. Das ist jedoch sehr aufwändig und teuer. Und ob das Gutachten vor Gericht tatsächlich Bestand hat, ist zudem fraglich.
- Dass eine „legere" Polstergarnitur, zu deren warentypischer Beschaffenheit eine vorspannlose Polsterung gehört, faltenreich und knautschig aussieht, stellt zwar keinen Sachmangel dar. Aber wenn der Kunde im Verkaufsgespräch ausdrücklich fragt, ob die Sitzgruppe „formbeständig" sei, darf der Verkäufer nicht einfach mit „Ja" antworten, sondern hätte detaillierter über das Aussehen aufklären müssen (OLG Köln, Az. 13 U 72/01).
- Löst sich an den Türen einer Einbauküche die Dekorfolie, ist das ein wesentlicher Sachmangel. Behebt die Firma den Schaden

nicht so, dass die Fronten optisch einwandfrei sind, dürfen die Kunden den Kauf rückgängig machen und die komplette Küche zurückgeben. Sie müssen sich nicht mit einer anteiligen Minderung des Kaufpreises zufrieden geben. Abbau und Abholung obliegen der Firma (Brandenburgisches Oberlandesgericht, Az. 13 U 37/07).

Aber selbst bei wesentlichen Mängeln erlöschen die Gewährleistungsrechte, wenn der Kunde sie vor dem Kauf kannte. Wenn der Händler **vor dem Kauf** ausdrücklich und unmissverständlich auf solche Fehler hingewiesen hat, können Sie diesen Mangel nicht hinterher reklamieren. Aber das gilt nur für dieses bestimmte Problem, nicht für andere. Beispiel: Der Verkäufer hat deutlich gemacht, dass der Klappmechanismus am Schlafsofa nicht funktioniert und in den Kaufvertrag geschrieben: „Umtausch, Reparatur und Rücknahme ausgeschlossen". Sie wollen das Sofa ohnehin nicht zum Schlafen nutzen und freuen sich über den Preisnachlass. Doch nach einigen Wochen wackelt die Armlehne – und davon hatte der Verkäufer nie gesprochen. Deshalb können Sie reklamieren, auf Reparatur oder Ersatzlieferung bestehen oder den Kauf rückgängig machen.

Mitunter verlangen Möbelhäuser, dass der Kunde fehlerhafte Möbel so lange **unbenutzt bei sich zu Hause aufbewahrt**, bis ein Monteur den Schaden begutachtet. Doch das ist häufig unzumutbar, speziell bei einem Schlafzimmer oder einer Einbauküche, die man zum täglichen Leben benötigt. Deshalb sind Vertragsklauseln unwirksam, die festlegen, dass „fehlerhafte Ware in dem Zustand zur Besichtigung bereitgehalten werden muss, in dem sie sich bei Lieferung befindet" (OLG Oldenburg, Az. 1 U 179/91).

Auch eine fehlende, falsche oder unverständliche Montageanleitung gilt als Sachmangel. Juristen sprechen von der **„Ikea-Klausel"**. Beispiel: Sie kaufen einen Kleiderschrank, der in Einzelteilen geliefert wird. Die Teile an sich sind einwandfrei und vollständig vorhanden. Aber die Gebrauchsanweisung ist offenbar schlecht aus einer Fremdsprache übersetzt und an einigen Stellen so unverständ-

DER FALL

Zugesicherte Eigenschaften: Flecken trotz Imprägnierung

Ein Ehepaar hatte für 7700 Euro eine beige Polstergarnitur gekauft. Weil es ihnen bei einem so hellen Bezug sehr wichtig war, dass die Möbel nicht schon bald Flecken bekommen würden, fragten sie ausdrücklich danach. Der Händler versicherte daraufhin, dass nichts passieren würde, wenn die Kunden eine zusätzliche Fleckenschutzimprägnierung gleich mitbezahlen würden. Dann werde er sogar fünf Jahre Garantie auf Fleckenfreiheit geben.

Trotz der Imprägnierung dauerte es aber nicht lange, und die helle Polsterung zeigte doch Flecken. Das Oberlandesgericht Köln verdonnerte den Händler zur Rücknahme der Möbel. Er habe wissen müssen, dass die Polster sich unweigerlich verfärben würden, wenn jemand darauf Platz nimmt, der nicht farbechte Kleidung trägt. Davor könne auch eine Fleckenschutzimprägnierung nicht schützen. Er hätte die Käufer unbedingt darauf hinweisen müssen (OLG Köln, Az. 6 U 109/04).

lich, dass Sie den Schrank nicht zusammenbauen können, ohne auf Vermutungen angewiesen zu sein – mit dem Risiko, etwas grundfalsch zu machen. Hier haben Sie Anspruch auf Nachlieferung einer neuen mangelfreien Montageanleitung. Haben Sie den Schrank bereits falsch zusammengebaut, können Sie gemäß § 439 Absatz 1 Bürgerliches Gesetzbuch auch verlangen, dass das Möbelhaus ihn wieder auseinander nimmt oder Ihnen neue Ware liefert.

Gewährleistung und Garantie – ungleiche Zwillinge

Die gesetzliche Gewährleistung auf Mängelfreiheit gilt zwei Jahre für alle neuen Waren. Sie ist unumgänglich, jeder Händler muss sie geben – und zwar selbst. Er kann also nicht sagen: „Damit müssen Sie sich an den Hersteller wenden" und Ihnen die Telefonnummer seiner Hotline nennen. Denn es haftet derjenige, der die Ware verkauft.

Wenn Ihre neuen Möbel wesentliche Mängel aufweisen, sollten Sie das dem Händler melden und die Fehler beschreiben – aus Beweisgründen am besten per Einschreiben mit Rückschein (→ *Musterbrief 4, Seite 167* und → *Mängelmeldungen, Seiten 168, 169*). Eine Rückgabe nur, weil Ihnen die Möbel nicht gefallen, ist – abgesehen vom Versandhandel – gesetzlich nicht vorgesehen. Ein solches Rückgaberecht haben Sie nur, wenn das Möbelhaus es Ihnen ausdrücklich eingeräumt hat.

Gewährleistung

Da sie gesetzlich festgelegt ist, kann die Gewährleistung nicht eingeschränkt werden. Insbesondere dürfen die Firmen die Zweijahresfrist nicht verkürzen oder die Gewähr für bestimmte Teile ausschließen, etwa für die Scharniere der Schranktüren mit der Vertragsklausel „auf Verschleißteile keine Gewähr". Nur Teile, die aufgrund ihrer natürlichen Abnutzung alle paar Wochen oder Monate ersetzt werden müssen, unterliegen nicht der Gewährleistungsfrist, beispielsweise Aktivkohlefilter einer Dunstabzugshaube.

Auch **bei gebrauchten Waren** muss der Händler Gewährleistung geben. Da darf er die Frist allerdings **auf ein Jahr verkürzen**. Diese Einjahresfrist gilt aber nicht automatisch, sondern nur, wenn der Händler ausdrücklich darauf hinweist. Unterbleibt der Hinweis, gelten auch für Gebrauchtwaren zwei Jahre Gewährleistung. Ausnahmen davon – etwa: „Bei diesen Geräten gelten Sonderfristen" – gibt es nicht.

Werden Möbel auf einer Messe mit dem Schild „Abholpreis für Ausstellungsstück" versehen, handelt es sich um Gebrauchtware. Verkauft der Händler sie mit der Vereinbarung „ein Jahr Garantie", bedeutet dies, dass er die gesetzliche Gewährleistung auf ein Jahr verkürzt, was bei Gebrauchtware zulässig ist (Landgericht Münster, Az. 14 O 375/05).

Doch **innerhalb der ersten sechs Monate** hat der Kunde zusätzlich einen großen Vorteil: Wenn es im ersten halben Jahr einen Mangel gibt, geht das Gesetz automatisch davon aus, dass es sich um einen Gewährleistungsfall handelt. Der Kunde muss nicht nachweisen, dass der Fehler schon beim Kauf vorlag oder dass es sich um einen Konstruktionsfehler des Möbelstücks handelt. Er braucht nur den Fehler zu nennen, dann ist der Händler dran. Wenn der nicht beweisen kann, dass der Kunde das Problem selbst verursacht hat, muss er haften: reparieren, einwandfreien Ersatz liefern, Preisnachlass gewähren oder den Kauf rückgängig machen.

DER FALL

Zahlungen zurückhalten

Wenn Sie einen Fehler an der Ware feststellen und den Kaufpreis noch nicht oder nicht vollständig bezahlt haben (das kommt besonders bei Ratenkäufen in Betracht), können Sie einen entsprechenden Anteil zurückhalten, um dem Händler Druck zu machen. Die Gerichte gestehen dem Kunden in solchen Fällen in der Regel das Dreifache der Reparaturkosten als so genannten „Druckzuschlag" zu.

Nach den ersten sechs Monaten dreht sich **die Beweislast** um: Dann muss der Kunde nachweisen, dass zum Beispiel der Glastisch schon beim Kauf einen Knacks hatte und nicht erst deshalb einen Sprung bekam, weil Oma ihm mit dem Rollator zu nahe kam. Im Streitfall müsste ein Gericht einen Gutachter beauftragen. Oft ist das aber gar nicht nötig, weil viele Mängel nur **bauartbedingt** aufgrund mangelhafter Qualität entstehen können und nicht durch schlechte Handhabung: Wenn sich am Bürostuhl die Rollen lösen, kann der Händler nicht argumentieren, das habe der Kunde durch eine zu hohe „Kilometerleistung" verursacht.

Dennoch versuchen viele Händler, Kunden abzuwimmeln, die nach Ablauf der ersten sechs Monate reklamieren. Wenn der Verkäufer Beweise sehen will, wo eigentlich keine nötig sind, sollten Sie sich an die nächste Verbraucherzentrale wenden. Oft wirkt ein nachdrücklich formuliertes Schreiben von dort Wunder. Es gibt auch darüber hinaus zahlreiche **Versuche, die Gewährleistungsrechte einzuschränken**. Typische Beispiele:

- Hinweisschild: „**Sonderangebot!** Verkauf unter Ausschluss jeder Gewährleistung". So etwas ist nicht erlaubt: Auch für Waren, die zu Discountpreisen verschleudert werden, gilt die gesetzliche Gewährleistung (Landgericht Berlin, Az. 26 O 257/99).
- **Ausstellungsstück:** So soll aus neuer Ware ein gebrauchtes Stück werden, auf das nur ein Jahr Gewährleistung gegeben werden muss. Doch so lange die Waren zum Verkauf stehen und nicht privat benutzt wurden, gelten sie als neu, meinte das Oberlandesgericht Düsseldorf (Az. 6 U 137/96), und müssen daher mängelfrei sein.

- Ausschluss bestimmter **Schadenursachen**, etwa: „Mängel, die durch Feuchtigkeit, starke Erwärmung der Räume oder Witterungseinflüsse entstehen". Auch das ist unwirksam. Zwar kann kein Kunde, der seine Möbel unsachgemäß behandelt, Gewährleistungsansprüche stellen. Doch diese Klausel schließt die Gewährleistung generell aus, zum Beispiel auch für Badmöbel, die oft hoher Luftfeuchtigkeit ausgesetzt sind, oder für Dachwohnungen, wo es im Sommer sehr warm werden kann. Im Übrigen ist die Formulierung „starke Erwärmung" zu ungenau: Niemand kann wissen, wieviel Grad darunter zu verstehen sind (OLG Koblenz, Az. 2 U 527/91).
- Die Klausel „Bei **Abholmöbeln** ist die Gewährleistung ausgeschlossen, soweit gesetzlich zulässig" könnte ein juristisch nicht beschlagener Durchschnittskunde als völligen Ausschluss der Gewährleistung verstehen, da er die Gesetzeslage nicht kennt. Deshalb ist die Klausel unwirksam, denn fundiertes juristisches Know-how kann vom Normalverbraucher nicht verlangt werden.
- **Haftungsbeschränkung**, zum Beispiel mit der Klausel: „Wir haften nur für Vorsatz und grobe Fahrlässigkeit." So einfach geht das nicht. Einen völligen Gewährleistungsausschluss – auch für leichte Fahrlässigkeit – lässt das AGB-Gesetz nicht zu.
- **Ausschluss von Schadenersatz** durch Klauseln wie „Schadenersatzansprüche sind ausgeschlossen, soweit der Schaden nicht vorsätzlich oder grob fahrlässig verursacht wurde". Das ist unwirksam. Selbst die Haftung für leichte Fahrlässigkeit kann nicht generell ausgeschlossen werden (OLG Oldenburg, Az. 1 U 179/91).
- **Verpackung:** „Rücknahme nur in OVP" liest man manchmal. Dass die Ware nur in Originalverpackung akzeptiert wird, ist aber nicht rechtens. Niemand kann erwarten, dass Kunden zu Hause über

DER FALL

Das Werk: die maßgeschneiderte Einbauküche

Ein Kunde kaufte eine Einbauküche aus einem serienmäßigen Programm. Sie wurde nach einem Einbauplan zusammengesetzt, der sich am Grundriss der Küche orientierte. An Ort und Stelle wurde die Küche eingepasst sowie an Wasser und Strom angeschlossen.
Als nach einigen Jahren Mängel sichtbar wurden, wollte der Händler nicht mehr einstehen, denn die zweijährige Gewährleistung sei abgelaufen, schließlich habe er nur eine Standardküche geliefert. Das Oberlandesgericht Köln sah das anders: Es sei ein „für die Bedürfnisse und Zwecke des Kunden geeignetes Werk" hergestellt worden. Damit unterliege der Vertrag § 651 Bürgerliches Gesetzbuch, also dem Werkvertragsrecht. Und da gilt eine Gewährleistungsfrist von fünf Jahren. (OLG Köln 3. Zivilsenat, Az. 3 U 93/01)

Jahre hinweg stapelweise Kartons aufbewahren, um Stühle, Fernseher oder Kerzenständer innerhalb der Gewährleistungsfrist reklamieren zu können.

- Auch die **Vorlage des Kassenbons** darf nicht zwingend verlangt werden. Er erleichtert lediglich die Beweisführung. Aber der Kunde kann auch statt des Kassenbons Zeugen dafür anführen, dass er das Möbelstück in diesem betreffenden Laden gekauft hat. Auch der Kontoauszug der Bank hilft da weiter, wenn die Ware zum Beispiel per Lastschrift oder Überweisung bezahlt wurde.

Ein wenig anders ist das bei **Waren zweiter Wahl**: Wenn der Händler ausdrücklich darauf hinweist, dass es sich um fehlerhafte Stücke handelt, kann er die Gewährleistung in Bezug auf diese Mängel beschränken (OLG Düsseldorf, Az: 6 U 137/96), in Bezug auf andere Mängel gelten aber die gesetzlichen Gewährleistungsrechte. Doch Vorsicht: Wer bei Ebay ein Designer-Möbelstück kauft, das als „Reedition" bezeichnet wird und weniger als die Hälfte des Herstellerpreises kostet, muss wissen, dass er nicht ein Original kauft, sondern einen nicht lizenzierten Nachbau. Ihm stehen daher keine Gewährleistungsansprüche zu (AG Nürnberg, Az. 16 C 8295/05).

Einbauküche

Auch bei Einbauküchen sieht es anders aus: Wenn sie individuell für den Kunden geplant, zugeschnitten und montiert werden, können sie als **Bauwerk** gelten. Dann greift das **Werkvertragsrecht**, und das sieht eine fünfjährige Gewährleistungsfrist vor. Der Bundesgerichtshof hat dies bei einer Küche so beurteilt, die zwar aus dem serienmäßig produzierten Programm des Herstellers kam, aber speziell für den Küchengrundriss des Kunden zugeschnitten und ans Wasser- und Stromnetz angeschlossen wurde (Az. VII ZR 175/89). Anders dürfte der Fall also liegen, wenn Sie einen Küchenblock kaufen, der nicht auf die Maße Ihrer Küche zugeschnitten wird.

Allerdings kommt es sehr auf den Einzelfall an. Die Rechtsprechung urteilt hier nicht immer einheitlich. Wenn eine solche Küche so mangelhaft ist, dass Sie vom Vertrag zurücktreten möchten, müssen Sie – anders als im Kaufrecht – dem Unternehmer vorher eine Nachfrist zur Fehlerbeseitigung setzen. Außerdem sollten Sie ausdrücklich androhen, dass Sie andernfalls den Kauf rückgängig machen wollen (Oberlandesgericht Saarbrücken, Az. 1 U 632/02).

Garantie

Im Unterschied zur gesetzlich zwingend vorgeschriebenen Gewährleistung steht die Garantie. Sie wird von Herstellern oder Händlern **freiwillig eingeräumt**.

- Bei der **Händlergarantie** will der Händler selbst für die vereinbarten Garantieleistungen einstehen – im Möbelhandel ist das eher selten.
- Die **Herstellergarantie** ist der Regelfall. Zu erkennen ist sie zum Beispiel daran, dass sich in der Verpackung ein Zertifikat befindet, auf dem steht: „Die Firma gewährt auf dieses Produkt eine Garantie von drei Jahren. Im Garantiefall ist der Kassenzettel zum Beweis des Kaufdatums einzureichen."

Da die Garantie nicht gesetzlich vorgeschrieben ist, kann der Garantiegeber selbst entscheiden, in welchem Umfang und mit welcher zeitlichen Befristung er für die Qualität seiner Produkte einstehen will. Zum Beispiel kann er die Transportkosten dem Kunden aufbürden – auch wenn die Garantie für eine Schrankwand dann von zweifelhaftem Wert ist. Es lohnt sich daher, nicht einfach auf eine Garantiezusage zu vertrauen, sondern die **Garantiebedingungen** zu lesen.

Häufig sind solche Bedingungen aber gar nicht zu finden. Stattdessen heißt es lapidar: „Wir geben eine Garantie von einem Jahr". In diesen Fällen müssen die Gerichte entscheiden, welche Erwartungen der Käufer zu Recht an den Inhalt der Garantieerklärung haben darf. Und da stellt sich der Bundesgerichtshof eher auf die Seite der Verbraucher: Im Zweifelsfall sei von einer so genannten **Haltbarkeitsgarantie** auszugehen. Alle Fehler, die im Lauf der Garantiezeit auftreten, werden auf Kosten des Herstellers beseitigt (BGH, Az. VIII ZR 19/94). Der juristisch ungebildete Laie darf darauf vertrauen, dass der Umfang der Garantie dem entspricht, was er von der gesetzlichen Gewährleistung gewohnt ist. Das heißt zum Beispiel bei den Versandkosten: Die trägt der Garantiegeber.

Wertminderung durch Benutzung: Nutzungsentschädigung

Manche Möbelhäuser verlangen vom Kunden eine Nutzungsentschädigung, wenn zum Beispiel ein Sofa nicht repariert werden kann und gegen ein neues ausgetauscht wird. Schließlich habe der Kunde bei dieser sogenannten Ersatz- oder Nachlieferung das Möbelstück nutzen können. Sie beriefen sich dabei auf die gesetz-

DER FALL

Keine Wertminderung durch aufgezwungene Nutzung

Ein Ehepaar hatte für rund 6500 Euro eine Schrankwand gekauft. Schon am Tag der Lieferung rügten die Kunden zahlreiche Mängel, kurz danach noch einmal schriftlich. Zunächst verlangten sie Nachbesserung und setzten dafür eine einmonatige Frist. Als die abgelaufen war, ohne dass etwas passierte, traten sie vom Vertrag zurück und bekamen damit vor Gericht Recht. Da mittlerweile aber zweieinhalb Jahre um waren, wurde die Zahlung einer Nutzungsentschädigung verlangt. Auch dagegen wehrten sich die Eheleute mit Erfolg: „Die Beklagten mussten die Wohnwand notgedrungen im Wohnzimmer stehen lassen, weil sie keine andere Aufbewahrungsmöglichkeit hatten", urteilte das Oberlandesgericht Nürnberg (OLG Nürnberg, Az. 11 U 3886/92).

liche Regelung, nach der bei einem Rücktritt vom Kauf gegenseitig die „empfangenen Leistungen und Nutzungen" zurückzugeben sind.

Für den Kunden kommt das jedoch einer doppelten Bestrafung gleich. Denn zum einen hat er den Ärger mit dem defekten Möbelstück und der Rückabwicklung, zum anderen soll er auch noch Geld bezahlen und damit am Ende tiefer in die Tasche greifen, als er ursprünglich geplant hatte.

Deshalb darf diese Nutzungsentschädigung nicht verlangt werden, urteilte der Europäische Gerichtshof am 17. April 2008 (Az. C-404). Denn während der Kunde seine vertragliche Pflicht ordnungsgemäß erfüllt, wenn er den Kaufpreis zahlt, hat der Händler das in so einem Fall nicht getan – schließlich hat er eine mangelhafte und also nicht vertragsgemäße Ware geliefert. Nach Ansicht der Europarichter widerspricht das bisherige deutsche Recht, das eine Nutzungsentschädigung zuließ, der europäischen Richtlinie 1999/44/EG zum Verbrauchsgüterkauf. Sie schreibt vor, dass die Herstellung des vertragsgemäßen Zustands für den Verbraucher kostenlos sein muss. Damit sollen Kunden vor drohenden finanziellen Belastungen geschützt werden, wenn der Verkäufer erst im Nachhinein den vertragsgemäßen Zustand der Ware herstellen kann. Wäre das nicht so, könnte das Verbraucher davon abhalten, ihre Gewährleistungsrechte in Anspruch zu nehmen.

Das Urteil ist auch für deutsche Händler bindend. Mit Urteil vom 26. November 2008 hat auch der Bundesgerichtshof entschieden, dass keine Nutzungsentschädigung zu zahlen ist (Az. VIII ZR 200/05).

Achtung: Das Urteil gilt aber nur für die Rückgewähr der mangelhaften Sache bei Nachlieferung. Also in den Fällen, wo der Händler das Möbelstück nicht reparieren kann oder will und stattdessen Ersatz liefert. Wenn aber der Kunde den Kauf rückgängig macht, also die mangelhafte Ware zurückgibt und sein Geld zurückerhält, lässt das Gesetz die Möglichkeit zu, dass der Händler eine Nutzungsentschädigung verlangen darf.

In dem Fall langen manche Händler allerdings zu kräftig hin. Einige schreiben **pauschalierte Entschädigungssätze** ins Kleingedruckte, die oft viel zu hoch angesetzt werden. So schrecken sie Kunden von Reklamationen ab. Bei genauem Hinsehen jedoch sind viele dieser Pauschalen unwirksam, zum Beispiel wenn der Kunde bei berechtigter Rückgabe innerhalb der ersten sechs

Monate 25 Prozent des Kaufpreises als Nutzungsentschädigung hinblättern soll. Auch Pauschalen von 100 Prozent für Gardinen oder Dekorationsstoffe sind zu hoch, denn es ist nicht ersichtlich, warum gebrauchte Waren generell unverkäuflich sein sollen (OLG Koblenz, Az. 2 U 527/91).

Selbst wenn die Pauschale in der Höhe fair kalkuliert ist, muss in solchen Klauseln dem Kunden das Recht eingeräumt werden, einen geringeren Schaden nachzuweisen. Für die Höhe der Nutzungsentschädigung hat der Bundesgerichtshof eine klare Grenze gezogen. Das Möbelhaus muss bei der Berechnung von der Lebensdauer des Produkts ausgehen und dann den zeitanteiligen Wert der Nutzungsdauer errechnen.

Anders sieht die Sache aber aus, wenn der Händler sich Zeit lässt, die Möbel abzuholen, zum Beispiel weil er die Mängel bestreitet. Für eine solche **aufgezwungene Nutzung** muss der Kunde nicht zahlen – auch nicht, wenn dies in den Allgemeinen Geschäftsbedingungen so vorgesehen ist.

DER FALL

Europäischer Gerichtshof: Keine Nutzungsentschädigung

Eine Kundin hatte bei Quelle einen Herdset bestellt, der auch ordnungsgemäß funktionierte. Doch 17 Monate später stellte sie fest, dass an der Innenseite des Backofens die Emailleschicht abplatzte. Dass dieser Fall unter die gesetzliche Gewährleistung fiel, erkannte das Versandhaus auch an. Doch eine Reparatur des Herdes war nicht möglich, also lieferte Quelle einen neuen Herd als Ersatz. Im Gegenzug sollte die Kundin aber 69,97 Euro als Wertersatz zahlen für die Vorteile, die sie aus der Nutzung des ursprünglich gelieferten Geräts gezogen hatte. Dagegen klagte der Verbraucherzentrale Bundesverband (vzbv) und holte den gezahlten Betrag für die Verbraucherin zurück.

Verjährung

Wie gesagt: Die gesetzlichen Gewährleistungsrechte laufen über zwei Jahre, bei maßgeschneiderten Einbauküchen, die als Bauwerk gelten, fünf Jahre. **Die Frist beginnt** nicht mit dem Kaufvertrag, sondern mit Erhalt der Möbel. Zwar genügt es, die Mängel telefonisch mitzuteilen, doch aus Beweisgründen empfiehlt es sich, dies schriftlich oder unter Zeugen zu tun. Das Problem ist aber, dass mit Ihrer Schadenmeldung die Gewährleistungsfrist weiterläuft. Wenn der Händler nicht weiter reagiert und die Zwei-Jahres-Frist ausläuft oder die Sechs-Monats-Frist für die Beweislastumkehr, haben Sie den Mangel zwar rechtzeitig angezeigt, doch nun ist die Sache verjährt. Der Händler braucht dann weder nachzubessern, noch Ersatz zu liefern oder Ihren Wunsch auf Rückgängigmachen des Kaufs zu akzeptieren. Es muss also Ihr Ziel sein, die Verjährungsfrist zu

- **hemmen:** Dann ist sie zunächst gestoppt und läuft anschließend weiter, oder sie zu
- **unterbrechen:** Dann beginnt die Frist anschließend wieder von vorn.

MUSTERBRIEF 1

Kauf rückgängig machen oder Preis mindern nach Fehlschlagen der Reparatur

Einschreiben

An Firma

Kaufvertrag Nr. 12345 vom 01.07.2009 **Datum**

Sehr geehrte Damen und Herren,

am 13.10.09 haben Sie die im obigen Kaufvertrag genannten Möbel geliefert. Ich hatte daraufhin mit Schreiben vom ... mehrere Mängel gerügt, die Sie jedoch bis heute (trotz zweier Nachbesserungsversuche) nicht behoben haben. Zuletzt haben Sie am ... die Schublade der Vitrine ausgetauscht, doch auch die Schublade ist verzogen und lässt sich kaum öffnen. Weitere Reparaturversuche halte ich für unzumutbar.

(Alternative 1)
Ich mache hiermit den Kaufvertrag rückgängig und fordere Sie auf, die Möbel umgehend bei mir abzuholen. Bitte stimmen Sie Abholdatum und Uhrzeit mit mir ab. Den bereits gezahlten Kaufpreis (die bereits geleistete Anzahlung) in Höhe von ... Euro überweisen Sie bitte auf mein Konto bei der X-Bank, Kontonummer ..., BLZ ...

(Alternative 2)
Ich wäre aber trotz der Fehler bereit, die Möbel zu behalten, verlange dann aber als Ausgleich eine Minderung des Kaufpreises um ... Euro. Bitte bestätigen Sie mir dies schriftlich bis zum ... und überweisen Sie den Minderungsbetrag von ... Euro auf mein Konto bei der X-Bank, Kontonummer ..., BLZ ...

Mit freundlichen Grüßen

MUSTERBRIEF 2

Widerruf eines Ratenkaufvertrags

Einschreiben

An Firma

Kaufvertrag Nr. 12345 vom 01. 07. 2009 **Datum**

Sehr geehrte Damen und Herren,

am 01.07.09 habe ich einen Ratenkaufvertrag mit Ihnen abgeschlossen. Hiermit widerrufe ich diesen Ratenkaufvertrag gemäß § 355 BGB unter Einhaltung der gesetzlichen Frist und bitte Sie darum, mir den Widerruf schriftlich zu bestätigen. Die gelieferten Möbel stelle ich Ihnen zur Abholung bereit. Bitte stimmen Sie Abholdatum und Uhrzeit mit mir telefonisch ab.

Außerdem fordere ich Sie auf, mir die bereits gezahlten Raten in Höhe von ... Euro sowie die Anzahlung über ... Euro, insgesamt also ... Euro, auf mein Konto bei der X-Bank,
Kontonummer ..., BLZ ... zu erstatten.

Mit freundlichen Grüßen

MUSTERBRIEF 3

Nachfrist mit Ablehnungsandrohung

Einschreiben

An Firma

Kaufvertrag Nr. 12345 vom 01. 07. 2009 **Datum**

Sehr geehrte Damen und Herren,

am ... habe ich die im obigen Kaufvertrag genannten Möbel bei Ihnen bestellt. Wir hatten Lieferung bis (Datum/Kalenderwoche) vereinbart. Inzwischen ist diese Frist abgelaufen. Ich bitte Sie daher, mir die Möbel bis (genaues Datum einfügen, etwa zwei bis drei Wochen nach Absendetag) zu liefern und einen genauen Liefertermin mit Uhrzeit zu nennen.

Sollten Sie bis zu diesem Termin nicht liefern, werde ich die Möbel nicht mehr abnehmen. Schadenersatzansprüche behalte ich mir vor.

Mit freundlichen Grüßen

MUSTERBRIEF 4

Mängel-behebung

Einschreiben

An Firma

Kaufvertrag Nr. 12345 vom 01. 07. 2009 **Datum**

Sehr geehrte Damen und Herren,

am 13.10.09 haben Sie die im obigen Kaufvertrag genannten Möbel geliefert, die leider folgende Mängel haben:

- Die Schublade des Esstisches ist verzogen und lässt sich nur schwer öffnen,
- am Schrank fehlen zwei Griffe,
- an der Seitenwand der Kommode ist das Furnier abgesplittert.

Ich bitte Sie, die fehlenden Teile nachzuliefern und die Mängel umgehend zu beheben. Bitte stimmen Sie einen Termin mit mir ab – am besten telefonisch unter Nr. ...

Bis zur Behebung dieser Mängel werde ich einen Teil des Kaufpreises von ... Euro zurück behalten. Den Restbetrag überweise ich auf Ihr Konto.

Mit freundlichen Grüßen

KOPIERVORLAGE 1 MÄNGELMELDUNG FÜR SCHRANKMÖBEL

Vorname	Tel. privat
Name	Mobil-Tel.
Straße	Fax privat
PLZ/Ort	Fax geschäftl.

Wichtige Informationen für die schnelle Bearbeitung:

Möbelhaus (Filiale)

Kaufvertrags-Nr.	Lieferdatum

Modellname des reklamierten Möbels

- ☐ Eigene Skizze liegt bei
- ☐ Möbel furniert ☐ Möbel massiv ☐ Möbel kunststoffbeschichtet
- ☐ Kopie der Zeichnung des Herstellers (falls vorhanden) liegt bei

Kurzbeschreibung des Mangels: (vor dem Möbel stehend)

Zur Lokalisierung des Mangels bitte Zutreffendes ankreuzen:

- ☐ Auftragsfehler
- ☐ Teile fehlen
- ☐ Transportschaden
- ☐ Funktionselemente schwergängig
- ☐ Konstruktionsfehler
- ☐ Montagefehler
- ☐ Elektroinstallation defekt
- ☐ Falschlieferung
- ☐ Oberfläche verkratzt
- ☐ Glasbruch
- ☐ Fugenbreite ungleichmäßig
- ☐ Materialverzug
- ☐ Beschlag defekt

Datum	Unterschrift

KOPIERVORLAGE 2 MÄNGELMELDUNG FÜR POLSTERMÖBEL

Vorname	Tel. privat
Name	Mobil-Tel.
Straße	Fax privat
PLZ/Ort	Fax geschäftl.

Wichtige Informationen für die schnelle Bearbeitung:

Möbelhaus (Filiale)	
Kaufvertrags-Nr.	Lieferdatum
Modellname des reklamierten Möbels	
Stoff-/Lederbezeichnung	Holzfarbe bei Sichtgestell

- ☐ Kopie der Zeichnung des Herstellers (falls vorhanden) liegt bei
- ☐ Eigene Skizze liegt bei

Kurzbeschreibung des Mangels: (vor dem Polstermöbel – bei Betten bzw. Liegen am Fußteil stehend)

Zur Lokalisierung des Mangels bitte Zutreffendes ankreuzen:

- ☐ Polster/Bezug (Druckstellen/Sitzspiegel)
- ☐ Hartfaserboden durchgebrochen
- ☐ Rollen, Füße, Gleiter ausgebrochen
- ☐ Naht offen
- ☐ Gestell
- ☐ Beschlag (defekt/schwergängig)
- ☐ Bezug (Webfehler)
- ☐ Bezug (Flecken, Verschmutzungen)
- ☐ Maß falsch
- ☐ Bettkastenseite ausgebrochen
- ☐ Transportsicherung nicht entfernt
- ☐ Pappe (Formteile) eingedrückt
- ☐ Transportschaden
- ☐ Sichtholzgestell (Kratzer/gebrochen)
- ☐ Polsterung
- ☐ Bezug (Scheuerstellen, Kratzer, Schnitte)
- ☐ Rückenspannteil (defekt/fehlt)

Datum	Unterschrift

Wenn das Möbelhaus Ihre Mängelrüge annimmt und verspricht (aus Beweisgründen schriftlich oder unter Zeugen), den Fehler zu prüfen, ist die Verjährung gehemmt. Dasselbe gilt, wenn der Händler das gute Stück mitnimmt und prüft oder nachbessert. Die Zeit bis zur Rückgabe der Möbel oder bis zur endgültigen Erklärung der Firma, der Fehler sei behoben oder liege gar nicht vor, wird dann bei der Frist-Berechnung nicht mitgezählt.

Günstiger ist natürlich die Unterbrechung der Verjährung. Das können Sie erreichen, indem Sie rechtzeitig – also vor Ablauf der Verjährungsfrist – Klage erheben oder ein gerichtliches Beweissicherungsverfahren einleiten. Zu einer solchen Unterbrechung kommt es auch, wenn der Händler den Mangel anerkennt. Das wird immer dann angenommen, wenn er den Fehler repariert. Erkennt er den Fehler mündlich an, zum Beispiel am Telefon, sollten Sie aus Beweisgründen ein schriftliches Anerkenntnis verlangen.

Wie gesagt: Nach der Unterbrechung beginnt die Frist von neuem. Das heißt: Für den reparierten Schaden haben Sie nun wieder zwei Jahre Gewährleistung. Bessert der Händler nicht nach, sondern liefert Ersatz, beginnt die Frist für das gesamte Möbelstück von neuem.

Sinnvoll ist es, wenn Sie zusätzlich die entsprechende **Mängelmeldung** (für Schrank- oder für Polstermöbel) auf den Seiten 168, 169 kopieren, ausfüllen und dem Brief zur Mängelbehebung beilegen. Diese Kopiervorlagen wurden von der Deutschen Gütegemeinschaft Möbel entwickelt. Sie sollen dazu dienen, die für den Händler und den Hersteller wesentlichen Angaben zu bündeln sowie die Fehler eindeutiger zu lokalisieren. So können die Bearbeitung einer Mängelmeldung und damit auch die Beseitigung des Mangels beschleunigt werden.

Möbelkauf per Internet

Möbelkauf per Internet hat viele Vorteile: Der Kunde kann auch nach Ladenschluss in Ruhe die Angebote betrachten und braucht keine weiten Wege zu laufen. Doch was so bequem und einfach klingt, hat seine Tücken.

Wenn Sie durch die Website eines Möbelanbieters surfen, sparen Sie zwar lange Wege, aber Sie können dabei direkt zum Fehlkauf verleitet werden. Die Abbildungen sind oft sehr klein, dazu ist die Auflösung manchmal so schlecht, dass Details auf dem Bild gar nicht mehr richtig zu erkennen sind. Weder Farbe, Form oder Größe sind exakt festzustellen.

Alleine an Hand der Abbildung lässt sich auch die Qualität nicht sicher überprüfen. Oft sind weder Beschläge noch Inneneinteilungen von Schubfächern genau zu erkennen, ebenso wenig, ob Kanten abgerundet und sauber verarbeitet sind. Der Kunde kann Schubladen nicht ausziehen oder Türen öffnen, um ihre einwandfreie, leichtgängige Funktion zu prüfen. Weder Probesitzen noch Probeliegen ist möglich, und Sie können zum Beispiel den Stoff- oder Lederbezug nicht fühlen – was aber wichtig für Ihr späteres Wohlgefühl ist.

Diese Missstände könnten durch eine intensive Beratung ausgeglichen werden – aber auch sie fehlt im Internet. Ein paar kurze Beschreibungen zum Möbelstück, das war's dann meist auch schon.

Das Internet ist eher eine gute Möglichkeit, sich einen Marktüberblick zu verschaffen, Preisvergleiche anzustellen. Das schnelle Klicken von einem zum anderen Anbieter schafft eine hohe Markttransparenz. Wer die Namen oder die Modellbezeichnung der gewünschten Möbel in einer Suchmaschine eingibt, erhält im Handumdrehen eine ganze Reihe von Händlern. Oft sind das Geschäfte in der Nähe, sodass Interessenten sich ins Auto setzen und das Angebot vor Ort begutachten können.

Ihre Daten – kein Geheimnis?

Die Menge der gut sortierten Informationen in den Kundendatenbanken ist für die werbetreibende Wirtschaft bares Geld wert. Viele Unternehmen handeln mit diesen Daten, verkaufen sie an Marketingfirmen oder geben sie konzernintern weiter. Die Kunden werden dann mit Werbemüll förmlich zugepflastert.

Vor allem beim **Bezahlen per Internet** ist Vorsicht notwendig. So manche Firma lässt Personendaten völlig unverschlüsselt durchs Netz gehen. Dritte könnten somit Name, Anschrift, Geburtsdatum, Telefonnummer und E-Mail-Adresse leicht abfangen.

Stattdessen sollte – wenn Sie Ihre Kontoverbindung oder die Daten Ihrer Kreditkarte eingeben – für den Datentransport eine sichere **SSL-Verschlüsselung** gewählt werden. Diese erkennen Sie daran, dass im Browserfenster nicht „http" steht, sondern „https". Außerdem zeigt die Symbolleiste unten auf der Seite ein kleines geschlossenes Vorhängeschloss.

Sollten dennoch Kriminelle an Ihre Konto- oder Kreditkartendaten gelangen, müssen Sie deshalb nicht unbedingt Geld verlieren. Denn da Sie nichts unterschrieben haben, können Sie jeder **Abbuchung von Ihrem Konto widersprechen**. In der Regel lassen die Allgemeinen Geschäftsbedingungen der Banken Ihnen dafür sechs Wochen Zeit. Die Bank muss dann die Beträge Ihrem Konto gutschreiben. Die Kreditkartengesellschaft kann nur Geld von Ihnen verlangen, wenn sie einen von Ihnen unterschriebenen Abbuchungsbeleg vorlegen kann – und daran fehlt es in solchen Fällen eben. Dennoch macht dies Verfahren viel Arbeit und kann sehr viel Ärger bereiten.

Auf jeden Fall sollten Sie regelmäßig Ihre Kontoauszüge prüfen, um unrechtmäßige Abbuchungen rechtzeitig zu entdecken – aber das gilt ohnehin für jeden Bankkunden.

Das Fernabsatzgesetz

Umfassende Verbesserungen für den Verbraucherschutz bei Einkäufen von zu Hause aus legt das Fernabsatzgesetz fest. So werden die Anbieter in § 312c BGB zu einer **umfassenden Information der Kunden** über die angebotenen Produkte, über Geschäftsbedingungen und den Zahlungsverkehr verpflichtet.

Ferner muss das Angebot **klar und verständlich** gestaltet sein. Das Transparenzgebot des § 307 BGB verlangt, dass der Durchschnittskunde in der Lage sein muss, die Angaben zu verstehen, ohne sich vorher rechtlich beraten zu lassen. Es reicht nicht aus, wenn er zunächst auf entsprechende Links klicken muss, um zum Beispiel die Anschrift zu erfahren oder über sein Widerrufsrecht informiert zu werden (OLG Frankfurt, Az. 6 W 37/01).

Diese Angaben sollten Sie finden können:

- **Identität und ladungsfähige Anschrift des Unternehmers.** Eine Postfachanschrift reicht nicht aus (OLG Hamburg, Az. 5 U 113/02).
- **Wesentliche Merkmale** der Ware oder Dienstleistung,
- Auskunft, wann der **Vertrag zustande** kommt,
- die **Mindestlaufzeit des Vertrags**, wenn dieser eine dauernde oder regelmäßig wiederkehrende Leistung zum Inhalt hat.
- **Einen Vorbehalt**, eine in Qualität und Preis gleichwertige Leistung (Ware oder Dienstleistung) zu erbringen,
- einen Vorbehalt, die versprochene Leistung im Falle ihrer **Nichtverfügbarkeit** nicht zu erbringen.
- **Den Endpreis** der Ware oder Dienstleistung einschließlich aller Steuern und sonstiger Preisbestandteile,
- gegebenenfalls zusätzlich anfallende **Liefer- und Versandkosten**,
- Einzelheiten hinsichtlich der **Zahlung** und der **Lieferung oder Erfüllung**.
- Das Bestehen eines **Widerrufsrechts**.

- Kosten, die dem Verbraucher durch die **Nutzung der Fernkommunikationsmittel** entstehen, sofern sie über die üblichen Grundtarife, mit denen der Verbraucher rechnen muss, hinausgehen.
- Die **Gültigkeitsdauer befristeter Angebote**, insbesondere hinsichtlich des Preises.
- Informationen über **Kundendienst** und geltende **Gewährleistungs- und Garantiebedingungen** und
- die **Kündigungsbedingungen** bei Verträgen, die ein Dauerschuldverhältnis betreffen und für eine längere Zeit als ein Jahr oder für unbestimmte Zeit geschlossen werden.

Der deutsche Möbelmarkt

Bei dem riesigen Sortiment, das in einem Einrichtungshaus – oft ohne Kennzeichnung der Herkunft – angeboten wird, fragt man sich unwillkürlich: Woher stammen all diese Produkte? Sind das alles Möbel von deutschen oder europäischen Herstellern oder kommen sie aus dem Fernen Osten zu uns? Und was bedeutet das für den Käufer? Ist es nicht egal, wo ein Möbelstück produziert wird – Hauptsache, es ist billig?

Auf dem deutschen Markt können Möbel grundsätzlich folgende Herkunft haben:

- Möbel werden komplett von deutschen Herstellern produziert.
- Möbel werden im europäischen Ausland für deutsche Hersteller teilweise oder ganz produziert. Für die Entwicklung und das Qualitätsmanagement sind die deutschen Hersteller verantwortlich.
- Möbel werden außerhalb Deutschlands in den EU-Ländern produziert.
- Möbel werden in Fernost produziert oder in anderen Ländern wie zum Beispiel den USA.

Das „Made in Germany" gilt in manchen Ländern noch immer als ein Beleg für Qualität. Sind Möbel aus Deutschland wirklich besser? Das lässt sich bei der Qualität nicht pauschal behaupten. In Deutschland sind die Hersteller aber an vergleichsweise strenge gesetzliche Vorgaben gebunden, auch die Reklamation bei Gewährleistungs- und Garantiefällen bietet deutlich mehr Aussichten auf Erfolg als in vielen anderen Ländern.

Der Weg der Möbel ins Möbelhaus

In der Regel ordern **Einkaufsverbände** (es gibt etwa 25 Verbände) die verschiedenen Möbelprogramme von den Herstellern und Importeuren oder importieren selbst. Üblicherweise bestellen die Einrichtungshäuser die einzelnen Möbelmodelle bei den Verbänden. Durch die größeren Abnahmemengen reduzieren sich die Stückkosten für den Verband und für seine angeschlossenen Händler.

Ein großer Anteil der angebotenen Möbel ist Importware. Theoretisch unterliegt sie zwar den in Deutschland gültigen gesetzlichen Anforderungen (denen jeder Hersteller Folge leisten muss, wenn er in Deutschland produziert), aber in der Regel finden bei Importmöbeln kaum Kontrollen statt. Das heißt: Wie es mit der gesundheitlichen Unbedenklichkeit der Möbel aussieht, bleibt oft offen. Für in Deutschland produzierte Möbel gilt zum Beispiel ein festgelegter Grenzwert für Formaldehyd von 0,01 ppm, in anderen Ländern sind die Grenzwerte und Kontrollen viel großzügiger ausgelegt – wenn es überhaupt welche gibt.

Auch über wichtige Qualitätsmerkmale (zum Beispiel Verschleiß, Haltbarkeit, Sicherheit) erhält der Verbraucher wenig verlässliche Informationen. Und die Gewerbeaufsicht ist kaum in der Lage, die Einhaltung solcher Verbraucherschutz-Regelungen bei Importmöbeln zu überprüfen.

Wenn Möbel im Ausland unter deutscher Regie und Verantwortung produziert werden, sind der Kundendienst und die Rechtslage normalerweise kein Problem. Dafür ist das deutsche Herstellerunternehmen verantwortlich.

Für die Gewährleistungsansprüche ist zwar immer der Möbellieferant (= Vertragspartner) verantwortlich, bei dem man die Möbel gekauft hat, problematisch kann dies aber beim **Möbelkauf im Internet** werden: Wenn der Verkäufer oder Hersteller seinen Geschäftssitz im Ausland hat, kann es bei Mängeln sehr schwierig werden, irgendwelche Reklamationen oder Gewährleistungsansprüche durchzusetzen.

Bei Mitnahmemöbeln muss der Kunde die Ware ab Kasse oder Abhollager auf eigenes Risiko transportieren, auspacken und zusammenbauen. Das ist zwar in der Regel billiger als bei Lieferung und Montage frei Haus, aber man hat auch weniger rechtliche Ansprüche.

TIPP

Qualität und Gewährleistung

- Erkundigen Sie sich vor dem Kauf eines Möbels, wer **der Hersteller** ist und in welchem Land das ausgewählte Möbelstück produziert wurde/wird.
- Achten Sie auf eine aussagekräftige und verständliche **Produktinformation** in deutscher Sprache.
- Bei **Selbstbaumöbeln**: Prüfen Sie, ob die Aufbauanleitung verständlich ist!
- Fragen Sie nach den Kontaktdaten vom zuständigen **Kundendienst**, falls sich innerhalb der Gewährleistung oder danach Probleme ergeben.
- Am besten lassen Sie sich diese Informationen schriftlich bestätigen.

Warum die lange Lieferzeit?

Im Mitnahmemarkt geht man zur Abholung und kurz danach verstaut man sein zerlegtes Möbelstück im Auto. Warum geht das nicht ähnlich schnell im Möbelhaus? Bei zehn Wochen Lieferzeit haben viele Kunden kaum mehr Verständnis – doch es gibt einige gute Gründe für diese lange Zeitspanne:

Durch die umfangreiche **Typenvielfalt**, die von den meisten Herstellern geboten wird, kann man sich als Kunde seine Möbel sehr individuell zusammenstellen: Die Anbauwand mit Platz für HiFi-Geräte und Fernseher, mit verdeckten Kabelführungen, dazwischen ein Regalelement mit geringer Tiefe, gleich danach das hohe Element mit Glaseinsatz und vieles mehr. Wegen der großen Typenvielfalt kann ein Hersteller kaum Möbel „auf Vorrat" herstellen. Die Kundenwünsche sind ganz einfach zu unterschiedlich. Also werden die meisten Möbel erst produziert, nachdem man sie im Möbelhaus bestellt hat: Der Verkäufer gibt den Auftrag im Computer ein und sendet ihn an den Hersteller. Dort erfasst jemand den eingegangenen Auftrag, überprüft die Angaben. Hat der Verkäufer die Bestellung falsch oder unvollständig ausgefüllt, vergehen noch einmal ein bis vier Tage mit Telefonaten und Faxen zwischen Hersteller und Händler. Wenn der Auftrag abgeklärt ist, werden beim Hersteller die Produktionsdaten erstellt und zusätzlich eine Bestätigung an den Händler geschickt.

Ein paar Tage dauert es anschließend, bis die ersten Arbeiten für das bestellte Möbelstück anlaufen, denn die Produktionsstraßen sind meist nicht gleich nach Auftragseingang frei. Ein Hersteller lastet sie aus wirtschaftlichen Gründen möglichst gut aus.

Wenn das **Startsignal für die Produktion** kommt, werden zunächst die Holzplatten zugeschnitten und sauber abgeschliffen. Danach werden die Profile und Löcher bzw. Aussparungen für die Scharniere und für die Griffbefestigungen gebohrt und gefräst. Anschließend erfolgt die Oberflächenbehandlung: Die Holzplatten werden gebeizt, lackiert und getrocknet bzw. geölt und getrocknet.

Nun stellen Mitarbeiter des Herstellerunternehmens die einzelnen Teile zusammen, aus denen die Wohnwand entstehen soll. Dazu gehören auch Scharniere, Griffe, Rückwände, Profil- und Kranzleisten und vieles mehr, die zum Teil zugeliefert werden. Wenn der gewünschte Griff nicht auf Lager ist, muss er bestellt werden. Schließlich montieren Mitarbeiter die Einzelteile und verpacken sie so in Kartons, dass ihnen beim **Transport** nichts passieren kann.

Der folgende logistische Teil dauert oft länger als die ganze Produktion: Ein Lkw muss das fertige Möbelstück zum Händler fahren, doch es lohnt sich nicht, wegen eines einzigen Möbelstücks eine weite Tour zu fahren. Viel wirtschaftlicher ist es, wenn der Wagen voll ist und mehrere Möbelhäuser ansteuert, die nicht allzu weit voneinander entfernt liegen. Nun bestellen nicht jeden Tag Kunden aus benachbarten Gebieten Möbel von exakt diesem Hersteller; somit muss das Unternehmen warten, bis genügend bestellte Möbel in ein Gebiet ausgeliefert werden können.

Und nun dauert es noch mindestens eine Woche, bis das Möbelhaus die angelieferte Ware im **Lager kommissioniert**, im Computer einbucht und den Kunden telefonisch erreicht, um einen Liefer- und Montagetermin mit ihm zu vereinbaren und – ebenfalls ein logistisches Problem – das eigene Team mit der neuen Wohnwand loszuschicken.

Orientierungshilfen für den Einkauf: Produktinformationen

Die Qualität eines Produkts wird von einer ganzen Reihe unterschiedlicher Materialien bestimmt. Zahlreiche Unternehmen arbeiten dabei mit in- und ausländischen Zulieferfirmen zusammen. So kommt eine Palette verschiedenster Einzelelemente zusammen, über die der Verbraucher beim Kauf Informationen erhalten möchte. Denn nur gut informiert kann er eine bedarfsgerechte Kaufentscheidung treffen und einen Fehlkauf von vornherein vermeiden.

Bei Möbeln kommt es entscheidend auf die Qualität und die Eigenschaften der einzelnen Materialien sowie die Verarbeitung an. Beispiel Oberflächenbehandlung: Sie macht den Unterschied, ob ein Möbelstück auch nach Jahren noch gut aussieht, und nicht nur im Moment des Kaufs.

Dazu wird die Frage nach der Gesundheit immer wichtiger. Sind beim gewünschten Möbelstück die Materialien so gewählt, dass im Gebrauch keine gesundheitliche Beeinträchtigung zu befürchten ist?

Ein Beispiel für eine ausführliche Produktinformation finden Sie bei den Polstermöbeln auf *Seite 106*.

Prüfzeichen und ihre Bedeutung

In jedem Produktbereich gibt es Prüfzeichen, Siegel, Auszeichnungen usw.. Menge und Vielfalt der Zeichen sind so groß, dass man kaum eine Chance hat, den Überblick zu behalten, deshalb hier die wichtigsten Label rund um Möbel in alphabetischer Reihenfolge:

Blauer Engel

Das Umweltzeichen des Umweltbundesamts gilt für verschiedene Produktgruppen und hier wiederum für einen oder mehrere Teilaspekte. Der Blaue Engel kennzeichnet in den jeweiligen Produktgruppen die schadstoffarme Variante – nicht die Schadstofffreiheit. In Gebrauchstauglichkeit und Sicherheit müssen Produkte mit dem Blauen Engel herkömmlichen Erzeugnissen entsprechen. Für den Blauen Engel gelten im Möbelbereich die gleichen Anforderungen wie für das RAL-Gütezeichen für Möbel – mit dem gravierenden Unterschied, dass das „Goldene M" regelmäßig überwacht wird und der Blaue Engel nicht. Außerdem wird der Blaue Engel nur für Produkte aus Holzwerkstoffen vergeben, das „Goldene M" für alle Möbelarten.

CE-Zeichen

Im Gegensatz zu den RAL-Gütezeichen ist das CE-Zeichen keine aussagestarke Einkaufshilfe. Es ist ein Handelszeichen für Produkte, die in der EU in den Verkehr gebracht werden. Es wird vom Hersteller an seinem Produkt angebracht, wenn er nach Eigenprüfung davon überzeugt ist, dass das Produkt allen anzuwendenden EU-Verordnungen entspricht. In einigen Bereichen, zum Beispiel für Spielzeug, ist die Produktkennzeichnung mit dem CE-Zeichen vorgeschrieben. Im Möbelbereich ist eine CE-Kennzeichnung derzeit nicht relevant.

DIN-Zeichen und DIN-geprüfte Zeichen

Das DIN-Zeichen darf ein Hersteller selbst aufbringen, die Prüfung auf Übereinstimmung seiner Produkte mit den DIN-Normen darf er eigenverantwortlich durchführen. DIN-Normen werden vom Deutschen Institut für Normung in Berlin herausgegeben. Die Normen und Vorschriften sind nach technischen und wissenschaftlichen Gesichtspunkten aufgestellt und enthalten Anforderungen an einheitliche Baumaße, Stärken etc. Oft legen DIN-Normen nur ein unteres Niveau fest. Es gibt noch das „DIN-geprüft"-Zeichen, das aber selten ist und für Möbel keine Bedeutung hat.

Europäisches Umweltzeichen „Euro-Blume"

Die Euro-Blume wird man im Möbelbereich vor allem bei Matratzen und bei Küchengeräten wie Geschirrspülern finden. Produktgruppen, die das europäische Umweltzeichen des Umweltbundesamts tragen, müssen Richtlinien einhalten zu Boden-, Wasser-, Luftverschmutzung, Abfallaufkommen, Energie- und Ressourcenverbrauch und zur ganzheitlichen Betrachtung des gesamten Produktlebenszyklus. Die Antragsteller müssen nachweisen, dass sie die Richtlinien einhalten.

GS-Zeichen

GS-Zeichen findet man an Kindermöbeln, Bürodrehstühlen, Klapp- und Etagenbetten, Kücheneinrichtungen und Gartenmöbeln. Das GS-Zeichen wird von zugelassenen Prüfstellen an ganze Möbel vergeben, nachdem sie nach dem Gerätesicherheitsgesetz überprüft worden sind. Bei diesen Tests werden mechanische, elektrische und allgemeine Sicherheitsprüfungen durchgeführt. Eine Schadstoffprüfung über die gesetzlichen Mindestvorschriften hinaus findet nicht statt.

Auf keinem gekennzeichneten Produkt findet sich das Zeichen alleine, sondern immer in Kombination mit dem Zeichen eines der Prüfinsititute. Denn es muss immer zu erkennen sein, welches Prüfinstitut (z.B. VDE, TÜV) das Prüfzeichen vergeben hat. Bekannt ist, dass bei Billigimporten häufiger Fälschungen des Zeichens aufgetreten sind. Es lohnt sich deshalb, genau hinzusehen.

Öko-Tex Standard 100 – Textiles Vertrauen

Für Textilien (auch für Möbelstoffe, Matratzendrells und zahlreiche Heimtextilien) vergeben 18 Prüfinstitute weltweit dieses Zeichen. Vier Institute liegen in Deutschland, wo das Zeichen auch mitentwickelt wurde. Anforderungen werden nur an das Endprodukt gestellt. Die Anbaumethoden bei der Fasergewinnung und das Verarbeitungsverfahren bleiben unberücksichtigt. Gefordert wird, dass krebserregende und einige Allergien auslösende Stoffe nicht enthalten sein dürfen und dass sich Textilien an bestimmte Schadstoff-Grenzwerte halten, die je nach Textilart und Zielgruppe unterschiedlich sind und regelmäßig aktualisiert, also verschärft werden. Stichproben werden immer wieder auf Schadstoffe überprüft.

RAL-Gütezeichen für Möbel der Deutsche Gütegemeinschaft Möbel (DGM)

Hinter „RAL" steht das Deutsche Institut für Gütesicherung und Kennzeichnung e.V.. Das Gütezeichen für Möbel RAL-RG 430 ist in Deutschland das einzige anerkannte Gütezeichen für komplette Möbel. Es wird an Küchen- und Badmöbel, Wohn- und Schlafraummöbel, Polstermöbel, Kinder- und Jugendmöbel sowie Schulmöbel vergeben. Zuständig ist die Deutsche Gütegemeinschaft Möbel e.V. (DGM). Um ein RAL-Gütezeichen an Möbeln anbringen zu dürfen, müssen Hersteller ihre Möbel intensiven Tests in unabhängigen Prüflabors unterziehen. Dabei werden Haltbarkeit, Stabilität, Fertigungsqualität, Lichtechtheit, Reibechtheit (je nach Möbelart) und Schadstoffe geprüft, also das gesamte Produkt. Besonderes Gewicht wird auf das Thema „gesundes Wohnen" gelegt.

Weitere RAL-Gütezeichen im Möbelbereich gibt es für Federkernmatratzen, Polyätherschaum-Matratzen und Möbelschlösser.

INFO

Die Selfmade-Qualitätssiegel

Manche Hersteller geben eigene Qualitätszeichen heraus. Der Schluss liegt natürlich nahe, dass mit solchen selbstgemachten Qualitätssiegeln Falschaussagen an den Kunden gebracht werden. Dabei gibt es eine Hürde: Das Werbegesetz, das Wettbewerbsrecht und viele andere Gesetzgebungen in Deutschland sorgen dafür, dass nicht mit Lügen geworben werden darf. Sicher wird nicht gleich jedes „schwarze Schaf" entdeckt.

Vorsichtig sollte man sein, wenn man etwas von **„schadstofffrei"** liest. Es ist nämlich unmöglich, dass überhaupt kein Stoff in irgendeinem Produkt steckt, der nicht offiziell als Schadstoff eingestuft werden könnte (auch wenn dieser „Schadstoff" völlig natürlich ist, wie zum Beispiel Terpene, die natürlicher Bestandteil von Nadelhölzern sind und bei manchen Menschen eine Allergie auslösen können).

Etwas deutlicher wird es, wenn man bei der Stelle anfragt, die dieses Zeichen vergibt (oder bei einer Verbraucherberatungsstelle). Ist die **Vergabestelle des Zeichens** nicht gewillt, nähere Hintergründe über ihr Gütesiegel herauszugeben, sollte man skeptisch sein. Ebenso ist Vorsicht geboten, wenn man zwar Unterlagen und Antworten bekommt, aber wenn die Ergebnisse der Schadstoffmessungen nicht vergleichbar sind oder wenn es keine wissenschaftlichen und/oder gesetzlichen Vergleichswerte gibt.

Über sonstige RAL-Gütezeichen informiert die jeweils aktuelle Gütezeichenübersicht, die beim RAL in 53757 St. Augustin oder über Internet (www.ral.de) zu beziehen ist.

Teppichsiegel

Teppichsiegel bieten keinen sicheren Schutz vor unangenehmen Gerüchen, das zeigten Tests in der Vergangenheit. Aber sie können bei Reklamationen hilfreich sein. Denn sie versprechen Eigenschaften, die eingehalten werden müssen.

- **GuT:** Das GuT-Siegel vergibt die Gemeinschaft umweltfreundlicher Teppichböden (GuT), eine Organisation von Herstellern. Prüfinstitute wie das Textiles and Flooring Institute (TFI) in Aachen kontrollieren die Teppiche, die laut GuT-Internetauftritt „geruchsneutral“ und „schadstofffrei“ sein sollen. Schadstofffrei heißt hier, dass bestimmte problematische Substanzen, etwa Pentachlorphenol, nicht verwendet werden dürfen, und dass für einige andere, wie flüchtige organische Verbindungen, Grenzwerte festgelegt sind. Eine Mottenschutzausrüstung für Wollteppiche schreibt die GuT aber vor, allerdings gibt es Höchstmengen für Permethrin. Das TFI (www.tfi-online.de, Tel. 02 41/96 79-00) hilft Verbrauchern auch bei Reklamationen. Zur Geruchsprüfung können Sie dort ein DIN-A4-großes Teppichstück einsenden. Wenn das TFI eine „verstärkte Geruchsbildung“ feststellt (etwa in 30 Prozent aller Fälle), stehen die Chancen gut, die Rücknahme durchzusetzen – besonders bei Teppichen mit GuT-Signet. Das TFI benachrichtigt Hersteller und GuT. Die Prüfung kostet im Fall des Mangels nichts, sonst 45 Euro.
- **ETG:** Das Teppichsiegel der Europäischen Teppichgemeinschaft erhalten Böden, die die GuT-Kriterien einhalten. Außerdem fordert es bestimmte Qualitäten, etwa bei der Strapazierfähigkeit, und es informiert über Zusatzeignungen wie die Unempfindlichkeit gegen Stuhlrollen. Die Kontrolle liegt beim TÜV Rheinland/Berlin-Brandenburg.
- **Woolmark** und **Wools of New Zealand:** Wollsiegel für Teppiche aus Schurwolle. Sie sind in der Regel mit Mottenschutz ausgerüstet.
- **TÜV:** Einige TÜVs vergeben auch Zeichen für Teppiche, der TÜV Süddeutschland zum Beispiel „Schadstoffgeprüft“ (vergleichbar mit dem GuT). Auch der RWTÜV prüft Teppiche und bezeichnet sie bei bestandener Prüfung als „für Allergiker geeignet“.

Stiftung Warentest
test
Hersteller
Formschaummatratze
Gesamturteil:
GUT (2,1)
Im Test: 10 Matratzen
2 Gut, 7 befriedigend, 1 ausreichend
Ausgabe 03.2009

Testurteile der Stiftung Warentest

Die Stiftung Warentest in Berlin beauftragt unabhängige Prüflabors und Expertengruppen damit, nach ihren Vorgaben vergleichende Prüfungen an Konsumgütern oder Dienstleistungen durchzuführen. In den letzten Jahren wurden bei Prüfungen und Beurteilungen verstärkt Gesichtspunkte der Gesundheit und des Umweltschutzes berücksichtigt.

Vergleichende Warentests von Möbeln wurden bisher durchgeführt für Laminat, Teppichböden, Matratzen, Schülerschreibtische, Kinderhochstühle und Küchengeräte. Die Qualitätsurteile der untersuchten Produkte werden in der Zeitschrift „test" und über das Internet veröffentlicht. Hersteller mit besonders positiv bewerteten Produkten werben gerne mit den test-Siegeln.

Nachprüfungen – zum Beispiel an Matratzen – haben aber mehrfach ergeben, dass mit positiven test-Urteilen auch für Produkte geworben wird, die den getesteten Modellen nicht mehr entsprechen. Andere Hersteller kleben auf ihre Produkte selbst gebastelte „Prüf-Siegel", die nur den Anschein erwecken, es handele sich um ein Untersuchungsergebnis von test. Es lohnt sich also, die Veröffentlichungen in der Zeitschrift test oder online bei *www.test.de* nachzuprüfen.

TIPP

Die Label-Datenbank

www.label-online.de

Das Informationssystem Label-online.de wird von der Verbraucher Initiative e. V., dem Bundesverband kritischer Verbraucherinnen und Verbraucher, betrieben. Label-online bietet Informationen zu mehr als 300 Labeln. Man kann einfach einen Suchbegriff eingeben oder andere Suchoptionen, zum Beispiel nach Produktkategorien, nutzen.

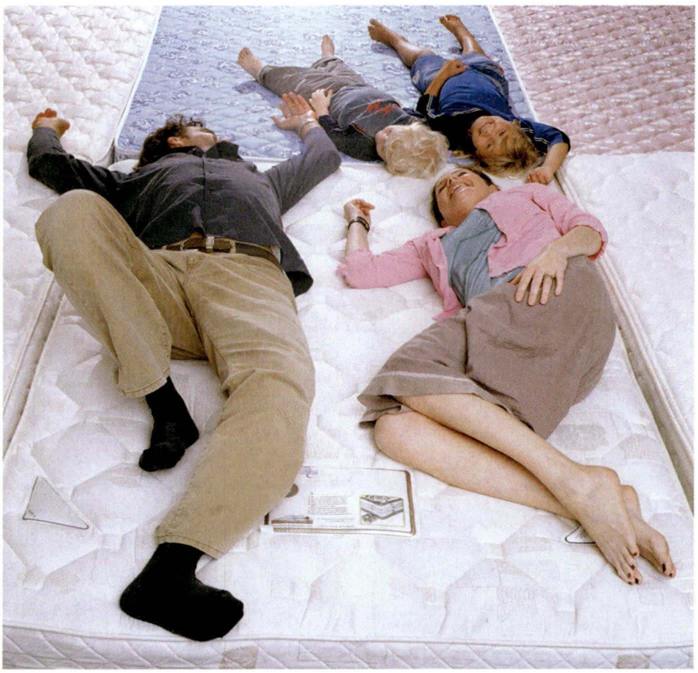

Material- und Warenkunde von A bis Z

Hier finden Sie eine ausführliche, alphabetisch sortierte Liste der Begriffe, mit denen Sie beim Möbelkauf konfrontiert werden können, und die entsprechenden Erläuterungen:

A

Absperrfurniere

Absperrfurniere werden auf Rückseiten und Innenseiten von Trägerplatten aufgeleimt, um ein „Arbeiten" der Platten (Verziehen, Aufwölben etc.) weitestgehend zu verhindern.

Acrylglas (Plexiglas)

Hochwertiger, aber sehr kratzempfindlicher Kunststoff, der in vielfältigen Formen verwendet wird. Für den Möbelbereich wird fast ausschließlich gegossenes Acrylglas eingesetzt.

Acryllacke

Acryllacke weisen ähnliche Eigenschaften wie → **PUR-Lacke** auf. Da sie sehr schnell trocknen, werden sie vielfach in der industriellen Möbelproduktion verwendet.

Alcantara

Warenzeichen für ein hochwertiges Wirrfaservlies auf kunstharzvernetztem Trägermaterial aus 60 % Polyester und 40 % Polyurethan, hergestellt nach einem japanischen Patent. Ähnlich wie Naturfasern brennt Alcantara nicht, sondern glimmt nur. In der Bekleidungsindustrie auch als Veloursléderimitat verwendet.

Allergene (Allergien)

Häufige „Krankmacher" in Wohnräumen sind Allergene, also Stoffe, die beim Menschen eine allergische Reaktion hervorrufen. Die Medizin versteht darunter eine übersteigerte Reaktion des körpereigenen Abwehrsystems auf bestimmte natürliche oder künstliche Stoffe.

Altfedern (Couchée)
Altfedern, auch Couchée genannt, sind bereits mindestens einmal gebrauchte Federn. Sie werden hygienisch aufbereitet und zum Beispiel für Sofakissen verwendet.

Anilinleder
Mit löslichen Farbstoffen (die früher als Anilin-Farbstoffe bezeichnet wurden) gefärbtes Leder.

Anlaufglas
Anlaufglas ist ein Farbglas, welches seine Färbung durch nachträgliche thermische Behandlung erhält.

Anleimer
Eine Leiste aus Holz, Kunststoff oder Folie zum Schutz von Kanten.

Anschlag
Die Lage der Tür zum Schrankkorpus. „Anschlag rechts" bedeutet zum Beispiel nach DIN, dass die Scharniere der Türe rechts sind, wenn man sie zu sich hin öffnet (wenn man zum Beispiel vor dem Schrank steht).

Antistatische Appreturen
Textilien aller Art, insbesondere aber solche aus Synthesefasern, laden sich durch Reibung an Maschinenteilen während des Verarbeitungsprozesses elektrostatisch auf. Dies wirkt sich während der Verarbeitung und beim Benutzen nachteilig aus. Um die Faseroberfläche elektrisch besser leitfähig zu machen, bringt man so genannte Antielektrostatika durch Foulardieren auf, wobei eine exakt definierte Wirkstoffmenge gleichmäßig je m^2 Textilgut aufgebracht, bzw. durch ein Ausziehverfahren auf das Textilmaterial aufgetragen wird. Eine hydrophile („wasserfreundliche") Ausrüstung bewirkt, dass der Stoff leichter Feuchtigkeit aufnimmt und dadurch die elektrische Leitfähigkeit verbessert wird, was eine statische Aufladung erschwert. Diese Ausrüstungen sind allerdings nicht permanent, sie müssen von Zeit zu Zeit aufgefrischt werden.

Antiquität
Möbel, das etwa 100 Jahre alt oder älter sein muss und nachträglich nicht wesentlich verändert wurde.

Applikationen
Verzierungen auf Möbeln oder Textilien, die nachträglich aufgebracht wurden.

Aromaten
Aromaten ist die Sammelbezeichnung für eine Gruppe chemischer Verbindungen, deren Molekülstruktur sich vom Benzol ableitet. Wichtige Vertreter dieser Stoffgruppe sind Benzol, Toluol, Xylol, Ethylbenzol, Cumol und Biphenyl. Die gesundheitlich hoch problematischen aromatischen Kohlenwasserstoffe werden unter anderem als Lösemittel in Lacken eingesetzt. Der Trend geht dazu, diese durch aliphatische Kohlenwasserstoffe, Ester und andere weniger giftige Lösemittel zu ersetzen.

Aufmaß
Vermessung von Räumen zur Planung einer eingebauten Einrichtung.

Ausrüstung (von Bezugstoffen)
Die Ausrüstung (Finish) ist bei einem Stoff von großer Bedeutung. Sie soll die weniger guten Eigenschaften einer Faser ausgleichen und deren positive Eigenschaften verstärken. Wie die Mixturen zusammengesetzt sind, bleibt das Geheimnis der Hersteller. Ausgerüstet wird je nach technischer Vorbehandlung und Materialien:
- gegen Mottenbefall
- schmutzabweisend
- flammhemmend
- zur Erhöhung der Lichtechtheit
- zur Erhöhung der Scheuerfestigkeit

- zur Verbesserung der Pflegeeigenschaften
- zur Verbesserung der Optik.

Ausrüstungsverfahren

Man unterscheidet drei Arten von Ausrüstungsverfahren: Appretur, mechanische Ausrüstung und die Hochveredelung:

- Appreturen: Streifen, Füllen, Chevillieren, Lustrieren, Weichmachen, Beschichten
- Mechanische Ausrüstung: Schleifen, Schmirgeln, Rauhen, Dämpfen, Scheren, Pressen, Bürsten, Klopfen und Absaugen
- Hochveredelung: Quellfest- & Schrumpffrei-Ausrüstung, Knitterarm-Ausrüstung, Wasser abweisende & wasserdichte Ausrüstung, Soile-Release-Ausrüstung, flammhemmende Ausrüstung, antimikrobielle Ausrüstung (bakterizid, fungizid).

Azofarbstoffe

Zu der Gruppe der Azofarbstoffe gehören auch Farbstoffe, die krebserregende Amine abspalten können. Azofarbstoffe selber sind im Allgemeinen nicht gesundheitsgefährlich. Einige können jedoch unter Umständen aromatische Amine freisetzen, die als krebserregend bzw. giftig einzustufen sind. Diese aromatischen Amine können durch Speichel oder Schweiß gelöst werden (zum Beispiel aus farbigen Textilien) und in den Körper gelangen. In Deutschland seit 1996 verboten, in anderen Ländern noch zulässig.

B

Bakterizide und fungizide Ausrüstung

Bakterizide und fungizide Produkte, mit welchen die Ware präpariert wird, verhindern einen Befall durch Mikroorganismen. Im Innen- und Wohnbereich selten sinnvoll. → **Biozide**

Beflockte Stoffe

Stoffe, bei denen auf dem Trägerstoff Fasern aufgeklebt sind.

Beize (Beizen)

Einfärben von Holzoberflächen mit Farbstoffen in Form von Flüssigkeiten bzw. Gasen.

Benzol

Benzol ist ein aromatischer Kohlenwasserstoff, der zum Beispiel im Benzin vorkommt. Da Benzol krebserregend wirkt (Leukämie), ist der Einsatz in Endprodukten verboten.

Beschläge

Beschläge nennt man alle Vorrichtungen zum Verbinden, Öffnen und Schließen, Aufklappen oder anderweitigem Bewegen von Möbelteilen. Hierzu zählen: Scharniere, Verbindungsbeschläge, Drehbeschläge, Klappenhalter, Schrankaufhänger, Schlösser, Auszüge.

Bindemittel

Nichtflüchtiger Anteil eines Beschichtungsstoffs ohne Pigment und Füllstoff, zum Beispiel Kunstharze. Das Bindemittel enthält zum Beispiel Polymere (wie Polyurethan oder Acrylharz), kann zusätzlich aber auch Weichmacher, Trockenstoffe, Stabilisatoren und ähnliche Hilfsstoffe enthalten.

Binse

Die Flecht-Binse, Sumpf-Binse, Teichsimse, Grüne Teichbinse, See-Binse oder auch Flecht-Simse (lateinisch: Scirpus lacustris L.) gehört botanisch zur Familie der Sauergräser (Cyperaceae), nicht zu den echten Binsen (Familie Juncaceae). Die runden Sprosse werden bis 3 Meter hoch und 1,5 cm dick. Das Verbreitungsgebiet liegt in den gemäßigten Zonen Europas und Amerikas.

Binsenschnur, maschinengedreht

Stärken: 2,5–6 mm. Die maschinell gedrehte Binsenschnur wird als Spanngeflecht in Sitz- und Rückenflächen von Holzstühlen geflochten. Die dichte Umwicklung des Rahmens und ein straff gespanntes Geflecht bestimmen die Qualität.

Verunreinigungen sollten nur mit klarem Wasser behandelt werden, danach an der Luft trocknen. Farb- und Strukturunterschiede sind natur- und wachstumsbedingt.

Biozide
Biozide sind chemische Substanzen, die zur Bekämpfung von lebenden Organismen eingesetzt werden. Bedeutung haben zum Beispiel Fungizide (gegen Pilze) und Insektizide. Biozide können den menschlichen Organismus akut oder chronisch schädigen. Im Möbelbereich werden Holzwerkstoffe ohne Biozide verarbeitet.

Blankleder
Pflanzlich gefärbtes oder gegerbtes Rindsleder, bei dem die Narbenseite mit Wachsen bedeckt und dann poliert wird. Kommt bei Möbeln als selbsttragendes Leder (ohne Polsterung) für Stuhl- und Sesselbespannungen zum Einsatz.

Blauer Engel (RAL-UZ 38)
Deutsches Umweltzeichen zur Förderung umweltfreundlicher Produkte. Es wird seit 1979 durch ein vom Bundesministerium für Umwelt, Naturschutz und Reaktorsicherheit berufenes Beschlussgremium vergeben. Seit 1999 basiert der Blaue Engel auf den gleichen Grundlagen wie der Bereich „Umwelt/Gesundes Wohnen" des RAL-Gütezeichens für Möbel.

Blaufäule
Schadhafte Stellen im Holz, die überwiegend durch Pilzbefall und Feuchtigkeit hervorgerufen werden. Tritt hauptsächlich bei Nadelhölzern auf. Bläupilze wandeln die Holzinhaltsstoffe um. Diese umgewandelten Inhaltsstoffe und gegebenenfalls der Pilz selbst führen zur Farbveränderung. Selbst wenn der Pilz restlos abgetötet ist, bleiben die farbverändernden Inhaltsstoffe im Holz.

Bleichen
Chemischer Bearbeitungsgang an Holzoberflächen zum Aufhellen des Holzes. Dazu werden unter anderem Salmiakgeist, Salzsäure und spezielle Bleichbeizen verwendet.

Bleikristallglas
Bleikristallglas ist ein Wirtschafts- und Beleuchtungsglas mit einem Massenanteil von weniger als 24 Prozent Bleioxid, einer Dichte von mehr als 2,90 Gramm pro Zentimeter und einer Brechzahl von 1,45 nach dem Kristallglaskennzeichnungsgesetz.

Blende
Blenden oder auch Sichtblenden kommen überwiegend im Einbaumöbelbereich zum Einsatz. Hierbei werden Front- oder Korpusteile unterschiedlicher Breite verwendet, um Freiräume abzudecken, zum Beispiel bei der Sockelblende.

Blindholzgestell
Als Blindholzgestell wird die verdeckte Konstruktion von Vollpolster-Garnituren bezeichnet. Man nennt diese unsichtbaren Hölzer auch „Konstruktionshölzer", für die in der Regel Buchenholz verwendet wird.

Bonellfederkern
Maschinell hergestellter Federkern, bestehend aus aneinandergereihten Taillenfedern. → auch: **Federkern**

Boondoot → **Rattan**

Brasilianischer Buntschiefer „Gomma"
→ **Buntschiefer**

Bremsklappenhalter
Damit Schreibtisch- und Barfachklappen sanft und nicht zu weit nach unten aufgehen, sind Bremsklappenhalter eingebaut. Aufwändige Modelle sind gedämpft.

Brokat
Jacquardgemusterte, mit Metallfäden (gold oder silber) durchzogene Seidenstoffe. Gut für ästhetisch-dekorative Zwecke.

Bürsten
Bürsten ist eine spezielle Bearbeitungstechnik von Oberflächen, bei der die weichen Holzfasern nach dem Wässern herausgebürstet werden und somit eine strukturierte Oberfläche entsteht.

Bugholz
Der Begriff Bugholz bezieht sich auf eine Verarbeitungstechnik aus der Jahrhundertwende in Osteuropa. Hier wird Ahorn- und Buchenholz zu Rundstäben verarbeitet, in Wasser- und Dampfbädern vorbereitet und mit Spezialwerkzeugen in gewünschte Formen gebracht. Bekannt von den Thonet-Kaffeehausstühlen.

Buntschiefer
Sorten von Buntschiefer sind: Südafrikanischer Buntschiefer, Brasilianischer Buntschiefer („Gomma“), Indischer Buntschiefer („Peakok“). Alle drei Sorten haben ein hohes Farbspektrum. Buntschiefer wird fast immer in Kachelform handverlegt.

Butze
Butze ist eine runde bis unrunde Glasscheibe kleinen Durchmessers (60 bis 150 Millimeter), farbig oder farblos mit einem Mittelteil (Nabel), der nicht immer zentrisch sitzt. Nach der Herstellungstechnik sind die echte Butze, die handgefertigte Butze und die gepresste Butze zu unterscheiden.

Fälschlicherweise werden heute noch mehrfach gewölbte Scheiben aus Flachglas (gewölbtes oder bombiertes Glas), wie sie auch in Sprossenfenstern eingesetzt werden, als Butzen angeboten.

C

CEN
Abkürzung für Europäisches Komitee für Normung. In den entsprechenden Ausschüssen werden europäische Normen erarbeitet. Die Ausschüsse setzen sich zusammen aus Vertretern der Industrie, des Handels, der Verbraucher und verschiedener Institutionen.

Changeant
Schillernder Effekt bei Stoffen, der durch Verwendung unterschiedlicher Farben in Kette und Schuss entsteht, zum Beispiel bei Seide.

Chatause
Eine auf Armlehnen oder Stollen aufgesetzte Blende im Polstermöbelbereich. Kommt beispielsweise in Stoffbezügen oder Holz zum Einsatz.

Chenille
Chenille-Stoffe sind → **Flachgewebe**, bei denen Chenille-Garne als Ziereffekt in der Regel als Schlussgarn eingesetzt werden. Chenille- oder Raupenzwirne sind voluminös, weich und haben eine samtartige Oberfläche. Das Chenille-Garn gibt dem Flachgewebe seine Strapazierfähigkeit. Im Gebrauch treten optische Veränderungen durch leichte Florverluste auf, zum Beispiel Sitzspiegel (so genannte Gebrauchslüster).

Chintz
Glänzendes, feines und dichtes, leinwandgebundes Gewebe. Wird meist aus Baumwolle, Polyester oder auch als Mischgewebe hergestellt. Die glänzende Oberseite, die wie gewachst wirkt, entsteht durch das Kalandern (Stoff wird bei hoher Temperatur stark gepresst). Chintz neigt zum Knittern und braucht eine schonende Behandlung. Einfacher Chintz ist nicht waschbar, erst nach der Ausrüstung mit einem Glättungsmittel aus Kunstharz kann man ihn waschen.

Couchée → **Altfedern**

Croupon
Das Kernstück der Großviehhaut, nach Entfernen der Bauchteile und der Halspartie.

D

Damast
Italienische Bezeichnung für jacquardgewebte → **Flachgewebe** nach der Stadt Damaskus in Syrien. Die typischen Licht- und Schattenreflexionen entstehen durch eine besondere Webtechnik; Herstellung vorwiegend aus Naturfasergarnen. Einsatz: von Dekostoffen bis zu Möbelstoffen für den schonenden Gebrauch.

Daune, allgemein
Daunen sind der zarte Brustflaum von Gänsen und Enten. Aus dem kaum sichtbaren Kern der Daune wachsen strahlenförmig seidenweiche Daunenfederchen heraus, mit feinsten Verästelungen, die viel Luft speichern. Gänse- und Entendaunen sind (kaum) voneinander zu unterscheiden. Die Gänsedaune ist im allgemeinen etwas größer als die Entendaune.

Deckfurniere
Deckfurniere werden auf Trägerplatten-Innen- und Außenflächen von Möbelteilen aufgeleimt (furniert).

Dekatieren (bei Wollstoffen)
Wollstoffe mit Dampf oder heißem Wasser behandeln. Beim Dekatieren wird je nach Maschine und Dekatureffekt in unterschiedlichem Ausmaß echter Glanz und Flächenstabilität durch Dämpfen der Ware zwischen Mitläufer-Schichten erzeugt.

Dekorfolien
Dekorfolien haben sich seit ihrer Einführung in Deutschland Anfang der 60er Jahre als Oberflächenmaterial zur Vergütung von Span-, MDF- und Hartfaserplatten in der Möbelproduktion bewährt und sind auch als Oberflächenmaterial für Rückwand-, Decken- und Wandpaneele kaum noch wegzudenken. Dekorfolien werden heute in zahlreichen Qualitäten angeboten.

Dickleder
Normales Polsterleder hat eine Dicke von durchschnittlich 1 mm. Ab 1,4 mm durchschnittlicher Dicke kann es die Bezeichnung „Dickleder" führen. Durch die unterschiedliche Beschaffenheit einer Lederhaut sind die Maßtoleranzen von plus/minus 20 % möglich. Dickleder gibt es in vielen Lederarten und Oberflächenzurichtungen. Bei dicken Ledern ist die Polsteroptik und die Modellvielfalt etwas eingeschränkt.

DIN
Das Deutsche Institut für Normung e. V. ist zuständig für das deutsche Normenwerk.

Dioxine
Sammelbegriff für 75 verschiedene polychlorierte Dibenzo-p-Dioxine. Neuerdings werden auch bromierte Dibenzo-p-Dioxine beschrieben. Dioxine gehören zu den giftigsten, vom Menschen hergestellten Stoffen. Von Möbeln gehen diesbezüglich beim Gebrauch keinerlei Gefährdungen aus.

Dispersionslacke
Hierunter versteht man mit Wasser verdünnbare Lacke, wobei das Wasser als Lösungsmittel zum Einsatz kommt.

Drehbeschläge
Drehbeschläge sind zum Beispiel in Küchen-Eckschränken eingebaut, meist zur Unterbringung von Töpfen.

Drell / Drellbezug
Bezugstoff, der zum Beispiel eine Matratze umhüllt. Besteht aus einem festen kräftigen Gewebe aus Baumwolle, Wolle oder Chemiefasern.

E

Einzelstamm-Wirtschaft
Ausgewählte Bäume aus allen Bereichen des Waldes werden gefällt, für die Endverwertung nach Größe und Qualität sortiert.

Eisenbahnplüsch
In einer Spezialbindung (Petzold-Bindung) gefertigter Plüsch mit hoher Schussdichte. Sein Flor richtet sich auch bei starker Strapazierung immer wieder auf, weshalb der Eisenbahnplüsch eben vielfach für die Ausstattung von Eisenbahnwaggons verwendet wurde.

Eloxieren
Verfahren, bei dem Aluminium in einem Schwefelsäurebad in Verbindung mit Gleichstrom eine Oxidschicht erhält, die zum Schutz vor Korrosion dient (verschiedene Farben sind möglich).

Emaille
Eine Glasmasse, die auf Metalloberflächen aufgeschmolzen wird (unter anderem bei Spülen).

Emission
Emission ist die Abgabe von zum Beispiel chemischen Stoffen oder Strahlung an die Umgebung. (→ auch **Emissionsklassen**)

Emissionsklassen
Spanplatten und andere plattenförmige Holzwerkstoffe werden nach ihrer Formaldehydabgabe (Formaldehydemission) in die Emissionsklassen E 1 bis E 3 eingeteilt.

Die Emissionsklasse E 1 hat die niedrigste Formaldehyd-Ausgleichskonzentration (unter 0,1 ppm = 0,12 mg/m^3). Vorgeschrieben ist eine Formaldehydemission von max. 0,1 ppm.

Für das RAL-Gütezeichen für Möbel, das „Goldene M", gilt der Wert max. 0,05 ppm.

Nicht geschützt sind Bezeichnungen wie E 0, F 0 oder FF, die auf (nahezu) formaldehydfreie Holz-werkstoffe hinweisen sollen. Auch bei formaldehydhaltigen Holzwerkstoffen kann die Formaldehydemission durch entsprechend dichte und dicke Beschichtungen weitgehend verhindert werden.

EN
Abkürzung für Europäische Norm.

Endzurichtung → **Finish**

Epinglé
Auf Rutenstühlen hergestellte Schlingenware – Schaft oder Jacquard möglich –, die auch schnitten sein kann, dann → **Frisé** genannt.

F

Farbunterschiede (bei Leder)
Naturgegebene Farb- und Strukturunterschiede in einer Haut sind möglich. Bei Nappaleder naturbelassen sind sie häufiger und von Lieferung zu Lieferung unterschiedlich. Durch Licht- und Sonneneinwirkung verändert sich Leder (besonders Nappaleder naturbelassen und Nubukleder) je nach Art im Laufe der Zeit und kann heller werden (bleicht aus). Ausnahme: Pflanzlich (vegetabil) gegerbtes Leder dunkelt nach.

FCKW
FCKW sind Fluorchlorkohlenwasserstoffe. Diese werden bzw. wurden eingesetzt als Lösemittel, Entfettungsmittel und zum Aufschäumen von Schaumstoffen. Da FCKW ozonschädigend sind, wurden einige FCKW in der FCKW-Halon-Verbotsverordnung verboten. Ersatzstoffe für

FCKW sind die Kohlenwasserstoffe Propan, Iso-Butan, Pentan sowie Kohlendioxid und FKW. → auch: **FKW**

Federholzrahmen
Die häufigere Bezeichnung ist „Lattenrost". Auflagefläche für Matratzen.

Federkern
Unter Federkern versteht man die Gesamtheit aller Federn in einer Polsterung/Matratze. Eine Bezeichnung für einen Federkern ist beispielsweise der maschinell hergestellte → **Bonellfederkern**.

Feinjährig (Holz)
Man spricht von feinjährigem Holz, wenn dieses sehr schmale Jahresringe aufweist. Die Größe der Jahresringe ist unter anderem von der Baumart und den klimatischen Bedingungen abhängig, unter denen der Baum aufgewachsen ist.

Finish
Unter Finish versteht man meistens die Endbehandlung einer Oberfläche. Unter Umständen kann jedoch auch die gesamte Oberflächenbehandlung gemeint sein. → **Ausrüstung, Leder, Zurichtung**

FKW
FKW sind Fluorkohlenwasserstoffe. Sie tragen zum Treibhauseffekt bei, nicht aber zur Zerstörung der Ozonschicht. → auch **FCKW**

Flachgewebe
Gewebter Stoff nach dem klassischen System der rechtwinkligen Fadenverkreuzung von Kette und Schuss. Beide Fadensysteme bilden entsprechend der gewählten Bindung die Oberfläche des Möbelstoffs. Aus dem gekonnten Arrangement von Material, Farbe und Bindung entwickelt sich der textile Bezugsstoff, der entweder auf Schaft- oder Jacquard-Webmaschinen gefertigt wird. Flachgewebe ist nicht so strapazierfähig wie → **Polgewebe**.

Flachs → **Leinen**

Flammhemmende Ausrüstung
Durch das Aufbringen flammhemmender Produkte in und um die Faser wird die Entflammbarkeit weitgehend verhindert. Flammhemmend ausgerüstete Textilien verkohlen beim Kontakt mit einer offenen Flamme, brennen aber nicht weiter. Durch die verwendeten Chemikalien entstehen andere Nachteile bzw. Probleme (Komforteinbußen, Entsorgungsmüll). Im privaten Wohnbereich nicht notwendig.

Flammschutzmittel
Flammschutzmittel sollen einen Brand hemmen oder verhindern. Es kann sich hierbei um anorganische Stoffe (Phosphorverbindungen, Antimonverbindungen, Salze) oder um organische Verbindungen (chlorierte oder bromierte Kohlenwasserstoffe, organische Phosphorverbindungen) handeln. Falls es doch zu einem Brand kommt, sind die Schwelgase zum Teil stark giftig, unter Umständen bilden sich auch giftige Dioxine. Im Gegensatz zu Großbritannien werden in Deutschland im Möbelbereich kaum Flammschutzmittel eingesetzt. Bei Möbeln mit RAL-Gütezeichen sind sie nicht zugelassen. → auch **polychlorierte Biphenyle**

Flechtfurniere, allgemein (Flechtspäne oder Holzspan)
Flechtspäne werden aus geschälten oder gemesserten Furnieren in beliebigen Stärken und Breiten geschnitten.

Fleckschutz (bei Polsterstoffen)
Ausrüstung/Behandlung mit Hydrophobolen (Wasser abweisenden Chemikalien), die die Wasseraufnahmefähigkeit der Stoffe deutlich verrin-

gern, und mit Oleophobolen (Öl und Fett abweisenden Chemikalien), die die Ölaufnahmefähigkeit stark verringern. Man erzielt dadurch einen Schutz gegen wasser- und fetthaltige Flecken.

Flockvelours
Durch elektrostatische Aufladung werden auf einen Trägerstoff synthetische Fasern aufgetragen und mit dem Trägerstoff verklebt.

Flüchtige organische Verbindungen → **VOC**

Folien
Für die Bezeichnung Folien gibt es im Möbelbereich zwei Bedeutungen:

1. Als Bezugsstoff dienende Folien, zum Beispiel bei Stuhlsitzen. Sie gehören zu den thermoplastischen Kunststoffen.
2. Unter Folien versteht man aber auch aus verschiedenen Papierschichten bestehende Dekorschichten. Diese werden zum Beispiel anstelle von Furnieren als Obermaterial auf Trägerplatten aufgeklebt. Sie gehören zu den duroplastischen Kunststoffen.

Formaldehyd
Formaldehyd wurde 1980 als „Stoff mit begründetem Verdacht auf krebserregendes Potential" eingestuft. Formaldehyd ist ein Gas, das in höheren Konzentrationen Augen und Schleimhäute reizt. Es ist die weltweit am meisten produzierte Chemikalie (in Deutschland Jahresverbrauch ca. 500 000 t) und wird in fast allen Lebensbereichen verwendet: zum Beispiel in der Kosmetik- und Farbenindustrie als Konservierungsmittel, in der Textilindustrie für pflegeleichte Textilien, für die Spanplattenherstellung. Formaldehyd kann allergisierend (sensibilisierend) wirken.

Frisé
Möbelstoff mit unaufgeschnittenen und geschnittenen Schlingen.

Führungssystem (für Auszüge und Schubkästen)
Moderne Führungssysteme sind mit Dämpfungselementen versehen, die einen selbsttätigen und geräuscharmen Selbsteinzug ermöglichen. Ein wichtiger Nutzen ist der Vollauszug, mit dem voller Zugriff auf den Inhalt möglich ist.

Füllung
Bei einer Füllung spricht man von dem zentralen Bereich – zum Beispiel bei einer Tür oder einem Schubkastenvorderstück –, der von einem Rahmen eingefasst ist.

Fungizide → **Biozide**

Furnier
Furniere sind – nach DIN 4079 – dünne Holzblätter, die durch Schälen, Messern oder Sägen von einem Stamm(-teil) gewonnen werden. Man unterscheidet Furniere nach der Verwendung, zum Beispiel Deck- und Absperrfurnier.

Furnierplatte → **Sperrholz/-platte**

Futon
Ursprünglich japanische Schlafmatten. Die Matten bestehen meist aus natürlichen Materialien; sie liegen auf Lattenrosten oder in einem Futon-Bettgestell.

G

Gefahrstoff
Gemäß Chemikaliengesetz und Gefahrstoffverordnung können Gefahrstoffe Gefährlichkeitsmerkmale aufweisen bezüglich physikalisch-chemischer Eigenschaften (Beispiel: entzündlich) oder in Bezug auf gesundheitliche Eigenschaften (Beispiel: giftig, krebserregend). Ein Stoff oder eine Zubereitung, die nicht als Gefahrstoff eingestuft wurde, ist damit nicht automatisch als unbedenklich anzusehen.

Gehrungen
Zwei Elemente, die an ihren Endungen im Winkel von 45 Grad spiegelverkehrt zueinander schräg geschnitten und miteinander verbunden werden, bezeichnet man als Gehrung.

Gerätesicherheitsgesetz
Das Gerätesicherheitsgesetz verlangt von jedem Hersteller, Importeur oder Händler, der Haushalts-, Sport- und Spielgeräte sowie technische Arbeitsmittel in Verkehr bringt, dass diese den vorgegebenen/festgelegten sicherheitstechnischen Anforderungen entsprechen. Auch Möbel, zum Beispiel Küchen- und Kindermöbel, unterliegen dem Gerätesicherheitsgesetz.

Gerbstoffe
Natürliche oder künstliche Chemikalien, mit deren Hilfe aus tierischen Häuten Leder hergestellt wird. Man unterscheidet pflanzliche, synthetische und mineralische Gerbstoffe. Der technisch wichtigste Gerbstoff ist dreiwertiges Chrom. Gesundheitsschädliches sechswertiges Chrom wird in der deutschen Lederherstellung nicht mehr verwendet.

Gerbung
Die Umwandlung der verderblichen Häute und Felle durch Gerbstoffe in haltbares Leder.

Gesponnene Faser
Zellstoff und andere synthetische Rohstoffe werden aufgelöst, durch Spinndüsen gepresst, gekräuselt, auf Stapel geschnitten und als Stapelfaser weiterverarbeitet. Merkmale und Eigenschaften sind je nach Rohstoff verschieden.

Gesponnene Seide
Leere Kokons von Seidenspinnerraupen werden gerissen und wie gewöhnliche Stapelfasern zu einem normalen Faden versponnen. Merkmale und Eigenschaften: wie → **Haspelseide**, Schrumpfneigung, starke Pillingneigung, nur gering strapazierfähig, glänzende Optik, wasserfleckenempfindlich, gute Licht- und Reibechtheit, hitzeempfindlich.

Gestellbau (bei Polstermöbeln)
Im Gestellbau sind Kombinationen zwischen Holz- und Metallkonstruktionen ebenso wie reine Metallkonstruktionen üblich.

Giebelschränke
Schränke mit einem – meist dekoratioven – Giebel am oberen Teil.

Giftstoffe
Ein Teil der → **Gefahrstoffe** sind gleichzeitig auch Giftstoffe. Sie können über den Magen, die Lunge oder die Haut in den Körper gelangen und schädlich bis tödlich wirken. Man unterscheidet akute und chronische Wirkungen (schleichende Vergiftung). Giftstoffe sind auch solche Stoffe, die beim Menschen oder Tier krebserregend, erbgutverändernd oder fruchtschädigend wirken. Die Chemikalien-Verbotsverordnung beschränkt oder verbietet die Anwendung bestimmter Giftstoffe.

Glasur
Glasur ist eine dünne glasartige Schicht vornehmlich auf keramischen Erzeugnissen, die diesen Glanz und Oberflächenglätte verleiht und das Eindringen von Flüssigkeiten in den meist porösen Scherben verhindert.

Gobelin
Gobelins sind klassische Jacquard-Ware, meist aus Baumwoll- oder Viskosefasern. Einsatz meist bei klassischen Sitzmöbeln mit festen Polstern oder im Stuhlbereich. Die Strapazierfähigkeit hängt von den verwendeten Garnen und deren Abbindung ab, kann also nicht pauschal festgelegt werden. Für legere Polsterungen ist Gobelin weniger geeignet.

Granit

Zum Beispiel Paradiso, Copacabana, Multicolor, Japasana, Nero.

Grob- bis feinkörniges kristallines Tiefengestein vulkanischen Ursprungs, sehr widerstandsfähig (unempfindlich, hart). Naturmerkmale aller Granite: Geschliffene und polierte Oberflächen weisen je nach Einfallswinkel des Lichtes ein leicht unterschiedliches Glanzbild bzw. einen Glitzereffekt auf. Poren, kaum sichtbare kleine Löcher, leichte Vertiefungen und Wachstumsmerkmale sind naturbedingt. Sie haben keinerlei Einfluss auf die Haltbarkeit von Granit.

Granit naturbelassen ist besonders kratzfest und robust. Auch eine Drahtbürste hinterlässt keine Kratzer. Fett, Öl oder säurehaltige Flüssigkeiten, zum Beispiel Orangensaft, Apfelsaft, Cola-Getränke usw. müssen jedoch unverzüglich entfernt werden, da sie in die feinen Gesteinsporen eindringen können. Mit der Bezeichnung „Oberfläche lackiert" sind die Poren zwar versiegelt, die Beschichtung kann aber dann wieder kratzempfindlicher sein.

Grenzwert (Umweltschutz)

Festgelegte Höchstkonzentration eines Stoffes oder eine höchstzulässige Energiemenge im Zusammenhang mit der Emission oder Immission, die Menschen, Tiere beziehungsweise Pflanzen nicht schädigen soll.

H

Harnstoff-Formaldehyd-Harze

Die UF-Harze sind das wichtigste Bindemittel für die Herstellung von Holzfaser- und Spanplatten. Diese Harze geben mehr Formaldehyd ab als Phenol-Formaldehydharze, Melamin-Formaldehydharze oder Isozyanatharze. In Deutschland ist die zulässige Formaldehydemission durch die Chemikalien-Verbotsverordnung (früher Gefahrstoffverordnung) auf 0,1 ppm begrenzt. Durch entsprechende Harze, Härter, Formaldehydfänger und Produktionsbedingungen ist es auch bei den UF-Harzen möglich, die Formaldehydemission auf max. 0,1 ppm zu begrenzen. → auch **Emissionsklassen, Formaldehyd, Spanplatte**

Harzgallen

Harzgallen sind mehr oder weniger langgestreckte Öffnungen im Holz, meistens mit Harz gefüllt.

Haspelseide

Endlosfaden, der vom Kokon des Maulbeerspinners abgehaspelt wird. Merkmale und Eigenschaften: Wärmehaltigkeit sehr gut, Dehnbarkeit sehr gut, Elastizität hoch, Färbbarkeit gut, kritischer Temperaturbereich ab 120 °C, Widerstandsfähigkeit gegen tierische Schädlinge: Wird im Allgemeinen nicht befallen. Schrumpfneigung relativ gering, strapazierfähig, glänzende Optik, wasserfleckenempfindlich, gute Licht- und Reibechtheit.

Highbord (Highboard)

Bezeichnung für eine höhere Anrichte, oft in Esszimmern. Die gängige Höhe liegt meist bei 90–110 cm.

Hinterstollen

Hinteres, senkrechtes Element (Rückenlehne und Beine) eines Gestells bei einem Stuhl oder Sessel.

Hirnholz

Als Hirnholz oder auch Kopfholz bezeichnet man die Enden eines Massivholzes. Hier kann man je nach Rundung der Endung die kreisförmigen Jahresringe und die Endungen der Holzfasern sehen.

Hochveredelung → **Ausrüstungsverfahren**

Holzarten → Tabellen Seite 214–217

Holzschutz
Als Holzschutz sind alle Maßnahmen zu verstehen, die zur Erhaltung und Verlängerung der Funktionstüchtigkeit und Gebrauchsdauer von Holz- und Holzwerkstoffprodukten dienen. Die Maßnahmen sollen eine Wertminderung und/oder Zerstörung von Holz- und Holzwerkstoffen – besonders durch Pilze, Insekten und andere Schädlinge – verhüten.

Holzschutzmittel
Holzschutzmittel gehören zu den → **Bioziden**. Der Einsatz von → **PCP** (Pentachlorphenol) als pilzbekämpfendes Mittel ist nach der PCP- bzw. Chemikalien-Verbotsverordnung seit 1989 verboten. Toleriert werden in Bedarfsgegenständen (Möbel, Spielzeuge u. ä.) Restmengen von 5 mg/kg.

Zunehmend wird auch auf den Einsatz des Insektizids → **Lindan** verzichtet.

Bei den → **Pyrethroiden**, die zur Gruppe der Insektizide gehören, wird eine mögliche Gesundheitsgefahr seit längerem diskutiert. Früher wurden Holzschutzmittel auch im Innenbereich für dekorative Zwecke intensiv eingesetzt, obwohl sie nur für tragende Holzteile vorgeschrieben waren. Durch mehrmaliges Streichen traten dabei Konzentrationen an der Holzoberfläche von über 1000 mg/kg auf. Aufgrund der Schwerflüchtigkeit dieser Stoffe sind auch nach Jahrzehnten noch hohe Konzentrationen auf der Holzoberfläche nachweisbar. Im Baubereich wird in der Neufassung der DIN 68800 für tragende Teile bei gewissen Voraussetzungen kein Holzschutz mehr gefordert. Im Innenbereich wird bei dekorativen Teilen von der Anwendung von Holzschutzmitteln abgeraten. Im Möbelbereich kommen in Deutschland keine Holzschutzmittel zum Einsatz.

Holzwerkstoffe
Werkstoffe, die zum überwiegenden Teil aus dem nachwachsenden Rohstoff Holz hergestellt werden. Beispiele: Spanplatten, Holzfaserplatten, Sperrholz, Tischlerplatten.

HPL (High Pressure Laminate)
HPL-Platten sind widerstandsfähig, unempfindlich gegen Wasser und Dämpfe und nehmen keinen Geruch oder Geschmack von Speisen oder Chemikalien an. Die Platten können kurzzeitig bis 130 °C beansprucht werden.

HPL-Platten oder „Hochdruck-Schichtpressstoffplatten“ bestehen aus durchgehend gleichmäßig geschichteten Kraftpapierbahnen, die mit härtbaren (duroplastischen) Kunstharzen getränkt worden sind. Die Dekorschicht besteht aus einem eingefärbten oder bedruckten und mit Melaminharz getränkten Dekorpapier. Für stark beanspruchte Flächen wird als oberste Schicht ein melaminharzgetränktes transparentes Papier (Overlay) mit verpresst. Die Kernschichten bestehen aus braunem Kraftpapier, welches mit Phenolharz getränkt wurde (darum die dunkle Kante).

Unter hohem Druck und gleichzeitiger Hitzeentwicklung werden die verschiedenen Schichten zu einem festen, nicht mehr erweichbaren Verbundwerkstoff (Composit). Das Ergebnis sind Kunststoffplatten von durchgehender Härte und großer Festigkeit mit porenlosen Oberflächen. Sie werden normalerweise auf Spanplatten verleimt, dabei soll nach Möglichkeit auch die Gegenseite der Spanplatte mit einer HPL-Platte gleicher Dicke versehen werden, um einen besonders guten Schutz zu erreichen und Verziehen durch Feuchtigkeitseinfluss zu verhindern.

Hydrophobe Ausrüstung (Leder)
Eine besondere Technologie bei der Lederherstellung: das Ein- und Aufbringen von besonderen hydrophoben (wasserabweisenden) Mitteln

wie Öle oder Fette in bzw. auf das Leder, was die Wasseraufnahme merklich verringert. Auf das Leder verschüttete Flüssigkeiten müssen dennoch unverzüglich entfernt werden.

I

Imprägnierung
Verfahren zum Schutz von Textilien gegen Wasser, Öl etc. Die meisten Imprägnierungen werden auf der Basis von Wachsen, Paraffinen oder Silikonen hergestellt.

Indischer Buntschiefer „Peakok" → **Buntschiefer**

Insektenschutz (bei Polsterstoffen)
Fasern tierischer Herkunft, besonders Wolle und Haare, sind meist mit umweltverträglichen Insektenschutzmitteln behandelt.

Insektizide → **Biozide**

Intarsien
Einlegearbeit aus verschiedenen Hölzern zu einem Bild bzw. Muster, teilweise ergänzt bzw. aufgelockert durch andere Materialien wie Metall.

Isozyanate
Isozyanate werden für die Herstellung von Polyurethanschäumen für Polstermöbel und für die Herstellung formaldehydfreier Spanplatten eingesetzt. → auch: **Spanplatte**

J

Jacquard-Gewebe
Jacquard-Gewebe ist ein Sammelbegriff für alle großrapportigen, bildgemusterten Stoffe. Mehrkettig und mehrschüssig aufgebaute Gewebe mit unzähligen Musterungsmöglichkeiten, auch Hohlgewebe, mehrschichtiges Gewebe und Gewebe mit Ziereffekten. Bewegung der Kettfäden erfolgt durch Jacquardmaschinen. Typische Jacquard-Gewebe sind Damast und Brokat.

Jacquardvelours
Plüschig-weiche Variante der Jacquard-Gewebe. Die Bewegung der Kettfäden erfolgt durch Jacquardmaschinen.

K

Kadmium
Kadmium ist ein giftiges Schwermetall, das zum Einfärben von Kunststoffen oder als Stabilisator für PVC-Fensterrahmen eingesetzt wird. Der Einsatz für Möbeloberflächen wurde durch die Chemikalien-Verbotsverordnung untersagt.

Kahlschlagmethode (in der Waldbewirtschaftung)
Man unterteilt eine Waldfläche in Schläge, die in strenger Hiebfolge kahlgeschlagen werden, so dass die gesamte Wirtschaftsfläche nach beispielsweise 50 Jahren Bestände aller Altersstufen vom Keimling bis zum 50-jährigen Baum enthält. Bei ihrer Wiederbepflanzung kann man neue Zuchtrassen einführen. Die Bodenerosion verhindert man durch hangaufwärts angelegte Baumbestände.

Kanapee
Sofa, bei dem Rücken- und Armlehnen gepolstert sind.

Kaschmir → **Mohair**

Kastenmöbel
Veraltete Bezeichnung für Schrankmöbel.

Keder
Zierende Verdickung am Rand (Naht) eines Kissens oder Polsters. Materialien: Stoffe bzw. Kunststoffe.

Kernholz
Kernholz (Herzholz) ist das dunkler gefärbte Holz in der Mitte des Stammes und die zentrale stützende Säule des Baumes. Obwohl es selbst tot ist, also keinen Saft mehr führt, zerfällt es nicht, solange die äußeren Schichten noch leben. Als System hohler, nadelartiger, durch einen chemischen Leim, das Lignin, zusammengehaltener Zellulosefasern ist es in vieler Hinsicht so fest wie Stahl. Ein nur 30 cm langes Stück mit einem Querschnitt von 2,5 x 5 cm kann ein Gewicht bis zu 5 Tonnen tragen.

Kienholz
Kienholz ist Holz mit einem ungewöhnlich hohen Harzgehalt, es wird aus dem Wurzelstock der Kiefer gewonnen. Das Kienholz diente in den Anfängen des 20. Jahrhunderts zum Anzünden von Holzfeuern und zum Vertreiben von Motten, es wurde auch gerne aufgrund seines guten harzigen Geruchs verbrannt.

Klappenhalter
Klappen werden grundsätzlich von oben nach unten geöffnet. Sie sollten möglichst ein eingebautes Bremssystem haben. Außerdem sollte eine Möglichkeit zum Zuhalten angebracht sein.

Klavierband
Flaches, schmales, durchgehendes Scharnier mit mehreren Befestigungspunkten (Schraubenlöchern). Wurde früher häufig zum Beispiel zur Befestigung von Klappen eingesetzt. Wird heute mehr und mehr durch → **Topfscharniere** verdrängt.

Konservierungsmittel
Konservierungsmittel sind → **biozide Stoffe** und sollen Werkstoffe vor mikrobiellem oder Pilzbefall schützen. Sie sind nur in Mitteln auf Wasserbasis erforderlich (Topfkonservierer bei Dispersionsfarben). Formaldehyd ist meist durch andere Stoffe ersetzt. PCP ist mittlerweile verboten. → **Formaldehyd, Topfkonservierungsmittel**

Kopfholz → **Hirnholz**

Korpus
Die tragende Konstruktion eines Schrankmöbels, bestehend aus Seiten, Rückwand, Deckel und Boden.

Krumpfen
Das Vorwegnehmen des „Einlaufens“ bei Stoffen; damit wird die Maßbeständigkeit von textilen Flächen wesentlich verbessert. Erfolgt durch kurzes Dämpfen und anschließendes Übertrocknen.

KS-Platten (Kunststoffbeschichtete dekorative Holzspanplatten)
Als Trägerschicht werden mit Kunstharzbindemitteln hergestellte Spanplatten eingesetzt. Auf diese Platten wird, je nach Qualitätsanforderung, möglichst beidseitig mindestens eine mit Melaminharz getränkte Dekorpapierbahn aufgelegt. Je nach dem gewünschten Aufbau wird diese Dekorschicht mit einem oder mehreren phenolbeharzten Dekorpapierbogen unterlegt und unter Druck und gleichzeitiger Hitzeeinwirkung auf die Trägerplatte gepresst. Nach Bedarf wird bei besonders stark beanspruchten Flächen über die Dekorschicht ein melaminbeharzter transparenter Papierbogen (Overlay) mit verpresst.
Eigenschaften: Widerstandsfähig gegen alle haushaltsüblichen Chemikalien sowie gegen Wasser und Dämpfe. Auch die hygienischen Anforderungen werden erfüllt, da die Oberflächen keinen Geruch oder Geschmack von Dünsten und Speisen annehmen.

Kulissentisch
Ein Tisch, der ausgezogen oder durch Einlagen erweitert werden kann.

Kunstmarmor → **Marmorimitate**

L

Lackleder
Mit einem glänzenden Film überzogenes Leder.

Laminiert
Mehrschichtiges, quer zur Faserrichtung verleimtes Formteil, zum Beispiel eine aus einem Stück geformte Armlehne oder Sitzschale usw.

Lancé (Lancierte Gewebe)
Musterung eines Gewebes durch zusätzliches Musterfaden-System in Kett-/Schussrichtung. Die Musterfäden sind nur auf der Vorderseite der Ware zu sehen. Sie liegen auf der Rückseite plan auf und verstärken dadurch die Ware. Wird als Möbelstoff verwendet für Stilmuster, zum Beispiel beim Biedermeier-Streifen.

Latex
Latex, der milchige Saft des tropischen Kautschukbaums, ist ein Grundstoff für Matratzen und Schäume. Naturreines Latex wird fast nicht mehr verarbeitet.

Laubholz
Laubhölzer sind im Vergleich mit Nadelhölzern in der Produktion leichter zu verarbeiten, weil sie mehr gute Holzpartien ergeben und weniger Fehler wie die unerwünschten Harzgallen und Äste enthalten. Sie wachsen langsamer als die Nadelhölzer, sind dadurch in ihrem Zellaufbau und Strukturbild feiner und bringen von Natur aus eine bessere Standfestigkeit mit. Laubholz wird auch als Hartholz bezeichnet.

Leder
Meist werden für Lederbezüge die Häute von Rindern verwendet, die für die Nahrungsmittelindustrie geschlachtet wurden. Leder weist oft typische Lebendmerkmale wie Hecken- und Dornenrisse, Narben, Mastfalten und vieles mehr auf. Leder bedarf, je nach Art und Zurichtung, unterschiedlicher Pflege; die besten Ratschläge hierzu geben die Hersteller selbst. Leder mit nur wenig Farbauftrag ist atmungsaktiver und hautsympathisch.

Lederarten
Die verschiedenen Lederarten sind: Blankleder, Narben- bzw. Glattleder, Anilinleder/Nappaleder pigmentiert, naturbelassen, leicht pigmentiert (Narbenleder), Schleifnappa → **Übersicht Seite 109**.

Ledergeruch
Der Geruch von Leder ist je nach Art des Leders, der Gerbart und Oberflächenbehandlung unterschiedlich. Alle fabrikneuen und verpackten Lederartikel riechen anfänglich. Bei überwiegend pflanzlicher Gerbung riecht Leder anders bzw. stärker. Die Geruchsintensität verändert sich bei Temperaturschwankungen.

Leimholzplatten
Einzelne gesägte und gehobelte Stäbe (so genannte Lamellen) aus getrocknetem Schnittholz werden mit einem Weißleim zu Massivholzplatten verleimt. Die Breite der einzelnen Stäbe kann dabei unterschiedlich sein. Es ist handelsüblich, holzbedingte Fehler in einzelnen Stäben durch Ersetzen von Astspots und/oder Lamellos zu beseitigen.

Leinen oder Flachs
Faser aus dem Stängel der Flachspflanze. Geringe Elastizität, knitteranfällig, hohe Wasseraufnahmefähigkeit und hohes Quellvermögen, gut zu bleichen und zu färben. Beständig gegen Laugen, empfindlich gegen Säuren. Kochfest. Bei umweltverträglichen Farbstoffen ist mit eingeschränkter Licht- und Reibechtheit zu rechnen. Pillingneigung, geringe Schrumpfneigung, deutlich unregelmäßiges Warenbild durch Fadenverdickungen.

Lichtechtheit

Widerstandskraft der Farben von Materialien gegenüber natürlichen und künstlichen Lichtquellen. Eine 100-prozentige Lichtechtheit ist nicht möglich.

Lindan

Lindan ist ein insektizider Wirkstoff (Biozid) in lösemittelhaltigen Holzschutzmitteln. Lindan (chemisch: c-Hexachlorcyclohexan) ist ein starkes Insektengift. Es kann starke unerwünschte Wirkungen auf das menschliche Nervensystem haben. Lindan wird deshalb zunehmend durch andere Wirkstoffe ersetzt.

Lösemittel

Organische Lösemittel sind (bei Raumtemperatur) flüssige Chemikalien und eine wesentliche Emissionsquelle der „flüchtigen organischen Verbindungen" (→ **VOC**). Organische Lösemittel werden in Lacken, Klebstoffen, Verdünnern und Abbeizmitteln eingesetzt. Sie weisen eine unterschiedliche Giftigkeit (Toxizität) auf Zentralnervensystem, Leber und Nieren auf. Die Toxizität ist von den vorhandenen Konzentrationen abhängig. Schadstoffarme Lacke können am RAL-Umweltzeichen (Blauer Engel) erkannt werden. → auch: **Gefahrstoff, Terpene, Toluol, Benzol**

Lohgare Gerbung

Methode der pflanzlichen Gerbung und die älteste der praktischen Gerbmethoden in eichenholzverschalten oder zementierten Gruben von 2–3 m Tiefe. Der Gerbprozess ist sehr aufwendig. Die aus zerkleinerten pflanzlichen Stoffen wie Rinden, gerbstoffhaltigen Früchten und Blättern, Hölzern, Wurzeln etc. hergestellte Lohe wird über die Häute gestreut, mit Wasser aufgefüllt und mit Brettern abgedeckt. Je nach Lederart dauert dieser Vorgang 9 bis 24 Monate. Während dieser Zeit müssen die Häute mehrmals umgeschichtet werden, da die Lohe nach 6 bis 8 Wochen ausgelaugt und der Gerbstoff ausgezehrt ist. Das lohgare Leder erkennt man am gleichmäßig dunklen, rotbraunen Schnitt.

Luftwechselrate

Die Luftwechselrate oder Luftwechselzahl gibt an, wie oft die Raumluft pro Stunde ausgetauscht wird. Eine Luftwechselrate von 0,5/h bedeutet, dass 50 % der Raumluft pro Stunde ausgetauscht werden. Die Luftwechselrate in Wohnräumen sollte im Bereich von 0,5–1/h liegen. Die Wärmeschutzverordnung von 1995 gibt bei mechanisch betriebenen Lüftungsanlagen 0,3–0,8/h vor.

M

Manau → **Rattan**

Marmor

Marmorplatten können naturbelassen oder mit Matt- oder Hochglanzschutzlack versehen sein. Die Oberfläche muss handflächenglatt sein. Gebrauchstypische Kratz- und Schleifspuren sind auf Dauer nicht zu vermeiden (Marmorpatina). Naturbelassener Marmor ist empfindlich gegenüber Säuren, zum Beispiel auch den natürlichen Säuren in Fruchtsaft.

Marmorimitate, Kunstmarmor

Hochwertiges Material besteht zu ca. 85 % aus Marmorgranulat und Steinmehl. Die Bindung wird mit umweltfreundlichem Polyestermaterial erreicht. Meist offenporig, nicht oberflächenglatt. Ein umweltfreundliches Recyclingprodukt, das vielfältig einsetzbar ist. Gute Lichtechtheitswerte und relativ pflegefreundlich (übliche Produkt-Sorgfaltspflicht). Glanzbild: seidenmatt.

Massivholzmöbel

Möbel sind nur dann als massiv zu bezeichnen, wenn alle Teile – außer Rückwände, Schubkastenböden und -zargen – aus der angegebenen Holzart hergestellt und nicht furniert sind (DIN 68871). Um die Stabilität zu verbessern, werden → **Leimholzplatten** als Basis für Massivholzmöbel genutzt.

MDF-Platten (Mitteldichte Faserplatten)
MDF bedeutet „Medium Density Fiberboard". Als Rohstoffbasis für diesen Holzwerkstoff dienen fein zerspante Fasern aus der Korkeiche und/oder amerikanischen Nadelhölzern. MDF-Platten verfügen über geschlossene und homogene Oberflächen, dichte und feine Schmalflächen. Sie lassen sich sehr gut für die ornamentale Gestaltung von Möbelfronten bearbeiten.

Messerfurnier
Um eine möglichst große Fläche zu erhalten, wird der Stamm zunächst geteilt. Anschließend wird das meist noch spröde Holz durch Wässern bzw. Dämpfen weich gemacht und dann mit speziellen Messern das Furnier gewonnen. Bis auf den Messerrest bleibt kein Verschnitt.

Möbelgobelin
Nicht mit dem echten → **Gobelin** zu verwechselnder jacquardgewebter, strapazierfähiger Möbelbezugstoff.

Möbelpflegeprodukte
Möbelpflegeprodukte bestehen überwiegend aus natürlichen Inhaltsstoffen: aus Wachsen, die Glanz und Schutz bewirken; aus Ölen, die das Polieren erleichtern; evtl. auch aus Silikonen, die Wasser abweisen und die Möbeloberfläche vor Nässe und Feuchtigkeit schützen, sowie aus Duftstoffen und Schutzmitteln. Achtung: Eine Nachlackierung von Möbelteilen ist bei einer vorherigen Behandlung mit silikonhaltigen Pflegemitteln nicht mehr möglich!

Polituren gibt es auf Öl- und Wasserbasis. Polituren, die Wachs enthalten, bieten nicht nur besseren Schutz, sondern auch länger anhaltenden Glanz; Polituren auf Ölbasis dagegen erzeugen einen Glanz, der mit dem Verdunsten des Öles relativ schnell verschwindet.

Möbelvelours (Möbelplüsch)
Während Möbelsamt eine Florhöhe von 2 mm nicht übersteigt, hat die Gruppe der Möbelveloure eine Florhöhe von 2–4 mm. Diese Artikel werden auch als Möbelplüsche bezeichnet. Charakteristisch ist der aufrechtstehende, weiche Flor, der durch eine intensive → **Ausrüstung** erzielt wird.

Mohair
Mohair werden die Haare der Angoraziege genannt. Diese Naturfaser ist die spezifisch leichteste Textilfaser und daher sehr kostbar. Mohair wird je nach Alter der Ziege und damit Dicke der Haare (je jünger das Tier, desto feiner das Haar) eingeteilt in die Kategorien Kid, Young goat und Adult. Die Haare müssen gegen tierische Schädlinge geschützt werden.

N

Nachhaltigkeit, „Prinzip der Nachhaltigkeit"
Ursprünglicher Grundsatz einer geordneten Forstwirtschaft: Es darf nicht mehr Holz geschlagen werden als nachwächst. Mit der Erweiterung der Kenntnisse über die vielseitigen Wirkungen des Waldes ist die Forderung der Nachhaltigkeit auf alle Funktionen des Waldes (Landeskultur, Erholung usw.) ausgedehnt worden.

Natur- und Lebendmerkmale (Leder)
Durch Verletzungen der Tierhaut entstehen Vernarbungen. Bei hochwertigen Ledern dürfen großflächige Vernarbungen nicht auf sichtbaren Teilen (Sitz, Rücken, Armlehnen) verarbeitet sein. Offene oder nicht geschlossene Stellen dürfen an sichtbaren Stellen grundsätzlich nicht verarbeitet werden.

Naturschienen und Stuhlflechtschienen
Aus der äußeren, kieselsäurehaltigen Haut des → **Rattans** werden Flechtschienen von 1,75 bis 3 mm Breite geschnitten. Sie werden zum Beflechten der „Wiener Caféhaus-Stühle" und für allgemeine Wickelarbeiten benutzt. Beim Flechten um enge Radien kann die harte Oberschicht abblättern. Die Oberflächenbehandlung und Materialeigenschaft ist wie bei Rattan natur.

Naturstein / Naturwerkstein → **Granit, Marmor, Travertin**

NC-Lacke → **Nitrolacke**

Neckleder
Besonders rustikales 1,8–5 mm dickes Leder. Das Narbenbild ist insgesamt sehr ausgeprägt. Gibt es in vielen Oberflächenzurichtungen.

Nitrolacke
Nitrozellulose-Lacke sind physikalisch verfestigende Lacke mit einem hohen Anteil an organischen Lösemitteln und entsprechend niedrigem Bindemittelanteil, die wegen der guten mechanischen Beanspruchbarkeit vorzugsweise zum Veredeln von Holzoberflächen (Möbel und Innenausbau) eingesetzt werden. Diese Lacke lassen sich leicht verarbeiten und trocknen schnell durch den hohen Lösemittelanteil, sind jedoch schlecht überstreichbar, denn das gleiche Lösemittel löst den Lack wieder auf. Ein erheblicher Nachteil der NC-Lacke ist die Lösemittelbelastung für den Verarbeiter und die Umwelt.

Nubuk
Narbenseitig samtartig geschliffenes Leder. Die Narbenseite kann leicht oder tief geschliffen werden und sogar geprägt sein. Diese Leder sind empfindlich und können eine „Patina" bekommen.

O

Ölschiefer
Vor 150 Millionen Jahren entstand durch Schlickablagerungen im Jurameer der Ölschiefer. Am Nordrand der Schwäbischen und Fränkischen Alb treten diese Ölschiefervorkommen an die heutige Erdoberfläche und können im Tagebau erschlossen werden. Aus der heute ca. 10 Meter starken Ablagerung kann nur eine untere, ca. 18 cm starke Schicht – der Fleins – für die Herstellung von Tischplatten Verwendung finden. Ölschiefer ist ein relativ weiches Gestein und kann daher verkratzt werden, also Vorsicht mit harten spitzen Gegenständen. Robustheit und dekoratives Aussehen werden durch eine Imprägnierung erreicht. Farben: anthrazit bis grau, braun-grün.

Oleophobe Ausrüstung
Oleophob bedeutet „Öl abstoßend". Die Oleophobie soll die behandelten Materialien unempfindlich gegen ölige und fettige Verschmutzungen machen. Bei so ausgerüsteten Lederarten/-sorten sollte unter dem Leder ein durchlässiges Abdeckmaterial aufgebracht sein, um das Leder oberseitig vor Verspeckung zu schützen. → auch: **Hydrophobe Ausrüstung**

Originalfeder
Die Bezeichnung „Originalfeder" besagt, dass die Federn neu und ungebraucht sind. Sie müssen direkt vom Geflügel (nur Wassergeflügel) zur Verarbeitung kommen und dürfen zwischenzeitlich nicht anderweitig verwendet worden sein. Bei Mischungen von originalen Gänse- und Entenfedern ist die Bezeichnung nach beiden Geflügelarten zulässig, wenn der Anteil einer Geflügelart 30 Prozent nicht unterschreitet.

Ottomane
Eine Ottomane ist ein gepolstertes Sitzmöbel (Liegesofa) aus dem Osmanischen (Ottomanischen) Reich mit einer halbrunden Seitenlehne.

P

Paneel
Ein häufig zur Wandverkleidung dienendes Werkstück (Brett). Beispiele sind Garderoben-Paneelwände.

PCB → **polychlorierte Biphenyle**

PCP → **Pentachlorphenol**

Peddig → **Rattan**

Pentachlorphenol (PCP)
PCP wurden in den 1960er bis 1980er Jahren als fungizider (pilzbekämpfender) Wirkstoff in lösemittelhaltigen Holzschutzmitteln im Innen- und Außenbereich sehr häufig eingesetzt. Die Holzteile hatten dadurch PCP-Konzentrationen bis über 1000 mg/kg. 1986 wurde die Anwendung PCP-haltiger Holzschutzmittel verboten. Seit 1989 gilt für Erzeugnisse (Holz, Möbel, Textilien, Leder u. a.) ein Grenzwert von 5 mg/kg. Vom Bundesgesundheitsamt wurde ein Orientierungswert von 1 μ/m^3 Raumluft genannt, der aber auch beim Einsatz von stark PCP-kontaminierten Hölzern kaum erreicht wird. PCP ist schwer flüchtig und gelangt über die Raumluft auf Möbel und Hausstaub. Man spricht dann von einer Sekundärkontamination. Dadurch ist ein Hautkontakt mit der Substanz möglich. PCP wurde als krebserregend eingestuft. In Möbeln ist PCP meist nicht nachweisbar (< 0,1 mg/kg).
→ auch: **Biozide, Holzschutzmittel**

Permethrine → **Pyrethroide**

PES → **Polyester**

Pfeifenheftung
Die einfachste Form der Pfeifenheftung sind die im Rücken eines Polstermöbels vertikal, in beliebiger Anzahl verlaufenden abgesteppten Nähte.

Pflegefreundliche (Polster-)Stoffe
Als pflegefreundlich werden Stoffe bezeichnet, die mit einer Fleckschutzausrüstung versehen oder aus pflegefreundlichen Fasern hergestellt sind. Flüssigkeiten dringen nicht gleich in die Stoffe ein, sondern bleiben eine Zeit lang als Perlen auf der Oberfläche stehen und können so lange abgetupft werden. Der Effekt lässt im Lauf der Zeit nach.

Pigmentieren
Beschichtung mit meist deckend angefärbten Flüssigkeiten (zum Beispiel Lacke).

Pikeegewebe
Diese bestehen aus einem Obergewebe in Tuchbindung und einer Steppkette auf der Warenunterseite, die das Obergewebe so rafft, dass es sich nach oben wölbt – es sieht aus wie lauter kleine Blasen.

Pilling
Während des Gebrauchs von (Polster-)Stoffen können auf der Oberfläche kleine Knötchen entstehen. In der Fachsprache werden sie als „Pills“ bezeichnet. Sie bestehen aus verknäuelten Fasern, die sich aus dem Stoff herausarbeiten, meist aber auch aus Fremdfasern von anderen Textilien stammen. Pills lassen sich mit einem „Fusselgerät“ entfernen, ohne den Stoff zu verletzen. Durch die Pillingbildung wird die Gebrauchstauglichkeit des Stoffes nicht eingeschränkt.

Plexiglas → **Acrylglas**

Plüsch
Allgemeinbezeichnung für hochflorige Samte

Polgewebe (Velours)
Sammelbezeichnung für alle mit Polfäden hergestellten Gewebe, gleichgültig, ob die gebildeten Polschlingen geschlossen oder aufgeschnitten werden. In der Regel sehr strapazierfähig.

Aber: Sitzspiegel (Gebrauchslüster) sind bei Polgeweben eine typische Eigenschaft.

Polhaltige Möbelstoffe

Polgewebe und -gewirke werden am häufigsten für Möbelstoffe verwendet. So werden jene Stoffe bezeichnet, die neben dem Kett- und Schussfaden ein drittes Fadensystem, den aufrecht stehenden Pol- oder Florfaden besitzen, der die Warenoberfläche bildet. Polhaltige Bezugsstoffe sind alle Plüsch-, Samt- und Frottiergewebe/-gewirke. Sie sind durch aufrechtstehende Noppen (Pol/Flor) bzw. Schlingen gekennzeichnet.

Politur → **Möbelpflegeprodukte**

Polyacryl (PAN, Dralon, Dolan, Leacryl, Dunova)

Grundstoffe für Polyacryl sind Acrylsäure und chemisch verwandte Acrylsäureverbindungen. Die flüssige Masse wird durch Spinndüsen gepresst und kann dann entweder als Endlosfaser oder in Stapel geschnitten werden. Merkmale und Eigenschaften: Gleichmäßig, rein, geringe Wasseraufnahmefähigkeit, gut zu färben, hohe Säurefestigkeit, beständig gegen Laugen, widerstandsfähig gegen Sonnenlicht und Witterungseinflüsse, gegen tierische und pflanzliche Schädlinge. Hohe Licht- und Reibechtheit, stärkere Pillingneigung (bei Flachgeweben), Schrumpfneigung nur bei größerer Hitze (nicht durch Feuchtigkeit).

Polyamid (PA, Perlon, Nylon)

Ausgangspunkt für Polyamid ist Caprolactam, welches im Schmelzspinnverfahren zu Endlos- und Stapelfasern verarbeitet werden kann. Merkmale und Eigenschaften: Gleichmäßig, rein, gute Wärmehaltigkeit, dehnbar und elastisch, geringe Wasseraufnahmefähigkeit, gut zu färben, empfindlich gegen Säuren, beständig gegen Laugen. Besondere Eigenschaft von Polyamid: nicht verrottbar, schimmelbeständig, insektenfraßsicher. Sehr gute Licht- und Reibechtheiten. Stärkere Pillingneigung (bei Flachgeweben), sehr gute Scheuerfestigkeit.

Polychlorierte Biphenyle (PCB)

Hierbei handelt es sich um chlorierte aromatische Verbindungen, die früher in Transformatoren, Fugendichtungsmassen, Anstrichen (als Weichmacher und Flammschutzmittel), Leuchtstofflampen-Kondensatoren, Schalölen und Papieren enthalten waren. PCB können mit Dioxinen verunreinigt sein. Sie gasen aus den Baustoffen aus. Sie reichern sich im Körper an und stehen im Verdacht, Krebs zu erzeugen. Seit 1989 ist ihr Einsatz verboten. → auch: **Flammschutzmittel**

Polyester (PES, Trevira, Dacron, Diolen)

Grundstoff für Polyester ist die Terephtalsäure. Die flüssige Masse wird im Schmelzspinnverfahren durch Spinndüsen gepresst und kann dann entweder als Endlosfaser oder in Stapel geschnitten verarbeitet werden.

Merkmale und Eigenschaften: Gleichmäßig, rein, gute Wärmehaltigkeit, dehnbar, elastisch, geringe Wasseraufnahmefähigkeit, gut zu färben, empfindlich gegen mineralische Säuren, beständig gegen Laugen. Besondere Eigenschaft: Schrumpfbeständigkeit, schimmel-, bakterien- und sogar termitenfest, sehr lichtbeständig. Pillingneigung, gute Licht- und Reibechtheit, gute Scheuerfestigkeit.

Polyester-Lacke

Auch UP-Lacke genannt. Gelten als umweltschonende Lacke, da hier die Lösemittel sowohl zur Verarbeitung als auch zum Härten eingesetzt werden. Da beim Härten das Lösemittel weitestgehend in den Lackfilm eingebunden wird, kann dieses nicht an die Umwelt abgegeben werden. Polyesterlacke sind kratz- und abriebfest, sowie gegen eine Vielzahl von Lösemitteln und gegen Temperaturschwankungen unempfindlich. Sie werden hauptsächlich für hochwertige glänzende Oberflächen eingesetzt, da sich diese auf brillanten Hochglanz polieren lassen.

Polyurethan

Ein synthetischer Grundstoff, der zu Polsterschäumen oder Fasern verarbeitet werden kann. Die flüssige Masse wird im Schmelzspinnverfahren durch Spinndüsen gepresst und kann dann entweder als Endlosfaser oder in Stapel geschnitten verarbeitet werden. Merkmale und Eigenschaften: Sehr elastisch, beständig gegen Chemikalien. Sehr gute Licht- und Reibechtheiten. Pillingneigung.

Polyurethan-Lacke

Die Kurzbezeichnung ist PUR-Lacke, sie werden auch als DD-Lacke bezeichnet. Es handelt sich hierbei um einen Lack, der durch die Verbindung zweier Komponenten (Grundlack und Härter) seine Eigenschaften (elastisch, haftet gut, schlag- und abriebfest, widerstandsfähig gegenüber Haushaltsreinigern) erhält. Polyurethan-Lack ist im Gebrauch sehr giftig (Atemmasken erforderlich), nach einigen Tagen ist jedoch keine Ausdünstung mehr festzustellen. PUR-Lacke kommen vor allem im Küchenmöbelbereich zum Einsatz.

Porto-Schiefer

Buntschieferart. Dieser Schiefer wurde ursprünglich nur in Portugal abgebaut. Er wird vor Ort sortiert und vorgesägt. Starke Farb- und Strukturunterschiede von plus/minus 5 mm. Abschieferungen sind möglich. Die Oberfläche der Platten kann durch einen umweltfreundlichen Lack geschützt werden.

Prägung (bei Leder)

Leder, bei denen mittels Walzen oder Platten ein Narbenbild in die Oberfläche geprägt wird. Warentypisch ist, dass die Prägeoptik entsprechend der Dickentoleranz in der Intensität schwankt. Die geprägte Optik bleibt im normalen Gebrauch weitgehend vorhanden.

Prüfkammeruntersuchungen

Mit Prüfkammeruntersuchungen wird das Ausgasungsverhalten von Produkten festgestellt, zum Beispiel die Ausgasung von Formaldehyd aus Spanplatten. Eine Prüfkammer ist ein abgeschlossener Versuchsraum aus Metall (Edelstahl, Aluminium) oder Glas. Dabei sind definierte Bedingungen (zum Beispiel Temperatur 23 °C, Luftfeuchte 45 %, Luftströmung 0,3 m/s, sowie Verhältnis Raumbeladung zu Luftwechselrate = 1) vorgeschrieben. → auch: **Emissionsklassen, Formaldehyd, Luftwechselrate**

PUR-Lacke → **Polyurethan-Lacke**

PUR-Weichschaumstoff

PUR-Weichschaumstoff ist ein Polstermaterial, das durch Umsetzung von Polyetherpolyolen mit Isozyanaten unter Mitverwendung von Wasser hergestellt wird. Bei der chemischen Reaktion schäumt das Material von alleine auf; das Wasser dient als Treibmittel. PUR-Weichschaum ist nach dem aktuellen Stand von Wissenschaft und Technik physiologisch unbedenklich. Er ist geruchsneutral und reinigungsfreundlich; Entsorgung und Verwertung sind möglich.

Pyrethroide

Pyrethroide sind synthetisch hergestellte Insektizide, die zur Schädlings- und Parasitenbekämpfung auch im Privathaushalt verwendet werden. Sie gehören zu den → **Bioziden**. Wollteppiche können mit Pyrethroiden als Mottenschutzmittel imprägniert sein.

Der Name stammt vom Pyrethrum, einem insektiziden natürlichen Wirkstoff der Chrysanthemen. Im Gegensatz zum Naturstoff sind die künstlich hergestellten Pyrethroide schwerer abbaubar, das heißt, sie reichern sich im Körper und in der Umwelt an. Die wichtigsten Pyrethroide sind Permethrin, Cypermethrin, Cyfluthrin, Deltamethrin, Fenvalerat und Tetramethrin. Ursprünglich galten die Pyrethroide als relativ harmlos beim Menschen. Inzwischen weiß man, dass vielfältige gesundheitliche Beeinträchtigungen möglich sind. → auch: **Holzschutzmittel**

Q

Quellen

Kommt Holz mit Feuchtigkeit in Berührung, vergrößert sich sein Volumen durch die Einlagerung von Wasser so lange, bis die Fasern ihre Aufnahmefähigkeit erreicht haben.

Quick-Snap-Scharnier

Ein Scharnier, das sich mit wenigen Handgriffen (durch Drücken oder Ziehen) vom Untergrundmaterial lösen lässt; es muss nicht, wie andere Scharniere, abgeschraubt werden, um anders eingestellt oder ausgetauscht zu werden.

R

RAL

Deutsches Institut für Gütesicherung und Kennzeichnung e. V.; das RAL-Gütezeichen für Möbel ist ein Hinweis für gesicherte Qualität.

Ramie

Faser aus dem Stängel der Ramie-Pflanze (Boehmeria nivea), welche zu den Nesselpflanzen gehört, wegen ihrer Herkunft auch als China-Gras bekannt. Merkmale und Eigenschaften: Geringe Wärmehaltigkeit, geschmeidig und weich, seidenähnlicher Glanz, wenig dehnbar, neigt zum Knittern, hohe Wasseraufnahmefähigkeit, gut zu färben und zu bleichen.

Rattan (botanisch: Calamus rotan)

Rattan, das Ausgangsmaterial vieler Flechtmöbel, wird aus der in Asien beheimateten Palmenart Calamus rotan gewonnen. Die Schlingpflanze, die immer eine Stütze braucht, wächst als Schmarotzer wild im Tropenwald oder auf Plantagen. Etwa alle 5 bis 7 Jahre wird Rattan geerntet und anschließend in Öl gekocht, um Schädlingsbefall vorzubeugen. Im Querschnitt zeigt sich von außen eine kieselhaltige gelbbraune Oberschicht mit schwarzbraunen Insektenfraßstellen und unterschiedlichen, wachstumsbedingten Materialstärken mit dunklen Blattansätzen. Kleine Druckstellen oder Risse sind natur- und wachstumsbedingt. Beim Biegen der Stangen springt die harte Oberschicht und blättert teilweise ab. Bei dieser Oberschicht ist deshalb eine Oberflächenbehandlung nur mit Einschränkungen möglich. Das innere Kernstück wird zur Herstellung von Peddigrohr verwendet. Die gleichmäßig dünnen, hellen Fäden entstehen, indem Naturrattan geschält und der Kern durch Spezialdüsen gezogen wird.

Flechtmöbel aus Rattan lieben Luftfeuchtigkeit, sind aber meist nicht für richtige Regengüsse in unseren Breiten geeignet. Als Gartenmöbel sind sie deshalb nicht zu empfehlen.

Rauen

Beim Rauen werden Stoffe so aufgeraut, dass sie einen flauschigen, weichen Griff bekommen, gleichzeitig wird das Wärmehaltvermögen erhöht. Das Rauen erfolgt auf modernen Raumaschinen mit stählernen Raukratzen. Die Fasern werden von den zahllosen Häkchen der Rauware aus dem Gewebegrund an die Stoffoberfläche gezogen, ohne jedoch von ihr getrennt zu werden. Von der Art der Raumaschinen und der Stoffe hängt es ab, wie „flauschig" der Stoff ausfällt. Manche Artikel werden nur schwach angeraut. Bei Molton, Finette, Flanell, Biber, Velours, Schlafdecken und Reiseplaids gehört der Raueffekt zum Warenbild.

Rauleder

Als Rauleder gelten alle Lederarten, deren Gebrauchsoberfläche entweder auf der Narbenseite (Nubuk) oder auf der Fleischseite (Velours) angeschliffen oder aufgeraut ist. Geschliffene oder aufgeraute Leder können mit einem Prägebild versehen sein. Sie sind häufig auf der verarbeiteten Gebrauchsfläche wasser- und schmutzabweisend ausgerüstet. Bei Veloursleder sind leichte Rückstände von Schleifstaub nicht vermeidbar, besonders bei dunklen und bei kräftigen Farben. Geschliffene oder aufgeraute Leder sind empfindlich. Sie bekommen im Laufe der Zeit und je nach Benutzung eine ledertypische Patina. Diese Patina ist an den häufigsten Kontaktstellen sichtbar und das Leder wird dunkler (Speckeffekt).

Recamiere
Sofa mit einseitig hochgeschwungener Armlehne.

Reibechtheit
Prüfverfahren nach DIN EN 14465: Hier werden Stoffe bzw. die entsprechenden Farben sowohl durch trockenes als auch nasses Reiben auf ihr Abfärbverhalten hin überprüft.

Reibfestigkeit (Scheuerbeständigkeit)
Prüfung nach DIN 53863, bei der der Stoff unter genau festgelegtem Druck und festgelegter Geschwindigkeit mit Hilfe eines zweiten Stoffstücks gerieben wird. Ziel der Prüfung ist festzustellen, wie anfällig der Stoff gegenüber Reibung ist, um die Festigkeit der Fäden zu überprüfen.

Rindeneinschluss
Durch Zusammenwachsen von Wurzelfalten oder Überwallungen von Verletzungen am lebenden Baum eingewachsene Rinde (Qualitätsfehler).

Rippensamt
Dicke, feste Rippensamte sind zum Beispiel Manchester und Genuacord.

S

Sägefurnier
Hier wird mittels einer speziellen Säge das Furnier vom zugerichteten Block abgesägt.

Schabracke
Ein aus Stoff hergestellter rundherum verlaufender unterer Abschluss bei einem Polstermöbel.

Schälfurnier
Hier wird das Holz vor dem Schälen weich gemacht. Anschließend wird mit dem Schälmesser der vorbereitete Stamm rundherum von außen nach innen auf der gesamten Länge abgeschält.

Schattenvelours
Zeigt durch unterschiedliche Pollagen Lichtreflexe, die optisch den Eindruck verschiedener Farbtöne erzeugen.

Schaumstoffpolster → **PUR-Weichschaumstoff**

Scheuerbeständigkeit → **Reibfestigkeit**

Schiffchen
Kleine Holzstückchen in „Schiffchenform“ zur Ausbesserung von kleinen Holzfehlern, zum Beispiel Harzgallen.

Schimmelbildung
Schimmelpilze benötigen zum Wachstum eine Luftfeuchtigkeit von mindestens 70–80 %. An Außenwandecken treten durch die geometrischen Verhältnisse (große Außenfläche, kleine Innenfläche) kältere Stellen auf. Diese Stellen werden durch Entstehung von Kondenswasser feucht (Stockfleckenbildung). Begünstigt wird die Feuchtebildung durch die Reduzierung des Luftaustausches infolge von Wärmeschutzmaßnahmen und dicht schließenden Fenstern und/oder durch eine schlechte Außenisolierung. Seit

Jahren nimmt die Häufigkeit von Schimmelpilzen in den Wohnungen zu. Auch in schlecht gewarteten Klimaanlagen können Schimmelpilze gedeihen. Schimmelpilze stellen eine bedeutende Allergiequelle dar (→ auch: **Luftwechselrate, Topfkonservierungsmittel**). Schimmelpilze können mit (gesundheitsschädlichen) Fungiziden bekämpft werden. Damit werden aber nur die Symptome vorübergehend beseitigt, nicht die Ursachen der Schimmelbildung.

Schleifnappa

Narbenseitig angeschliffenes Nappaleder, das durch eine pigmentierte Oberflächenbehandlung eine glatte Oberflächenstruktur erhält, die auch geprägt sein kann. Es hat ähnliche Eigenschaften wie das „Nappaleder pigmentiert". Nur sind durch den Schliff die Naturmerkmale noch stärker geschönt.

Schleiß

Federn werden geschlissen: Man entkielt die Feder, indem man die Fahne rechts und links von oben nach unten vom Kiel abreißt. Schleiß ist nicht besonders elastisch, weil der Kiel fehlt.

Schlingenware

Stoffe, bei denen auf einem Trägergewebe oder Trägergewirke Schlingen eingebunden sind, zum Beispiel Web- oder Wirk-Frotté.

Sick-Building-Syndrom

Symptome sind unspezifische Befindlichkeitsstörungen, vor allem Schleimhautreizungen, beim beruflichen Aufenthalt in Innenräumen von Gebäuden. Besserung tritt meist beim Verlassen der Räume, in der Freizeit und im Urlaub auf. Eine Fülle von unterschiedlichen Faktoren wird ursächlich angeschuldigt, zum Beispiel neuartige Baustoffe, Formaldehyd, Ozon und viele weitere Chemikalien. Der Teppichboden kann ebenso im Verdacht stehen wie die Klimaanlage. Im Büro selbst sind es nicht nur ältere Kopierer oder Lasergeräte, auch Filzstifte, Klebstoffe oder Korrekturflüssigkeiten können Schadstoffe absondern. Hinzu kommen physikalische, raumklimatische und auch soziale sowie psychische Belastungen.

Sideboard

Englische Bezeichnung für eine Anrichte ohne Aufsatz.

Sintern

Kunststoffpulver wird durch Verschmelzen auf eine Metalloberfläche aufgebracht. Diese Technik findet zum Beispiel Anwendung bei Gartenmöbeln aus Metall.

Sitzgefälle

Die Neigung einer Sitzfläche nach hinten, die – zusammen mit der Einsinktiefe – den Sitzkomfort ausmacht.

Spaltleder

Eine Haut wird durch Spalten über die gesamte Fläche in zwei oder mehrere Schichten zerlegt. Die obere Schicht nennt man Narbenleder (Narbenspalt) und den unteren Teil Fleischspalt. Die Reißfestigkeit bei Spaltleder ist – bei gleicher Dicke – erheblich geringer als beim Narbenleder. Wird Spaltleder alleine oder zusammen mit anderen Ledern auf einer Sitzgruppe verarbeitet, so ist dies kennzeichnungspflichtig.

Spanplatte

Spanplatten dienen als Trägerplatten, auf denen Folien und Furniere aufgebracht werden. Holzspäne (etwa 92 %) werden mit Kunstharzleimen (etwa 8 %) unter großem Druck und großer Hitze zu einer Spanplatte gepresst. Die Späne werden sowohl aus Harthölzern (Birke, Eiche, Esche, Buche) als auch aus Weichhölzern (Fichte, Tanne, Kiefer) gewonnen. Spanplatten können aus Ein-, Drei- und Mehrschichtplatten bestehen. Drei- und Mehrschichtplatten weisen unterschiedliche Dichten in den verschiedenen Schichten auf.

Sperrholz /-platte

Auch „Furnierplatte“ genannt, besteht aus kreuzweise übereinander verleimten (um ein Verziehen der Platte weitestgehend zu verhindern) und zum Teil unterschiedlich dicken Furnierschichten. Die Anzahl der einzelnen Schichten ist ungerade also 3, 5, 7 usw. Sperrholzplatten gehören zu den Trägerplatten und zeichnen sich durch ihre hohe Festigkeit, Maßhaltigkeit und Formbeständigkeit aus. Als Holzarten dienen unter anderem Rotbuche, Pappel, Fichte usw. Anwendung finden Sperrholzplatten zum Beispiel als Schubkastenrahmen und Kastenrückwände.

Spiegel

Spiegel ist ein hochwertiges Flachglas, welches einseitig vor allem auf chemischem Wege mit einer metallischen Silberschicht überzogen wird. Die Silberschicht wird mit einem organischen Schutzlack abgedeckt und geschützt.

Splintholz

Das Splintholz dient der Wasserversorgung des Baumes bis in den Blattkronenraum. Splintholz ist junges Holz. Gleichzeitig mit der Bildung neuer Splintholzringe verlieren die inneren Zellen an Lebenskraft und verwandeln sich in → **Kernholz**.

Splintholzbaum

Der Splintholzbaum besteht nur aus hellem, saftführenden Splintholz und ist deshalb im gesamten Querschnitt von gleicher Farbe, Härte und Feuchtigkeit. Beispiele: Erle, Ahorn, Weißbuche, Birke.

Staubeinschlüsse

Unebenheiten, meist kornartig, die durch Staubteilchen unter der Lackoberfläche entstehen.

Stauchhärte

Die Stauchhärte bezeichnet die Nachgiebigkeit von Schaumstoffen gegenüber einer Druckbelastung. Je höher die Stauchhärte, desto weniger gibt der Schaumstoff bei gleicher Druckbelastung nach. Hinzu kommt noch die Dichtigkeit des Materials, die mit dem Begriff Raumgewicht bezeichnet wird.

Stoffausrüstung

Viele Stoffe werden mit bestimmten Eigenschaften ausgerüstet, die den Stoff schützen und damit für den Benutzer Vorteile bieten sollen → **Ausrüstung**.

Stollentisch

Tische mit Beinen werden auch Stollentische genannt. Eine andere Variante ist der → **Wangentisch**.

Südafrikanischer Buntschiefer → **Buntschiefer**

Synthetische Stoffe

Synthetikstoffe werden aus chemisch hergestellten Kunstfasern gewebt. Eine elektrostatische Aufladung tritt vor allem bei vollsynthetischen Stoffen auf. Dadurch neigen diese stärker zur Verschmutzung als Naturfasern.

T

Taschenfederkern

Die Metallfedern einer Matratze oder eines Polstermöbels sind einzeln in Baumwolltaschen eingenäht.

Teak

Teak gehört zu der Gruppe der Laubhölzer und kommt aus Java/Indonesien, Siam, Indien und Indo-China. Ein vielseitiges Holz, sehr dauerhaft, wird kaum durch Insekten oder Pilze angegriffen. Kann teilweise dunkle Flecken und Streifen aufweisen.

Teleskopbeschläge
Metallschienen, die das leichte und meist vollständige Herausziehen eines Schubkastens aus dem Möbel ermöglichen.

Terpene
Naturstoffe, die zum Beispiel in Nadelhölzern vorkommen und zum Teil einen angenehmen Geruch aufweisen. Sie werden als Duftstoffe eingesetzt oder als natürliche Lösemittel in Anstrichstoffen. → auch: **Lösemittel**

Textilkennzeichnung
Das Textilkennzeichnungsgesetz (TKD) schreibt vor, dass Textilien in Hinblick auf ihre Zusammensetzung zu kennzeichnen sind.

Tischlerplatte
Tischlerplatten gehören zu den → **Trägerplatten**. Die verschiedenen Ausführungen unterscheiden sich nur in den Mittellagen. Als Mittellagen dienen Holzleisten in Form von
- Stäbchen, die bis zu 8 mm dick sind und miteinander verleimt werden,
- Streifen, die 24–30 mm dick sind und nicht miteinander verleimt werden,
- Stäben, die 24–30 mm dick sind und miteinander verleimt werden.

Quer zu den Mittellagen bzw. dem Kern wird dann beiderseits jeweils ein Sperrfurnier aufgeleimt, das ein Arbeiten (Verziehen) der Platte weitestgehend verhindert. Tischlerplatten werden aufgrund ihrer Stabilität für selbsttragende Teile wie Korpusteile, Fachböden usw. eingesetzt.

Toluol
Toluol gehört zur Gruppe der aromatischen Kohlenwasserstoffe. Es wird als Ersatz für das verbotene → **Benzol** eingesetzt und ist ein wichtiges Lösemittel/Verschnittmittel in Anstrichstoffen, zum Beispiel Nitrozellulose-Lacken. Es kann in Klebstoffen, Reinigungsmitteln, Farbentfernern, Polituren und Verdünnern enthalten sein. Es gibt Bestrebungen, die oben genannten Produkte ohne aromatische Kohlenwasserstoffe herzustellen. → auch: **Lösemittel**

Topfkonservierungsmittel
Hierbei handelt es sich um Konservierungsmittel (→ **Biozide**), die wässrigen Lacken und Farben in geringer Konzentration zugesetzt werden, um einem mikrobiellen Verderb (Bakterienwachstum und Schimmelbildung) vorzubeugen.

Topfscharnier
Scharnier mit der Form eines Topfes, das an den Innenseiten von Möbeltüren befestigt wird.

Trägerplatten
Hierunter versteht man
→ **Spanplatten**
→ **Tischlerplatten,**
→ **Sperrholzplatten** sowie
→ **MDF-Platten**.
Sie dienen als Ersatzwerkstoffe für Massivholz und werden jeweils als Trägermaterial zur Beschichtung mit Furnieren oder mit Kunststofffolien sowie zur Lackierung eingesetzt. Typisches Beispiel: Die Arbeitsplatte in der Küche.

Travertin
ist ein Naturstein, den es mit naturbelassener, gespachtelter, geölter, gewachster, satiniert matter und Polyester-Hochglanzoberfläche gibt. Grobe Poren werden bei Travertin mit Spachtelung geschlossen, kleine Poren können offen belassen werden. Bei offenporigem Travertin als Tischplatte sollte die Plattenoberfläche mit einem Oberflächenschutz versehen sein.

Trübglas
Trübglas ist ein durchgehend getrübtes Glas, welches als Milchglas, Opakglas oder Opalglas auch farbig hergestellt werden kann (Alabasterglas).

U

UF-Harze → **Harnstoff-Formaldehyd-Harze**

Umleimer
Um Kanten von Türen, Fachböden, Arbeitsplatten usw. das gleiche Erscheinungsbild wie den Oberflächen und einen zusätzlichen Schutz zu geben, werden sie mit einer umlaufenden Kante aus Massivholz, Furnier oder Kunststoff versehen. Diese Form der umlaufenden Kante nennt man Umleimer.

UV-Lacke
UV-Lacke sind festkörperreiche Lacke, die mit Hilfe von UV-Strahlen aushärten. Sie sind auch in Kombination mit Wasserlacken einsetzbar. Ihre Eigenschaften sind hohe Kratzfestigkeit und gute chemische Beständigkeit. Zudem sind sie pflegeleicht und schadstoffarm. UV-Lacke gewinnen in der Möbelindustrie zunehmend an Bedeutung.

V

Velours → **Polgewebe**

Veloursleder (Hunting) → **Rauleder**

Verbindungsbeschläge
Verbindungsbeschläge verbinden zum Beispiel Rückwand und Seitenteile eines Schrankes miteinander. Verschiedene Bauformen sind Excenter-, Trapezverbindungsbeschlag und Schraubenverbinder.

Verbundsicherheitsglas
Verbundsicherheitsglas ist ein Sicherheitsglas (angriffhemmende Verglasung, Schallschutzglas, Fahrzeugglas, Verbundsicherheitsglas mit Drahteinlage). Es besteht aus mindestens zwei Scheiben Flachglas, die durch organische Zwischenfolien, vor allem aus Polyvinylbutyral, zu einer Einheit verbunden werden. Bei einem Bruch haften die Glasstücke fest an der Folie, so dass sich keine großen scharfkantigen Glasbruchstücke ablösen können.

Versteifende Appreturen
Versteifungsmittel werden hauptsächlich für Textilien aus Zellulose- und synthetischen Fasern angewendet. Sie sollen einen kernigen, jedoch nicht zu harten und spröden Griff vermitteln. Vom Appreturfoulard aufgetragen, bilden sie einen wasserklaren Film um die Faser, der auch vor Verschmutzungen schützt.

Viskose (Zellwolle)
Die Viskose ist eine natürliche Kunstfaser, im Gegensatz zu den synthetischen Kunstfasern wie Polyester, Polyacryl etc. Viskosefasern bestehen aus dem Grundmaterial Zellulose und werden industriell hergestellt.

Eigenschaften: Gleichmäßig, rein, geringe Wärmehaltigkeit (ähnlich wie Baumwolle), hohe Wasseraufnahmefähigkeit, gut zu färben, empfindlich gegen Säuren und Laugen. Bei umweltverträglichen Farbstoffen eingeschränkte Licht- und Reibechtheit. Pillingneigung, Schrumpfneigung, wasserempfindlich, Neigung zum Aufrauen und Flusen.

Vlies
ist ein Bezugsstoff aus Mikrofaser, der Faserverbund besteht aus einer wirren Faserordnung. Bekannt unter den Produktbezeichnungen Alcantara, Amaretta, Lamous usw. Vlies ist anfällig für Patinabildung (ähnlich wie bei Nubukleder).

VOC (volatile organic compounds)
VOC sind flüchtige organische Verbindungen. Darunter werden verschiedene chemische Stoffgruppen wie Kohlenwasserstoffe (aliphatisch, aromatisch, halogeniert), Ester, Ketone, Aldehyde, Terpene, Glykole und andere zusammengefasst. Innerhalb jeder dieser Stoffgrup-

pen gibt es wiederum zahlreiche Einzelverbindungen mit sehr unterschiedlichen Eigenschaften. Zu den schwerflüchtigen VOC gehören Holzschutzmittel und Weichmacher.

In der Raumluft können meist Dutzende solcher Verbindungen in unterschiedlichen Konzentrationen nachgewiesen werden. Die für Arbeitsplätze geltenden MAK-Werte sind meist über 100 Mal höher als übliche Raumluftkonzentrationen. VOC-Grenzwerte für Innenräume existieren lediglich als vereinzelte Empfehlungen oder Orientierungswerte. Auch bei Konzentrationen unter 0,3 mg/m^3 können Geruchsbelästigungen auftreten, wenn besonders geruchsintensive Stoffe beteiligt sind. Eine gesundheitliche Gefährdung ist damit in der Regel nicht verbunden. → auch: **Holzschutzmittel, Lösemittel**

Vollholz → **Massivholzmöbel**

W

Wangentisch
Im Unterschied zu einem rechteckigen bzw. quadratischen → **Stollentisch**, bei dem die Füße aus vier Stollen bestehen, weist ein Wangentisch an den beiden Enden jeweils nur einen breiteren, mittig platzierten Fuß auf. Die Form dieses Fußes ist meist geschweift, trapezförmig oder rechteckig.

Wasserabweisende Appreturen
Gewebe, die der Witterung ausgesetzt werden, wie Regenmantelstoffe, Schirmstoffe, Planen, Zeltbahnen und Segeltuche erhalten eine wasserabweisende (hydrophobe) Ausrüstung. Die Hydrophobiermittel, Paraffinemulsionen, Wachse, Harze, Silikone usw. versiegeln die Faserstoffe durch einen die Faser umhüllenden schützenden Film, der das auffallende Wasser tropfenförmig abperlen lässt.

Wasserbüffelleder
Das Leder stammt vorwiegend von den in Asien (Indien und Indonesien) lebenden Wasserbüffeln, nicht von den fast ausgestorbenen Wildbüffeln (Bisons) der nordamerikanischen Prärie, die unter Naturschutz stehen. Weitere gängige Namen dafür sind: „Büffelleder" oder „Buffalo".

Wasserlacke
Mit Wasser verdünnbare Lackmaterialien, die im Vergleich mit anderen Lacken weniger organische Lösemittel enthalten. Wasserlacke verändern die Holzoberfläche im Farbton. Die so behandelten Oberflächen sind widerstandsfähig und lichtbeständig. Wasserlacke werden vor allem für Wohn- und Schlafraummöbel verwendet.

Weichholz
Weichhölzer sind meist Nadelhölzer, zum Beispiel Kiefer, Tanne, Lärche und Fichte. Sie sind im Vergleich zu Harthölzern empfindlicher gegenüber äußeren Einflüssen wie Stößen und Kratzern.

Weich machende Appreturen
Weichmacher sind Präparate auf natürlicher oder synthetischer Fettgrundlage, die im Gebrauch hart und spröde gewordene Bezüge wieder geschmeidig und gefällig machen.

Weide, allgemein
Die Weide ist eine der ältesten Kulturpflanzen. Mit etwa 300 Arten gehört sie zu den artenreichsten Pflanzen. Wild wachsend, aber auch als Kulturweide, kommt sie vorwiegend auf der nördlichen Halbkugel vor.

Die Sorte mit den besten Qualitäten ist die Amerikanerweide (Salix americana). Sie wächst sehr schlank und wird jährlich abgeerntet, die Ruten sind dann 80–240 cm lang. Die kräftig wachsende Stockweide (Salix dasyglados) eignet sich besonders für mehrjährigen Wuchs. Die bekanntesten Weidenqualitäten sind: Geschälte Weide – weiß natur; geschälte Weide – rotbraun gesotten; ungeschälte Weide – rotbraun und natürliches Farbenspiel gelb, grün, braun.

Weidenstöcke
Nach einem Wachstum von 3–4 Jahren wird der Weidenstock mit einem mittleren Durchmesser von 20 mm geerntet. Er eignet sich sowohl zum Gestellbau für Weidenmöbel, als auch zur maschinellen Gewinnung von Flechtschienen mit beliebigen Querschnitten in verschiedenen Breiten und Dicken.

Wildleder
Ein Rauleder aus Wildfellen (zum Beispiel Elch, Hirsch, Reh, Gämse, Antilope), dessen Narben entfernt werden. Der Ausdruck „Wildleder" wird oft fälschlicherweise für viele Arten von Rauledern verwendet.

Wildware (Wildhäute)
Wildware sind Häute von frei lebenden Rindern. Sie sind kleiner als Häute von Stallrindern (→ **Zahmware**) und weisen mehr Naturmerkmale bzw. Kampfspuren auf.

Winterseite
Verschiedene Matratzenmodelle sind mit einer Winterseite ausgestattet, die aus besonders wärmenden Materialien besteht. Der Benutzer kann je nach Bedarf zwischen einer „normalen" und einer wärmenderen Seite wählen, indem er die Matratze wendet.

Wirbelvlies
Wirrfaservlies aus Mikrofasern auf einem kunstharzvernetzten Trägermaterial. Das zwischen den Trägermaterial-Schichten liegende Vlies wird getrennt, die Schnittfläche bildet die veloursartige Oberfläche. Kann auch bedruckt oder bestickt werden.

Wolle
Als Wolle bezeichnet man die Haare des Schafes. Der Begriff „Schurwolle" bezeichnet ausschließlich die von lebenden Schafen geschorene Wolle. Eigenschaften: Gute Wärmehaltigkeit, dehnbar und elastisch, nicht knitteranfällig, hohe Wasseraufnahmefähigkeit, gut zu färben, beständig gegen Säuren, sehr empfindlich gegen Laugen, geringe Beständigkeit gegen tierische Schädlinge. Gute Reibechtheiten, Pillingneigung, starke Schrumpfneigung, Filzneigung.

Z

Zahmware
Rinder, die in kontrollierter Aufzucht und Umgebung aufwachsen. Diese Häute sind größer, teurer und mit weniger Lebendmerkmalen oder Kampfspuren versehen als Wildware.

Zarge
Horizontales Element, das bei einem Polstermöbel bzw. Stuhl die Beine eines Gestelles verbindet und somit einen Teil eines Gestelles bildet.

Zierbeschlag
Zierbeschläge dienen überwiegend nur zur optischen Aufwertung des Möbels. Beispiele hierfür sind Messingmanschetten an Vitrinensäulen oder eine Reling an einer Küchenarbeitsplatte sowie Ziernägel an diversen Möbeln.

Zurichtung (Finish)
Leder, das nach der Gerbung in verschiedenen Zuricht-Arbeitsgängen (zum Beispiel Schleifen, Farbspritzen, Bügeln) weiterverarbeitet wurde. Die letzten Zurichtearbeiten an einem Leder, um zum Beispiel besondere Eigenschaften zu erzielen: Glanz, gleichmäßige Farbe, Abriebfestigkeit, Widerstandsfähigkeit gegen Wasser.

Die wichtigsten Holzarten im Möbelbau

Laubhölzer	Herkunft	Holzfarben	Eigenschaften
Ahorn	In Deutschland drei Arten heimisch: Berg- oder weißer Ahorn, Spitzahorn, Feldahorn	Weiß, rötlich-weiß, rötlich	Atlasglänzend, ziemlich schwer, fein, große Festigkeit, gut zu färben und zu beizen.
Birke	Ganz Europa, norddeutsches Tiefland, Russland	Weißlich bis goldgelb (durch geringe Lichtbeständigkeit)	Zäh, sehr biegsam und elastisch, geringe Härte und Tragfähigkeit. Gut zu bearbeiten, auch beim Bleichen.
Birnbaum	Europa mit Ausnahme Mittelmeergebiet, Nordafrika und Mittlerer Osten (Birnbaum ist in gemäßigten Klimazonen weltweit kultiviert)	Splint und Kernholz weisen keinen Unterschied auf. Beide sind blass grau bis rötlich braun. Holz dunkelt bei älteren Bäumen rot-braun nach.	Hartes Holz, dennoch sehr biegsam und gut zu bearbeiten.
Buche	Gemäßigte Zonen West- und Mitteleuropas	Weißlich bis hellrot	Lässt sich unter Dampfeinwirkung gut verformen.
Eiche	Weltweit aus gemäßigten und warmen Zonen	Gelbbraun	Hart, hohe Tragkraft, sehr fest und elastisch, außerordentlich haltbar im Trockenen und im Nassen, hohe Biegefestigkeit
Erle	Ganz Mitteleuropa, vorwiegend aus Niederungen	Im Kern hellrot bis braungelb, im Splint weiß bis gelblich	Leicht, weich, mit fester, glatter Struktur, gut zu bearbeiten, besonders gut zu beizen und mit Farben zu behandeln. Geringe Elastizität und Tragfähigkeit. Neigt stark zu Trocknungsrissen.
Esche	In ganz Europa verbreitet, bevorzugt Ebenen vor Gebirgen	Breiter Splint hell, Kern gelblich-weiß bis dunkel, der später braun wird.	Gehört nach Eiche und Buche zu den schwersten deutschen Hölzern. Sehr hart, fest, elastisch, biegsam und tragkräftig, im gedämpften Zustand formbar. Lässt sich hervorragend zu Schäl- und Messerfurnieren verarbeiten.

Verwendung im Möbelbau

Furnier-, Massivholz, für Vertäfelungen, Intarsien, besonders gesucht als Ahornmaser, auch als Vogelaugenmaser bekannte, mit Astknötchen durchsetzte Maserbildung

Schälfurnier und Messerschälfurnier

Meist für Furniere, manchmal für Drechslerarbeiten. Wegen seiner Biegefähigkeit wird es auch als Bugholz verwendet.

Wichtiges Material für Biegeholzmöbel (Tische und Stühle) und für den Gestellbau

Furnier, Massivholz. Die Rinde dient zum Gerben tierischer Häute.

Findet zunehmend Verwendung im Möbelbau.

Furniere, Massivholz, Gestellbau

Die wichtigsten Holzarten im Möbelbau

Laubhölzer	Herkunft	Holzfarben	Eigenschaften
Kirschbaum	Europa	Rötlich-weißer Splint, rötlichgelb bis rotbraun im Kern, große Ähnlichkeit mit Ahornholz	Hart, zäh und fest. Das mittelschwere Holz ist feinfaserig, zart und glänzend. Gut zu beizen und zu polieren.
Nussbaum (Walnuss)	Europa, Kleinasien, Amerika	Je nach Herkunftsland unterschiedliche Brauntöne: graubraun (Kleinasien), violettbraun (Amerika) und schokoladenbraun (Europa)	Dichtes und feinnerviges Holz, dauerhaft.
Rotbuche	Deutschland, Ungarn, Dänemark, Frankreich, England, Irland, östlich bis an die Weichsel, von Norwegen bis Sizilien	Grüngelb, später gelblich-rot oder rötlich-braun nachdunkelnd	Zählt zu den spezifisch schwersten Hölzern Europas. Hart und fest gegen Stoß und Druck, leicht zu spalten, gut zu bearbeiten (Imprägnieren, Beizen, Polieren), im gedämpften Zustand biegbar.
Ulme	Stammt aus West- bzw. Mitteleuropa und Nordamerika.	Gelbweißer, breiter Splint, Kern scharf abgegrenzt, hellbraun oder matt graubraun, rasch nachdunkelnd	Vergleichsweise hart, elastisch, zäh, langfaserig und schwer. Im Dampf wird es biegbar.

Nadelhölzer	Herkunft	Holzfarben	Eigenschaften
Eibe	Ganz Europa	Sehr schmaler, gelblichweißer Splint, tief braun-roter bis bläulich-schwarz geflammter, scharf abgegrenzter Kern	Sehr schwer und hart, zäh, elastisch bzw. dauerhaft. Festes und feines Holz mit schöner Struktur. Sehr selten geworden!
Fichte	Ganz Europa	Gelblich bis rötlich, weiß und leicht glänzend	Leicht, weich mit hoher Elastizität, gut zu beizen und zu färben
Kiefer	Mittel-, Nord- und Nordosteuropa	Breiter, gelblich-weißer Splint, rotbrauner, stark nachdunkelnder Kern	Harzreicher Kernholzbaum, das Holz ist sehr leicht und mäßig hart, aber härter und schwerer als Fichten- und Tannenholz.
Lärche	Alpenländer, Tatra, Südpol	Splint schmal und gelblichweiß, Kern dunkel, rotbraun und sehr harzreich	Das härteste und dauerhafteste Holz unter den Nadelhölzern, sehr trag- und druckfähig, zäh und elastisch. Schwer zu beizen, zu polieren und zu imprägnieren.

Verwendung im Möbelbau
Furnierte und massive Möbel
Furnierholz. Hervorragendes Ausstattungsholz für wertvolle Möbel, Täfelungen, Sitzmöbel und Drechselarbeiten
Furniere, Massivholz. Polstermöbelgestelle sind vorwiegend aus Rotbuche gefertigt.
Furnierte und massive Möbel

Verwendung im Möbelbau
Furniere, besonders die braune Flammenmaser
Verwendung in der Holzindustrie, Rohstofflieferant für Zellulose- und Spanplatten-Industrie
Furnierte und massive Möbel
Hauptsächlich für Vertäfelungen

Service

Analysen für Sie

Die Stiftung Warentest führt auf Wunsch Umweltanalysen durch. Informationen zu allen Analysen (inklusive Mitmachkupon) können Sie nicht nur per Faxabruf oder Internet, sondern auch telefonisch bei uns anforden (bitte die jeweilige Bestellnummer angeben, Zum Beispiel M9901).

Telefon: 0 180 5/00 24 67
www.test.de/themen/analyse

Fragen zu den Analysen beantworten wir gerne donnerstags zwischen 10 und 12 Uhr unter der Rufnummer 0 30/26 31 29 00.

Stand der Informationen: August 2009

Hausstaub- und Luftanalyse (Bestellnr. M 9802)

Mit unseren Umweltanalysen Luft erfassen wir leicht flüchtige Schadstoffe. Wir bieten zwei verschiedene Luftanalysen an: „Lösemittel“ und „Aldehyde“ (inklusive Formaldehyd und einigen weiteren Carbonyl-Verbindungen). Beide Analysen sind einzeln oder in Kombination möglich.

Während die Luftanalyse leicht flüchtige Stoffe erfasst, eignet sich unsere Umweltanalyse Hausstaub, um einer Vielzahl schwer flüchtiger Chemikalien auf die Spur zu kommen.

Kosten: Luft (Lösemittel und Aldehyde) je nach Umfang von 98 Euro bis 180 Euro, Hausstaub je nach Umfang 90 Euro oder 128 Euro.
Faxabruf: 0 180 5/88 76 83 03

Holzschutzmittel-Altlasten (Bestellnr. M 9702)

In vielen Altbauten stellt sich die Frage, ob Balken oder Bretter früher einmal mit giftigen Holzschutzmitteln gestrichen wurden, die auch heute noch die Luft belasten. Wir analysieren Ihre eingesandten Holzproben auf Lindan, Pentachlorphenol und DDT und geben Ihnen nützliche Tipps und Handlungsempfehlungen.

Kosten: 72–87 Euro.
Faxabruf: 0 180 5/88 76 83 01

PCB in Materialien (Bestellnr. M 0004)

Wir untersuchen Materialproben auf PCB, PCT und andere organische Chlorverbindungen.

Kosten: 70 Euro
Faxabruf: 0 180 5/88 76 83 11

Problemstoffe im Kunststoff (Bestellnr. M 0005)

Wir untersuchen PVC-Böden und andere Kunststoffe auf bedenkliche Weichmacher und Organozinnverbindungen.

Kosten: 70 bis 133 Euro
Faxabruf: 0 180 5/88 76 83 12

Schädlinge im Haus (Bestellnr. M 9903)

Wir helfen bei der Fahndung und Bestimmung von Schädlingen und geben Tipps zur Bekämpfung ohne chemische Keule.

Kosten: 18 Euro
Faxabruf: 0 180 5/88 76 83 07

Schimmel im Haus (Bestellnr. M 0001)

Wir analysieren Ihre Probe auf eine mögliche Schimmelpilzbelastung Ihrer Wohnräume und geben Tipps und Handlungsempfehlungen.

Kosten: 47 Euro
Faxabruf: 0 180 5/88 76 83 09

Adressen

Deutsche Gütegemeinschaft Möbel e. V.
Friedrichstr. 13–15
90762 Fürth
Tel. 09 11-9 50 99 98-0
Fax 09 11-9 50 99 98-50
E-Mail: dgm@dgm-moebel.de

Landes-Verbraucherzentralen

Verbraucherzentrale Baden-Württemberg e. V.
Paulinenstr. 47
70178 Stuttgart
Tel. 07 11/66 91-0
Fax 07 11/66 91-50
www.vz-bawue.de

Verbraucherzentrale Bayern e. V.
Mozartstr. 9
80336 München
Tel. 0 89/53 98 70
Fax 0 89/53 75 53
www.verbraucherzentrale-bayern.de

Verbraucherzentrale Berlin e. V.
Hardenbergplatz 2
10623 Berlin
Tel. 0 30/2 14 85-0
Fax 0 30/2 11 72 01
www.vz-berlin.de

Verbraucherzentrale Brandenburg e. V.
Templiner Str. 21
14473 Potsdam
Tel. 03 31/2 98 71-0
www.vzb.de

Verbraucherzentrale Bremen e. V.
Altenweg 4
28195 Bremen
Tel. 04 21/1 60 77-7
Fax 04 21/1 60 77-80
www.verbraucherzentrale-bremen.de

Beratungsstelle Bremen-Nord
Lindenstr. 1c
28755 Bremen
Tel. 04 21/66 67 76

Beratungsstelle Bremerhaven
Friedrich-Ebert-Str. 1a
27570 Bremerhaven
Tel. 04 71/20 70 00

Verbraucherzentrale Hamburg e. V.
Kirchenallee 22
20099 Hamburg
Tel. 0 40/2 48 32-0
Fax 0 40/2 48 32-2 90
www.vzhh.de

Verbraucherzentrale Hessen e. V.
Reuterweg 51–53
60323 Frankfurt/Main
Tel. 0 69/97 20 10-0
Fax 0 69/97 20 10-50
www.verbraucher.de

Verbraucherzentrale Mecklenburg-Vorpommern e. V.
Strandstraße 98
18001 Rostock
Tel. 03 81/2 08 70-50
Fax 03 81/2 08 70-30
www.nvzmv.de

Verbraucherzentrale Niedersachsen e. V.
Herrenstr. 14
30159 Hannover
Tel. 05 11/9 11 96-0
Fax 05 11/9 11 96-10
www.verbraucherzentrale-niedersachsen.de

Verbraucherzentrale Nordrhein-Westfalen e. V.
Mintropstr. 27
40215 Düsseldorf
Tel. 02 11/38 09-0
Fax. 02 11/38 09-172
www.vz-nrw.de

Verbraucherzentrale Rheinland-Pfalz e. V.
Große Langgasse 16
55116 Mainz
Tel. 0 61 31/28 48-0
Fax 0 61 31/28 48-40
www.verbraucherzentrale-rlp.de

Verbraucherzentrale Saarland e. V.
Hohenzollernstr. 11
66117 Saarbrücken
Tel. 06 81/50 08 90
Fax 06 81/5 88 09 22
www.vz-saar.de

Verbraucherzentrale Sachsen e. V.
Bernhardstraße 7
04315 Leipzig
Tel. 03 41/6 88 80 80
Fax 03 41/6 89 28 26
www.verbraucherzentrale-sachsen.de

Verbraucherzentrale Sachsen-Anhalt e. V.
Steinbockgasse 1
06108 Halle
Tel. 03 45/29 80-30
Fax 03 45/29 80-326
www.vzsa.de

Verbraucherzentrale Schleswig-Holstein e. V.
Bergstr. 24
24103 Kiel
Tel. 04 31/51 28 6
Fax 04 31/55 35 09
www.verbraucherzentrale-sh.de

Verbraucherzentrale Thüringen e. V.
Eugen-Richter-Straße 45
99085 Erfurt
Tel. 03 61/55 51-40
Fax 03 61/55 51-4 40
www.vzth.de

Register

Impressum

Stiftung Warentest

Herausgeber und Verlag
Stiftung Warentest
Lützowplatz 11–13
10785 Berlin
Tel. 0 30/26 31-0
Fax 0 30/26 31-25 25
www.test.de

Vorstand
Dr. jur. Werner Brinkmann

Weiteres Mitglied der Geschäftsleitung
Hubertus Primus (Publikationen)

Autoren
Doris Haselmann
Michael Bruns (Rechte beim Möbelkauf)

Lektoratsleitung
Niclas Dewitz

Lektorat
Uwe Meilahn

Fachliche Beratung
Deutsche Gütegemeinschaft Möbel e. V., Fachverband Matratzen-Industrie e. V., Martin Boller, Gerd Bruder, Wilfried Gatzke, Jürgen Haupt, Lothar Knerr, Andreas Venhoff

Layout
Anke Dessin, Berlin
Oxana Rödel, Absatz DTP-Service, Berlin

Titel
Susann Unger, Berlin
Titelfoto: gettyimages – James Mitchell

Produktion
Oxana Rödel, Absatz DTP-Service, Berlin

Verlagsherstellung
Rita Brosius
Susanne Beeh

Vertrieb Bücher
Christian Wagner

Litho
tiff.any GmbH, Berlin

Druck
AZ Druck und Datentechnik GmbH, Kempten

Fotos von Firmen
Wir danken folgenden Firmen für Bildmaterial:
Ada Möbelfabrik GmbH, Baierdorf bei Anger / AG Die Moderne Küche e. V. (AMK), Mannheim / Ardino-Badmöbel GmbH, Zeil am Main / Beckermann Küchen GmbH, Cappeln / Julius Blum GmbH, Höchst (Österreich) / burgkama GmbH, Greding / Möbelwerke A. Decker GmbH, Borgentreich / Frommholz Polstermöbel GmbH & Co. KG, Spenge / Geba Möbelwerke GmbH, Löhne / GEPADE-Polstermöbel Pamme GmbH & Co., Delbrück / himolla Polstermöbel GmbH, Taufkirchen/Vils / hülsta-werke, Hüls GmbH & Co. KG, Stadtlohn / incasa Natur. Holz. Möbel GmbH, Steinheim / Initiative Furnier + Natur e. V., Wiesbaden / Friedrich Kracke Sitzmöbel GmbH, Hülsede / Laauser GmbH & Co., Großbottwar / Miele & Cie. KG, Gütersloh / Nolte-Möbel GmbH & Co. KG, Germersheim / Paidi Möbel GmbH, Hafenlohr / Albert Ponsel GmbH & Co. KG, Weidhausen / Stokke, Skopje, Norwegen / Wackenhut Schlafkultur GmbH & Co. KG, Altensteig-Überberg / Zeyko Möbelwerke GmbH & Co. KG, Mönchsweiler

Fotos von Bildagenturen/Fotografen
Agentur Focus (S. 16) / amana images (S. 120) / A. Hess (S. 150) / Arco Images (S. 131) / Bildagenturonline (S. 128) / blickwinkel (S. 171) / Digital Vision (S. 42, 127) / Iconica (S. 143) / Jahreszeiten Verlag (S. 20) / Okapia KG (S. 129) / PhotoAlto (S. 140, 153) / Photodisc Red (S. 184) / Photonica (S. 27, 136, 173, 185) / photothek.net (S. 152) / plainpicture/Diehl C. (S. 23) / G. Plescia (S. 8, 134) / N. Schäfer (S. 37) / Stock4B (S. 15) / Stockbyte Platinium (S. 38, 57, 148) / Stone+ (S. 9, 135, 170, 215, 217) / Taxi (S. 18, 65, 178, 183) / The Image Bank (S. 26, 28, 175)

Infografiken: punkt 8, Berlin (S. 35, 44, 124)

Einzelbestellung
Stiftung Warentest
Vertrieb, Postfach 81 06 60
70523 Stuttgart
Tel. 0 180 5/00 24 67
Fax: 0 180 5/00 24 68 (beide 14 Cent pro Minute aus dem Festnetz)
www.test.de

Redaktionsschluss: September 2009